D1719977

Hermann Bueren

Weiteres Fehlen wird für Sie Folgen haben!

Fehlzeitenmanagement und Belegschaftsinteressen

Ratgeber für Beschäftigte und Interessenvertretungen

Kellner-Verlag
Bremen • Boston

Die Deutsche Bibliothek - CIP-Einheitsaufnahme

Bueren, Hermann: Weiteres Fehlen wird für Sie Folgen haben! :
Fehlzeitenmanagement und Belegschaftsinteressen ; Ratgeber
für Beschäftigte und Interessenvertretungen /
Hermann Bueren. - Bremen: Kellner, 2001

ISBN 3-92715548-9

Der Autor: Hermann Bueren, Jg. 1956, hat 10 Jahre als Tief-
drucker und Betriebsrat in einer Bielefelder Druckerei gearbeitet. Anschliessend Studium der Soziologie mit Schwerpunkt Organisations- und Personalwesen an der Universität
Bielefeld. Danach beschäftigt bei einer Krankenkasse als
Projektkoordinator für betriebliche Gesundheitsförderung.
Seit 1996 pädagogischer Mitarbeiter von „Arbeit und Leben"
NRW e.V. DGB/VHS. Zu Themenbereichen des Buches
veröffentlichte Hermann Bueren bereits zahlreiche Artikel
und Broschüren.

© 2001. Alle Rechte beim Kellner-Verlag,
St.-Pauli-Deich 3, 28199 Bremen.
Fon: 0421-77 8 66, Fax: 70 40 58.
Lektorat: Doris Bergs
info@kellner-verlag.de, www.kellner-verlag.de

Inhalt

Vorwort

„Weiteres Fehlen wird für Sie Folgen haben!" Diese Drohung ist in Betrieben und Abteilungen der Bundesrepublik immer häufiger zu hören. Zwei-, drei- oder viermal erkrankt und schon werden Beschäftigte unter Druck gesetzt oder ihnen wird mit einer Kündigung aus Krankheitsgründen gedroht.

Von der Öffentlichkeit kaum wahrgenommen, breitet sich unter dem Etikett „Fehlzeitenmanagement" ein neues System der Personalpolitik und Einschüchterung erkrankter Beschäftigter aus. Gerechtfertigt wird dieses Vorgehen mit der „Verbesserung von Kommunikation", „Fürsorge gegenüber erkrankten Mitarbeitern" oder „Erhöhung der Motivation".

Im Mittelpunkt des Fehlzeitenmanagements steht ein altes Instrument im neuen Gewand: das Krankenrückkehrgespräch. Dabei handelt es sich um ein Gespräch, das der Vorgesetzte unmittelbar nach Rückkehr am Arbeitsplatz mit dem Erkrankten führt und zur Aufklärung der Krankheitsgründe beitragen soll. Früher wurden solche Gespräche eher sporadisch geführt und blieben auf gravierende Einzelfälle beschränkt. Inzwischen gehen immer mehr Betriebe dazu über, Rückkehrgespräche mit allen Beschäftigten zu führen und mit Hilfe von Leitfäden zu systematisieren.

Die Richtung ist eindeutig: Wer krank ist und sich arbeitsunfähig meldet, bekommt die Konsequenzen zu spüren. Konfrontiert werden die Beschäftigten mit der (stillschweigenden) Unterstellung, „Blaumacher" zu sein. Vorgeworfen wird ihnen, durch ihre Erkrankung, ihren Kolleginnen und Kollegen sowie „ihrer Firma" geschadet zu haben. Gedroht wird ihnen, bei einem Wiederholungsversuch, mit arbeitsrechtlichen Konsequenzen bis zur Beendigung des Arbeitsverhältnisses. Erwartet werden reuevolle Bekenntnisse folgenden Inhalts: „Ich bedaure mein Fehlverhalten und werde weitere Fehlzeiten zukünftig vermeiden".

Der Kranke auf der Anklagebank des Vorgesetzten und der Personalleitungen? Ist Krankheit mittlerweile ein Fehlverhalten, für das man sich entschuldigen muss?

Das Buch stellt die Methoden und Akteure des Fehlzeitenmanagements vor. Es beschreibt, mit welchen Methoden und Argumenten der „Zwang" zur Anwesenheit verinnerlicht wird. Es zeigt auf, wie sich in den Betrieben und Verwaltungen die Maßstäbe und Wertvorstellungen gegenüber erkrankten Menschen verschieben, aber auch, welche Möglichkeiten der Gegenwehr Beschäftigte und ihre Interessenvertretungen haben.

Maßnahmen des Fehlzeitenmanagements treffen Frauen genauso wie Männer. Im vorliegenden Text wird dennoch in allen Fällen nur die männliche Form verwendet, um den Lesefluss zu erleichtern.

Hermann Bueren, Bielefeld, Oktober 2000

KAPITEL 1

1. Konzepte zur Fehlzeitensenkung

Bei Opel

Die Entdeckung eines Phänomens
Der Anwesenheitsverbesserungsprozess (AVP)
Ergebnisse
Zwiespältige Reaktionen
Neues Denken
Neue Modelle

Bei VW

Das fürsorgliche Rückkehrgespräch
„Das arbeitsmedizinische Lastenheft"
Die Gesprächspyramide
Zwischen Fürsorge und Kontrolle

Der öffentliche Dienst

„Habe Mut, nicht wegzusehen!"
Führungsaufgabe Gespräch
Der Öffentliche Dienst – ein kranker Stand?

Mehr Anwesenheit durch Gesundheitsmanagement?

Von der Gesundheitsförderung zum Gesundheitsmanagement
Klinikum Ludwigshafen
Post AG, Telekom AG
Vom Anspruch zur Wirklichkeit

1. Konzepte zur Fehlzeitensenkung

„Krankenstand deutscher Arbeitnehmer sinkt auf Rekordtief", schreibt eine große überregionale Tageszeitung im Oktober 1998. Sie beruft sich dabei auf eine Untersuchung der Betriebskrankenkassen (BKK), wonach die Fehlzeiten durch Krankheit auf den tiefsten Stand seit Bestehen der Bundesrepublik gefallen sind. Im Durchschnitt sei in den westlichen Bundesländern ein Mitglied der BKK 16 Kalendertage, im Osten sogar nur 15 Tage arbeitsunfähig erkrankt. Im Jahresdurchschnitt liegt der Krankenstand bei 4,4 %.[1]

Ein Jahr später gibt es ein neues Rekordtief. Nun sinkt der Krankenstand schon im ersten Halbjahr 1999 auf 4,35 %. Und der Trend nach unten geht weiter. „Noch nie gab es Anfang August so wenig Krankmeldungen: Im Westen betrug der Krankenstand 3,32 %, im Osten 3,38 %", stellt „einblick" fest, der Info-Service des Deutschen Gewerkschaftsbundes (DGB). Das wissenschaftliche Institut der Ortskrankenkassen prognostiziert für das Jahr 1999 sogar einen durchschnittlichen Krankenstand von 3,3 %.[2]

Ein sinkender Krankenstand ist für Beobachter und Experten, die sich mit dem Krankenstand beschäftigen, nicht ungewöhnlich. Auch in den 60er Jahren und zu Beginn der 80er Jahre lag der Krankenstand knapp unter 5 %. Allerdings lag er in den 70er Jahren und Mitte der 80er Jahre deutlich über 5 %. 1990 hat er mit 5,2 % wieder ein Niveau wie zu Beginn der 60er Jahre erreicht. Der Krankenstand vollzieht also seit 40 Jahren eine Pendelbewegung und hat gleichzeitig eine stagnierende Tendenz. Er liegt bei durchschnittlich 5 %.[3]

Erst zum Ende der 90er Jahre durchbricht der Krankenstand diese Schallmauer und fällt deutlich unter die 5 % Marke. Was ist passiert, was lässt den Krankenstand zum Ende der 90er Jahre auf ein ungeahnt niedriges Niveau absinken?

Diese Wende gab Anlass für unterschiedlichste Vermutungen. Dieter Hundt, Präsident der deutschen Arbeitgeberverbände sieht darin den Beweis dafür, dass die 1996 von der inzwischen abgewählten CDU/FDP Koalition durchgesetzten Einschränkungen bei der Lohnfortzahlung im Krankheitsfall ihre Wirksamkeit zeigen. Erklärungen aus den Reihen der Gewerkschaften werten den sinkenden Krankenstand eher als Ausdruck der gestiegenen Angst um den Arbeitsplatz und der Verschiebung der betrieblichen Kräfteverhältnisse angesichts von Massenarbeitslosigkeit. Das führe dazu, dass immer mehr Beschäftigte bereit seien, auf eine Krankmeldung zu verzichten.

Andere erklären den sinkenden Krankenstand nicht mit der gesetzlichen oder arbeitsmarktpolitischen Situation, sondern mit gravierenden Veränderungen, die sich hinter den Toren und Türen der Betriebe und Verwaltungen abspielen. Die Krankenkassen verweisen „auf die vielfältigen betrieblichen Vereinbarungen, die Fehlzeiten zu verringern". Die Fachzeitschrift Arbeit & Ökologie spricht von neuen betrieblichen Instrumenten wie Krankenrückkehrgespräche, die seit 1996 immer häufiger eingesetzt würden. Dies schrecke die Beschäftigten davon ab, zu Hause zu bleiben, wenn sie krank seien. Ein sinkender Krankenstand habe daher nichts mit einer besseren Gesundheitssituation zu tun. Auch die Tageszeitung „Die Welt" wertet den gesunkenen Krankenstand als Ergebnis „der Bemühungen von Arbeitgebern, die in Gesprächen mit Betroffenen verstärkt den Ursachen von Krankmeldungen nachgegangen seien"[4].

Wie ausschlaggebend diese Beobachtungen von Krankenkassen und Medien über innerbetriebliche Veränderungen für den gesunkenen Krankenstand sind, ist nur schwer zu beurteilen. Aber dass diese Veränderungen zum Durchbrechen einer Schallmauer beitragen, die nahezu 40 Jahre Bestand hatte, lässt sich nicht bestreiten. Ein Indiz spricht für die Richtigkeit dieser Beobachtung: Der Fall des Krankenstandes unter die 5 % Marke setzt nicht zu Beginn, sondern Mitte der neunziger Jahre ein. Er fällt auch nicht gleichmäßig von Jahr zu Jahr, sondern vergleichsweise abrupt und wird statistisch erstmals 1996/97 ablesbar. Zu einem Zeitpunkt also, als immer mehr Betriebe, später auch Verwaltungen des öffentlichen Dienstes, beginnen, sich innerbetrieblich dem Problem Fehlzeiten und Krankenstand auf eine Art und Weise anzunehmen, die sich als Fehlzeitenmanagement bezeichnen lässt. Fehlzeitenmanagement umfasst eine Spannbreite teils bereits bekannter, teils neuer Maßnahmen zur Senkung von Fehlzeiten und Krankenstand. Dazu gehören u.a. Krankenbesuche, Kontrollanrufe, Anwesenheitsprämien und neue Personalkonzepte zur Fehlzeitenminderung.

Im Zentrum des Fehlzeitenmanagements steht das Krankenrückkehrgespräch, zu dem die Beschäftigten nach Rückkehr aus einer Erkrankung „eingeladen" werden. Dieser Einladung können sie sich nicht entziehen, denn diese Gespräche sind in der Regel nicht freiwillig. Zahllose Konzepte und Leitfäden für die Durchführung solcher Gespräche existieren mittlerweile. Zum Beispiel bei der Adam Opel AG.

Bei Opel

Im Januar 1995 waren die Vorstandschefs der Adam Opel AG in Rüsselsheim mit einer wichtigen Aufgabe beschäftigt. Sie prüften Bilanzen, verglichen Soll- und Ist-Werte und schauten, inwieweit die Zielmarken des Vorjahres im Bereich PKW-Produktion und Personalkosten erreicht worden waren.

Was die Produktion anging, konnten sie halbwegs zufrieden sein. Absatz und Produktion der verschiedenen Opelmodelle waren im Vergleich zur Konkurrenz nicht viel besser, aber auch nicht schlechter geworden. Die Automobilindustrie befand sich insgesamt in keiner rosigen Situation. Wie andere Betriebe auch, versuchten die Manager der Opel AG, an allen Ecken und Enden Kosten zu sparen.

Bei Prüfung des Zahlenwerks im Bereich Personal entdeckten sie unter den Zahlenkolonnen eine Prozentzahl, die sie in Aufregung und Nachdenklichkeit versetzte. Der Krankenstand war gestiegen. Besonders in Abteilungen mit hohem Personalanteil wie Montage, Lackiererei und Chassis war eine deutliche Steigerung gegenüber dem Vorjahr erkennbar. Im gesamten Werk betrug der Krankenstand zu diesem Zeitpunkt 7,5 %. Ungewöhnlich hoch war ein solcher Krankenstand nicht. Auch andere Betriebe der Automobilbranche registrierten steigende Krankenstände. Was die Opel-Manager beunruhigte, war vor allem die Tatsache, dass „ihr" Krankenstand höher war als der ihrer Konkurrenten.

Zu ihrer Aufregung gesellte sich Nachdenklichkeit. Was hatten sie nicht schon alles versucht, was hatten sie nicht schon alles in die Wege geleitet, um das Fehlzeitenproblem in den Griff zu bekommen. In ihren Köpfen ließen sie gedanklich die vielen Maßnahmen Revue passieren, die sie sich in den vergangenen Jahren erdacht hatten. Schon 1982 hatten sie erstmals Rückkehrgespräche im Werk eingeführt. War ein Beschäftigter erkrankt, wurde er bei seiner Rückkehr in den Betrieb zu einem Gespräch eingeladen. Freundlich sollte sich der Vorgesetzte in diesem Gespräch über die Abwesenheitsgründe erkundigen und gleichzeitig seine

Befriedigung und Freude über die Rückkehr des Erkrankten zum Ausdruck bringen. Anfang der neunziger Jahre griffen die Manager gemeinsam mit dem Betriebsrat das Thema Krankenstand erneut auf. Neben den Rückkehrgesprächen wurden zusätzlich so genannte „Fehlzeitengespräche" ins Leben gerufen. Die Meister und Vorgesetzten erhielten Zusatzunterricht in allen arbeitsrechtlichen Fragen, die im Zusammenhang mit Krankheit und Arbeitsunfähigkeit eine Rolle spielen. Und schließlich wurde unter dem Titel „Verbesserung der Mitarbeiterbetreuung" eine aufwendige Befragung der Beschäftigten in der Lackiererei durchgeführt. Sie offenbarte manche Schwachstelle und hatte Veränderungen zur Folge.

Die Ergebnisse all dieser Maßnahmen befriedigte die Manager aber keineswegs. Bei Einführung dieser Maßnahmen senkte sich der Krankenstand zuerst einmal. Nach einer gewissen Zeit trat dann aber immer derselbe Effekt ein: Der Krankenstand stieg wieder an, wenn auch nicht auf die Höhe, die er vor Einführung der jeweiligen Maßnahme hatte. Die Tatsache, dass der Krankenstand immerhin von 12 % (1978) auf 7,5 % (1995) gesunken war, interessierte die Manager wenig.

Solche Schwankungen im Jahresverlauf sind nicht ungewöhnlich. Auch eine gewisse Abhängigkeit des Krankenstandes von der Wirtschaftskonjunktur ist erkennbar. Sie wird immer wieder als Beleg für die Behauptung bemüht, dass er von den Beschäftigten als eine Art Zusatzurlaub genutzt wird, weil dann keine Entlassungen drohen. Gehe es dem Arbeitsmarkt gut, so die Annahme, sei der Krankenstand hoch, gehe es ihm schlecht, sei der Krankenstand niedrig. Dass es hier Zusammenhänge gibt, ist nachzuvollziehen. Die Angst vor Arbeitsplatzverlust lässt auch Kranke zur Arbeit gehen, und bei Personalabbau in den Betrieben trifft dies zuerst die Älteren und Leistungsgeminderten. Beides wirkt krankenstandssenkend. Der tendenziell sinkende Krankenstand ist eine in vielen Betrieben seit Anfang der neunziger Jahre zu beobachtende Entwicklung.

Opel erging es also nicht anders als anderen Betrieben. Was die Situation bei Opel von anderen Betrieben zu Beginn des Jahres 1995 unterschied, war die Entschlossenheit der Verantwortlichen für den Bereich Personal, dieses Problem zu lösen. Sie waren zu diesem Zeitpunkt nicht mehr gewillt, den Schwankungen des Krankenstandes zuzuschauen oder darauf zu vertrauen, dass sich die sinkende Tendenz fortsetzt. Im Gegenteil: Sie waren fest davon überzeugt und entschlossen, die Höhe des Krankenstands genauso festlegen zu können wie beispielsweise den geplanten Jahresausstoß der „Omega"- oder „Vectra"-Baureihe.

Die Entdeckung eines Phänomens

Eine Festlegung des Krankenstandes im Sinne einer wirtschaftlichen Planvorgabe setzt voraus, dass man sich von einer Annahme des normalen Menschenverstandes verabschiedet, nämlich von dem Glauben, dass Erkrankungen für den Krankenstand der entscheidende und ausschlaggebende Faktor sind. Bei Opel waren die Verantwortlichen tatsächlich im Laufe der Jahre zu der Überzeugung gelangt, dass der Krankenstand nur teilweise Resultat „echter" Erkrankungen – so ihr Sprachgebrauch – sei. In ihren Köpfen hatten sie das Wort Krankenstand längst durch ein anderes ersetzt. Sie sprachen stattdessen vom „Phänomen Abwesenheit". Dieses Phänomen, so ihre Erkenntnis, hatte sich trotz ihrer langjährigen Bemühungen in den Rüsselsheimer Montagehallen eingenistet. Um die Ursachen der Abwesenheit zu erkennen und abzuschaffen, wurden daher verschiedene Gremien gebildet. So entstand ein „Lenkungsausschuss Abwesenheit", besetzt mit vier Vorstandsmitgliedern der Geschäftsführung und ebenso vielen Mitgliedern des Gesamtbetriebsrats. Zusätzlich entstanden Arbeitsgruppen, die sich aus Mitarbeitern der Personalabteilung und des Betriebsrates des Werkes Rüsselsheim zusammensetzten.

In der Wortschöpfung „Phänomen Abwesenheit" deutet sich an, wie über das Fernbleiben der Opel-Beschäftigten in diesen Gruppen und Gremien gedacht wurde. Demnach gebe es im Prinzip keine oder wenig nachvollziehbaren Gründe, der Arbeit fernzubleiben. Dass unzureichende Arbeitsbedingungen, eine schlechte ergonomische Arbeitsgestaltung, körperlich schwere Arbeit oder die Eintönigkeit der Arbeit an den Montagebändern in Erkrankungen münden, stritten die Verantwortlichen nicht ab. Sie maßen diesem Komplex aber keine allzu große Bedeutung bei. Eher schon gab ihnen das Führungsverhalten der unteren und mittleren Vorgesetzten im Betrieb Anlass zur Sorge. In diesem Bereich, so lautete die Erkenntnis, gebe es generelle Führungsschwächen, die das „Phänomen Abwesenheit" begünstigten. Auch eine Erkrankung oder genauer gesagt, eine vom Arzt bescheinigte Arbeitsunfähigkeit, war in diesem Sinne allerhöchstens einer unter vielen anderen Gründen, die dieses „Phänomen Abwesenheit erklären". Denn dem Wahrheitsgehalt einer solchen Bescheinigung wurde eine geringe Bedeutung und Glaubwürdigkeit zugebilligt.

Wenn sich die Beteiligten in diesen Gremien und Arbeitskreisen darüber Gedanken machten, warum die Beschäftigten nicht zur Arbeit erschienen, wanderten ihre Gedanken über den Tellerrand des Betriebes hinaus, hin zum privaten und gesellschaftlichen Umfeld, in denen sich das Leben der Opel-Beschäftigten abspielte. Hier suchten und fanden sie eine Vielzahl von Anlässen und Gründen für das „Phänomen Abwesenheit".

In dieser Sicht der Dinge geriet dann die Bundesrepublik zu einer Freizeitgesellschaft, deren Angebote und Verlockungen dazu führte, dass sich die Opel-Beschäftigten mehr mit ihrer Freizeit statt mit ihrer Arbeit beschäftigten. Steckte hinter dem Phänomen Abwesenheit also ein Verlust an Identifikation mit der Erwerbstätigkeit sowie eine zunehmende Entfremdung von den betrieblichen Abläufen? Die Verantwortlichen diskutierten dies so und sahen die problematischen Auswirkungen eines angeblichen Wertewandels am Werke. Sie griffen mit diesem Stichwort eine seit den siebziger Jahren in den Sozialwissenschaften kontrovers geführte Debatte auf. Demnach haben Beschäftigte angeblich immer weniger Interesse an ihrer Erwerbstätigkeit.

Auch die Freizeitaktivitäten und Urlaubsgewohnheiten der Opel-Beschäftigten wurden kritisch unter die Lupe genommen. Das immer umfangreicher werdende Freizeitangebot, so lautete eine Schlussfolgerung dieser betriebsinternen Diskussion, führe dazu, dass das Fernbleiben vom Arbeitsplatz auch über den Urlaub hinaus zu einem akzeptierten Verhaltensmuster werde. Immer weniger werde die Freizeit zur Erholung genutzt, denn auch während der freien Tage sei Leistung zu erbringen. Geradezu ein Zwang herrsche zu Erlebnis, Abenteuer und ständiger Abwechslung, der nicht selten eine Form von Druck auf den Einzelnen ausübe, sich zusätzliche Zeit in Form von Fehlzeiten zu genehmigen, da man im Arbeitsprozess sowieso nur bedingt gebraucht werde.

Für die Abwesenheit der Beschäftigten, im Wochenverlauf, wie im Jahresverlauf, fanden sich einfache Erklärungen: Ein hoher Krankenstand am Montag = „Erholungstag vom anstrengenden Wochenende. Das Wochenende hat man gerade hinter sich gebracht, und so bietet es sich an, die wohlverdienten freien Tage noch ein wenig zu verlängern". Hoher Krankenstand am Freitag = „‚Notbremse', [...] um zu vermeiden, dass das Wochenende schon vorüber ist, bevor es eigentlich erst richtig angefangen hat". Der niedrige Krankenstand zur Wochenmitte = „Es liegt nahe [...], daraus zu schließen, dass es sinnvoller ist, die

Mitte der Woche ohne Fehlzeiten zu überstehen und sich diese Notbremse eher für den letzten Arbeitstag aufzuheben." Hoher Krankenstand zu Jahresbeginn und Jahresende = Eine besonders kritische Zeit, „denn die nächsten Ferien lassen auf sich warten, und so ist die Versuchung groß, sich durch Abwesenheiten Extrafreizeiten zu verschaffen". Fehlzeiten in den gewöhnlich urlaubsfreien Monaten wie Februar, März, Oktober und November gerieten ebenfalls zu „Extrafreizeiten, damit man gestärkt in die geplanten Erholungszeiträume starten kann"[5].

Bei Opel malte man also vorzugsweise mit düsteren Farben, wenn die Verantwortlichen Erklärungsfaktoren für das „Phänomen Abwesenheit" suchten. Heraus kam ein Gemälde mit viel Moral, Kulturkritik und Schuldvorwürfen an die Beschäftigten. Das Bild, das man sich von einem typischen Opel-Beschäftigten machte, war Ausdruck von Misstrauen und Argwohn: Der Opel-Beschäftigte meidet die Arbeit, wann immer es geht, er sucht Entspannung und Identität außerhalb der Firma. Ihm fehlt es an Motivation für seine Arbeit. Er betrügt das Unternehmen, denn er nutzt Zeiten der Krankheit als zusätzliche Erholung und Freizeitvergnügen.

Zugegeben: Diese Beschreibung provoziert. Aber dieses Bild entsteht bei der Lektüre der Anfangskapitel eines Buches, das unter dem Titel „Einer fehlt und jeder braucht ihn!", erstmals 1995 erschien. Die beiden Autoren arbeiten im Management des Unternehmens: Steffen Spies ist Leiter der „Business Planning Manufacturing und Reengineering", Holger Beigel ist Personalleiter des Werkes Rüsselsheim der Adam Opel AG. Das Bild, das die Autoren hier vermitteln, steckt in einer Vielzahl von Köpfen. Wenn in Betrieben und Verwaltungen das Thema „Krankenstand" hochkocht, sind die Vorwürfe an die Beschäftigten, unmotiviert zu sein, oder die Kritik am sozialen Netze, sprich ungerechtfertigte Inanspruchnahme der Lohnfortzahlung, schnell ausgesprochen. Nicht nur Personalmanager oder Fehlzeitenberater, auch Medien und Politik pflegen dieses Bild eifrig. Man kann es als Menschenbild bezeichnen, denn als Deutungsmuster beherrscht es die Auseinandersetzung um Rückkehrgespräche und Krankenstände.

Was die Opel-Manager hier zum Ausdruck bringen, ist ein pessimistisches Menschenbild. Ihm entspricht, dass die Beschäftigten der Adam Opel AG keinen Optimismus und kein Vertrauen verdienen. Nicht die 92,5 % Beschäftigten, die im Jahresdurchschnitt täglich ihrer Arbeit nachgehen, sind der Maßstab dieses Denkens, sondern die fehlenden 7,5 %. Dieses Denken erklärt sich aus der nicht widerlegbaren Erfahrung, dass es immer wieder den einen oder anderen Beschäftigten gibt, der aufgrund fehlender Motivation zu Hause bleibt. Wie groß ihre Zahl sein mag, ist in diesem Menschenbild von völlig untergeordneter Bedeutung. Einige wenige Nichtmotivierte werden als Beleg dafür angeführt, wohin man kommt, wenn man sich allzu menschlich und vertrauensvoll gibt. Ohne zunächst nach den Zusammenhängen zu fragen, registriert es, dass Menschen sich vereinbarungswidrig und egoistisch verhalten und sich dem Unternehmen, das im Denken der Manager zu einer Gemeinschaft oder Familie gerät, entziehen. Die Wahrnehmung lässt kein anderes Urteil zu, als das die Beschäftigten das Vertrauen missbrauchen. Diese Schlussfolgerung liefert nicht nur den Beweis für das Pflegen eines pessimistischen Menschenbildes. Es ist gleichzeitig Begründung und Basis für eine autoritäre Reglementierung und Kontrolle erkrankter Beschäftigter.

Worte wie Erkrankung, Krankheit oder Arbeitsunfähigkeit ergeben in diesem Bild wenig Sinn. Bei Opel wurden diese Begriffe konsequent aus dem Wortschatz gestrichen. Stattdessen sprach man nur noch von „Abwesenheit". Auch der Begriff Gesundheit, den die Weltgesundheitsorganisation (WHO) mit körperlichem, seelischem und sozialem Wohlbefinden gleichsetzt, erhielt eine andere Bedeutung. Nicht auf den Zustand, sondern auf die Tatsache selbst kam es vor allem an.

„Welche Anhaltspunkte weisen darauf hin, dass mit einer krankheitsbedingten Fehlzeit vermutlich Missbrauch getrieben wird?"

- Kurzerkrankungen
- Erkrankung vor Kündigung bzw. Trennung
- Montag/Freitag
- es sind bestimmte Mitarbeiter, die mehrmals jährlich krank sind
- zu leichte Krankschreibung durch den Arzt
- Azubis nehmen ein verlängertes Wochenende
- Schwarzarbeit bei Kfz -Mechanikern
- Informationen von Kollegen
- wechselnde Ärzte; häufige Kurzerkrankungen
- Aussagen von Kollegen
- Montag/Freitag; kurzfristig vor/nach Urlaub
- Erkrankung, nachdem Urlaub abgelehnt worden ist; Nebenbeschäftigungen
- Erhöhung vor Feiertag, Wochenende
- häufiger Arztwechsel
- in periodischen Abständen „krankheitsbedingtes Fehlen"
- Erkrankung im Urlaub; Krankschreibung nur aufgrund eigener Angaben
- z. B. Fehlzeiten in Verbindung mit Wochenenden und freien Tagen
- krank am Montag und Freitag
- Privatarbeit im Haus; Zusatzurlaub
- Krankenstand zum Wochenende sehr hoch
- Krankheit bei vorher angedeuteten familiären Problemen
- krank in Verbindung mit Wochenende; es ist Mode, einmal im Jahr seine Grippe zu nehmen, Mitarbeiter, welche vor Ablauf der Krankmeldung ihre Arbeit aufnehmen, werden oft als „Solidaritätsbrecher" behandelt

- in Verbindung mit Wochenende
- regelmäßige Kurzerkrankungen bei bestimmten Mitarbeitern; als „Doc Holiday" bekannter Arzt
- Kenntnis der Einzelpersonen...
- verspätete Krankmeldung; Kontrollanrufe, konkrete Hinweise seitens anderer Mitarbeiter
- periodisches Auftreten (z. B. montags); wechselnde Ärzte
- häufige Kurzerkrankungen einzelner Mitarbeiter, oft an so genannten Brückentagen
- einzelne Krankentage wiederholt ohne Attest (z. B. Montag/Freitag)
- nach ausgesprochener Kündigung sofort krank
- eigene Beobachtungen; zu schnelles Krankschreiben
- offensichtliche Gegenreaktion auf betriebliche, personenbezogene Maßnahmen
- bestimmte Ärzte; Ärztewechsel; persönliche Umstände; Erntezeit; Nebenerwerbe usw.
- Alkoholmissbrauch
- Hinweise von Mitarbeitern
- Kollegenaussagen; „Urlaubsverlängerung"; konkrete Hinweise
- Arbeitsunfähigkeit nach Besuch des Vertrauensarztes

Anhaltspunkte für Missbrauch krankheitsbedingter Fehlzeiten
QUELLE: BUNDESVEREINIGUNG DEUTSCHER ARBEITGEBERVERBÄNDE, ERGEBNIS DER UMFRAGE: „BETRIEBLICHER KRANKENSTAND, PROBLEME UND MASSNAHMEN", 1991

Der Entschluss, der nun in Rüsselsheim gefasst wurde, war klar und eindeutig. Die „Anwesenheit" sollte erheblich verbessert werden. Im Vergleich der Krankenstandszahlen der verschiedenen Automobilhersteller wollte sich Opel vom Schlusslicht oder bestenfalls Mitläufer, an die Spitze katapultieren. Die „Abwesenheit" sollte deutlich unter die 7,5 % Marke fallen. Die konkrete Umsetzung formulierten die Personalverantwortlichen in einem schlichten Satz: „Es geht darum, [...] diejenigen herauszugreifen, die aus Gründen der Demotivation ihrer Tätigkeit fernbleiben."

Gemeint waren damit solche, die der Volksmund „Blaumacher", „Simulanten" oder „Krankfeierer" nennt. Solche Begriffe strichen die Personalmanager ebenfalls aus ihrem Wortschatz, denn sie wollten nicht unnötigerweise die Emotionen der Beschäftigten wecken. Stattdessen sprachen sie von den „Demotivierten" oder von „motivationsbedingter Abwesenheit". Gemeint waren damit natürlich alle Beschäftigten.

Aber wie identifiziert man die „Demotivierten" unter den 26000 Beschäftigten in Rüsselsheim? Die Rückschau ihrer seit den achtziger Jahren mehr oder minder erfolgreichen Maßnahmen führte das Management nicht dazu, alles über Bord zu werfen oder einen völlig neuen Weg einzuschlagen. Die Verantwortlichen bauten vielmehr auf dem seit 1982 praktizierten Rückkehrgespräch auf. Inhaltlich wurde dieses Instrument verfeinert und gleichzeitig in seiner Umsetzung verdichtet. Genannt wurde das Ganze „der Anwesenheitsverbesserungsprozess", abgekürzt AVP.

Der Anwesenheitsverbesserungsprozess (AVP)

Wie läuft AVP ab? Das Konzept besteht aus vier Gesprächsstufen. Die Stufen unterscheiden sich in Intensität, Atmosphäre und Zielsetzung der Gespräche. Sie reichen von der Motivation bis zur Androhung einer Kündigung. Den jeweiligen Gesprächscharakter unterstreichen visualisierende Symbole. Zu jedem Gespräch wird ein Formularsatz erstellt, der das Gespräch dokumentiert. Zur Gesprächsführung benutzt der Vorgesetzte einen Gesprächsleitfaden, der die Antworten auf die vorgegebenen Fragen bewertet und gleichzeitig zur Personalbeurteilung eingesetzt werden kann.

Grundsätzlich ist nach jeder Fehlzeit ein Gespräch zu führen. (Lediglich bei bestimmten Sonderfällen, wie Erkrankung während der Schwangerschaft oder nach einem Arbeitsunfall, genehmigten Kuren oder einem Tag Krankheit im Zeitraum von weniger als 9 Monaten seit dem ersten Gespräch, wird AVP nicht angewendet.) Sind weniger als 9 Monate seit der letzten Fehlzeit vergangen, so wird die jeweils nächst höhere Gesprächsstufe erreicht.

Das erste Gespräch ist das „Motivationsgespräch": Teilnehmer sind Mitarbeiter und jeweiliger Vorgesetzter. Es soll der Vertrauensbildung nach Rückkehr aus der Krankheit dienen. Symbol des Gesprächs ist daher die offene Hand. Vom gesprächsleitenden Vorgesetzten wird die Formulierung erwartet: „Wir haben Sie vermisst und freuen uns, dass Sie wieder da sind." Im ersten Teil des Gesprächs informiert er den Rückkehrenden über die aktuelle Situation im Arbeitsbereich, danach wird dieser befragt. Es erfolgt „die Frage nach dem Grund für die Fehlzeit", „Erkundigung nach dem weiteren Wohlbefinden" und „über das persönliche Umfeld (Familie, Hobbies und Interessen)". Der Leitfaden empfiehlt dem Vorgesetzten, bestrebt zu sein, „die tieferen Gründe für die Abwesenheit herauszufinden. Dazu ist die Offenheit und Bereitschaft des Mitarbeiters zu ehrlichen Aussagen erforderlich", denn die Frage nach der Art der Erkrankung unterliegt der ärztlichen Schweigepflicht und muss nicht beantwortet werden.

Die vier Gesprächsstufen des AVP
QUELLE: SPIE, ST./BEIGEL, H., 1996

In der Stufe 2 findet ein „Mitarbeitergespräch" statt. Teilnehmer dieses Gesprächs sind Vorgesetzter und Beschäftigter, auf Wunsch des Beschäftigten kann der Betriebsrat teilnehmen. Nun ändert sich der Ton. Jetzt müssen „die Konsequenzen für den Betroffenen aufgezeigt werden, falls er sein Verhalten nicht ändern sollte". Das Symbol dieses Gesprächs ist daher die aus dem Fußball bekannte gelbe Karte, die vom Schiedsrichter zur Ahndung eines groben Regelverstoßes verwendet wird. Die vorgeschriebene einleitende Formulierung lautet: „Sie fehlten uns im Arbeitsprozess." Der Vorgesetzte gibt dem Rückkehrer einen deutlichen Hinweis dafür, dass die vorherige Fehlzeit nicht lange zurückliegt und fragt ihn: „Wie würden Sie bei häufigem Fehlen eines Kollegen selbst reagieren?" und „Welchen Eindruck glaubt der Betroffene durch häufiges Fehlen bei den Kollegen zu erzeugen?" Er zeigt auf, wie die durch die Fehlzeit liegengebliebene Arbeit erledigt werden musste, und fragt direkt nach den Abwesenheitsgründen.

Wird der Beschäftigte innerhalb von 9 Monaten erneut krank, erfolgt das „Personalgespräch" mit demselben Teilnehmerkreis. Zusätzlich nimmt der nächst höhere Vorgesetzte teil. Das Personalgespräch soll laut Leitfaden in bestimmtem Ton geführt werden. Das Motto des Gesprächs lautet: „Weiteres Fehlen wird für sie Folgen haben." Es hat das Symbol des „erhobenen Zeigefingers". Bereits im Informationsteil erfolgen indirekte Drohungen durch „Verweis auf die Kosten, die dem Unternehmen entstehen" und „Beschreibung von Fällen, in denen häufiges Fehlen zu Kündigungen geführt hat". Von der Krankheitsbedingtheit der Fehlzeiten ist hier keine Rede mehr. So endet die Befragung auch mit der Frage, ob sich „der Mitarbeiter über die Folgen weiterer Fehlzeiten im Klaren" ist und dem Hinweis, dass ihm „die letzte Chance vor massiveren Schritten" eingeräumt wird. Nach dem Opel-Leitfaden bestimmt eine „sachliche und bestimmte Atmosphäre" dieses Gespräch. Abschließend wird der Beschäftigte gefragt, „wie er gedenkt, sein Abwesenheitsverhalten in der nächsten Zukunft zu gestalten" und „ob er weitere Fehlzeiten in der laufenden Frist ausschließt oder nicht". Unterstellt wird damit, dass der Beschäftigte seine krankheitsbedingte Abwesenheit selbst beeinflussen kann. Erwartet werden vom Rückkehrer tatsächlich an dieser Stelle Erklärungen zukünftigen Wohlverhaltens, z. B.: „Ich glaube, dass ich meine Anwesenheit verbessern muss", oder Schuldbekenntnisse folgender Art: „Ich will meine Fehlzeiten zukünftig senken", oder: „Ich weiß, dass ich in letzter Zeit zu oft gefehlt habe."

Die letzte, vierte Stufe bildet das „Fehlzeitengespräch": Der Teilnehmerkreis wird ergänzt mit einem Vertreter der Personalabteilung, der das Gespräch auch führt. Der Betroffene bekommt die offizielle Information über die Möglichkeit einer Kündigung. Diese Maßnahme, die im Arbeitsrecht als personen- bzw. verhaltensbedingte Kündigung bezeichnet wird, ermöglicht unter gewissen Voraussetzungen (siehe Kapitel 3) das Kündigungsschutzgesetz (KSchG). Das Symbol dieser Stufe ist daher das Paragraphenzeichen. Das Gespräch hat den Charakter einer Abmahnung und dient zur Vorbereitung der Kündigung. Reichen die Gründe für eine krankheitsbedingte Kündigung (noch) nicht aus, sollen die Ergebnisse aus dem „Fehlzeitengespräch" helfen, die „Meldungen, die in Fällen häufiger Fehlzeiten oder unentschuldigter Abwesenheiten von den Vorgesetzten an die Personalleitung erstattet werden, zu fundieren und damit besser zu begründen".

Das Fehlzeitengespräch

Information
Befragung Gesprächsführung durch einen offiziellen Vertreter der
Personalabteilung – dabei offizielle Information über
die Möglichkeit der Kündigung
Beteiligung des betrieblichen Vorgesetzten bzw. des
Betriebsrats und eventuell von Sachverständigen
Ergebnis

Inhalte des Fehlzeitengesprächs
QUELLE: SPIE, ST./BEIGEL, H., 1996

Ergebnisse

Es ist keineswegs so, dass der AVP die Geburt einer völlig neuen Personaltechnik im Umgang mit Erkrankten darstellt. Rückkehrgespräche gab es bereits vor dem AVP und die Bemühungen der Personalleitungen, den Krankenstand zu senken, reichen lange zurück. Aber AVP wirkte wie ein Katalysator; er beschleunigte bereits vorhandene Entwicklungen. Zu erkennen ist dies an unterschiedlichen Bereichen: an den Reaktionen auf AVP, an einem neuen Denken, das nun in den Vorstandsetagen anderer Betriebe und Verwaltungen Einzug hielt sowie an zahlreichen neuen Modellen der Fehlzeitensenkung, die auf AVP aufbauten.

Die Umsetzung vom AVP im Rüsselsheimer Opel-Werk hatte den gewünschten Erfolg: Der Krankenstand fiel. Nach Angaben der „Tageszeitung" senkte sich der Krankenstand von 9 %, im Jahr 1993; auf 7,5 % zu Jahresbeginn 1995. Die Einführung von AVP im Mai des gleichen Jahres erbrachte einen weiteren Rückgang. Im Dezember betrug er nur noch 5,4 %. 1996 betrug der Krankenstand nach Angaben des Managements im Jahresdurchschnitt 4,6 %.

Die Reaktion der Öffentlichkeit ließ nicht lange auf sich warten. „AVP senkt Fehlzeit: Motivation statt Disziplinierung. Die Krankheitsrate [...] verbessert sich unheimlich", so „Main-

Spitze". Das „Darmstädter Echo" schrieb: „Opel führte so genannte Rückkehrgespräche ein...und hat damit in diesem Jahr gut zehn Millionen Mark allein im Werk Rüsselsheim bei der Lohnfortzahlung gespart." Ähnlich die „Tageszeitung": „Die Abwesenheitsquote konnte mit AVP [...] gesenkt werden. So sparen Unternehmen Kosten in Millionenhöhe."

Als Erfolg verbuchte die Personalleitung auch die Reaktionen auf den AVP bei Vorgesetzten und Beschäftigten. „Insgesamt weist der AVP ab Herbst 1995 eine recht hohe Akzeptanz bei Vorgesetzten und Mitarbeitern auf, obwohl es sich dabei um ein noch ‚junges' Verfahren handelt, mit dem alle Betroffenen gemeinsam gegen hohe Abwesenheitsraten vorgehen können." Als positiv strichen sie die Gerechtigkeit der Mitarbeiterbehandlung heraus („Jetzt kommen auch die Drei-Tage-Experten dran"). Auch die kommunikative Wirkung der Gespräche zwischen Meister und Beschäftigten („Das fördert die Vertrauensbildung zwischen beiden.") lobten sie.

Traf diese Beschreibung zu? Im Dezember 1998 gingen die „Arbeit & Ökologie Briefe", eine Fachzeitschrift mit Themen zu Arbeit, Gesundheit und Ökologie in Betrieb und Büro, der Sache nach. Sie befragten Arbeiter, in einigen Fällen auch Vorgesetzte über ihre Meinung zum AVP. Heraus kamen Einschätzungen, die der heilen Welt der Verfasser vom AVP nicht entsprachen. Von den 46 Befragten äußerte sich die überwiegende Zahl negativ. Obwohl in einem strengen statistischen Sinn nicht repräsentativ, vermitteln die zehn hier wiedergegebenen Meinungen ein anderes Bild der Reaktion aus der Opel-Belegschaft. Sie sind im Wortlaut dokumentiert, so wie sie bei der Befragung aufgezeichnet wurden.[6]

Alter: 47 Jahre; Betriebszugehörigkeit: 19 Jahre; Angestellter

Das ist Gleichmacherei, die Nutzung ist einseitig, Vorgesetzte schämen sich wegen der Fragestellung, Mitarbeiter lassen sich auch bei ansteckenden Krankheiten nicht krank schreiben, sie investieren privat Geld und Zeit, um Kranksein zu vermeiden, das AVP-System macht Angst, Daten werden wahrscheinlich für mehr Zwecke benutzt, man sucht ständig einen Weg, um das Rückkehrgespräch zu umgehen.

Alter: 53 Jahre; Betriebszugehörigkeit: 21 Jahre; Lohnempfänger

Für die Vorgesetzten ist das ein Muss, manche Vorgesetzte haben ihr Lieblingsprinzip, Ursachenforschung interessiert niemand, das Umfeld macht krank, das AVP – Programm ist nur im Interesse der Firma, man müsste fragen, wer ist der Meister, weshalb ist er Meister, wer macht ihn zum Meister, kann so eine Frau/so ein Mann mit AVP umgehen und Rückkehrgespräche führen?

Alter: 37 Jahre; Betriebszugehörigkeit: 15 Jahre; Lohnempfänger

Das Programm ist nicht angebracht, es ist ein starker Eingriff in Privatangelegenheiten, das Punktsystem ohne persönliche Fragen wäre o.k., ehrliche Antworten gibt es nicht, eröffnet die Möglichkeit zum Mobbing, Krankheiten, die auf Vorgesetzte zurückzuführen sind, werden verschwiegen.

Alter: 33 Jahre, Betriebszugehörigkeit: 18 Jahre; Lohnempfänger

Ich finde es nicht gut, es zwingt mich, Urlaub zu nehmen im Krankheitsfalle, die Fragen sind komisch und zweideutig, normalerweise macht man nicht krank, das System ist ein Kontrollsystem, die Meinung des Arztes wird unterlaufen, in das AVP-System wird man unfreiwillig reingedrückt, 9 Monate zwischen grün und schwarz ist zuviel (d.h. zwischen den verschiedenen Stufen von R-Gesprächen – die Red.), das System greift in mein Privatleben. Wenn solche Systeme, dann nur intern ohne Personalabteilung.

Alter: 23 Jahre; Betriebszugehörigkeit: 7 Jahre; Lohnempfänger/
Alter: 55 Jahre; Betriebszugehörigkeit: 33 Jahre; Lohnempfänger

Das System ist unsinnig, bei einem guten Verhältnis zwischen Vorgesetzten und Mitarbeitern braucht man kein Rückkehrgespräch, langfristig bringt es keine Verbesserung; Schlitzohren finden Lücken, unbescholtene Mitarbeiter werden durch AVP bestraft, viele gehen zur Arbeit trotz Krankheit und schaden damit ihrer Gesundheit. Den Vorgesetzten geht es nichts an, welche Krankheit ich habe, dringende OP-Krankheiten werden hinausgezögert, um den 9-Monateschritt zu erreichen. Es ist wichtig, den nächsten Punkt zu vermeiden.

Alter: 50 Jahre; Betriebszugehörigkeit: 30 Jahre; Gehaltsempfänger (Vorgesetzter)

Für mich sind die Rückkehrgespräche unangenehm, die Fragen sind zu persönlich, ich versuche, den unsicheren Mitarbeitern zu helfen, ich lege ihnen die Antworten in den Mund oder gebe vor, dass man solche Fragen nicht beantworten bräuchte. AVP ist ein Kontrollsystem, Kontrollsysteme führen immer zu schlechten Ergebnissen.

Alter: 36 Jahre; Betriebszugehörigkeit: 14 Jahre; Lohnempfänger

Vorgesetzte führen das Gespräch, als sei es ein Muss für sie. Es wird gelogen, der Sinn ist sehr fraglich, ist der Vorgesetze noch eine Vertrauensperson?

Alter: 44 Jahre, Betriebszugehörigkeit 14 Jahre; Lohnempfänger

Die Krankheitsrate ging nach unten, die Fragen sind lästig und kindisch, ein normales Verhältnis zwischen Vorgesetzten und Mitarbeitern müsste ausreichend sein.

Alter: 34 Jahre; Betriebszugehörigkeit: 19 Jahre; Lohnempfänger (Betriebsrat)

Als Gleichbehandlungsprinzip ist es in Ordnung, aber das System muss dringend überarbeitet werden. Ich bezweifle, dass alle Mitarbeiter korrekt erfasst werden, private Fragen und Fragen, die ein schlechtes Gewissen machen, müssen entfernt werden. Die meisten Vorgesetzten sind schlecht geschult und können mit dem Programm nicht umgehen, Ausnahmeregelungen gibt es und sind wachsweich und führen zu zweierlei Maß.

Alter: 48 Jahre; Betriebszugehörigkeit: 26 Jahre; Lohnempfänger

AVP hat keinen Sinn, es ist ein scheinheiliges Programm. Dem Mitarbeiter wird vorgespielt, dass man sich um ihn sorgt, es bewirkt auch den falschen Zweck, der Mitarbeiter wird eingeschüchtert, es verleitet den Mitarbeiter im Krankheitsfalle zu längeren Krankzeiten; Mitarbeiter werden durch Mitarbeiter bedroht, der Quote wegen. Mit besseren Vorgesetzten bräuchte man kein Rückkehrgespräch [...].

Zwiespältige Reaktionen

Die Opel Personalleitung schrieb sich den Erfolg dennoch auf ihre Fahnen. Wurde Kritik am AVP laut, reagierte sie mit dem Hinweis auf den Betriebsrat des Unternehmens. Dieser hatte ja das Projekt von Anfang an unterstützt. Grundsätzliche oder umfassende Kritik aus den Gewerkschaften tat sich daher schwer.

Kritik kommt vor allem aus den gewerkschaftlichen Fachabteilungen, die sich mit Arbeitsschutz und betrieblicher Gesundheitsförderung auseinandersetzen. „In Rüsselsheim (Opel) hängen die Krankenstände in jeder Abteilung offen aus", moniert in der „TAZ" E. Zinke aus der Abteilung Gesundheitspolitik der IG Metall. „Niemand traut sich, offen über sein Unwohlsein zu reden." Nach außen fördere AVP ein „Tarzanverhalten".[7] Nach dem Motto: Ich kann immer, wenn ich will. Und eine Veröffentlichung der zuständigen IG Metall Fachabteilung kommt zu dem Ergebnis, dass Rückkehrgespräche ein untaugliches Mittel zur Senkung des Krankenstandes seien: „Sie können den Weg zur krankheitsbedingten Kündigung, Langzeitarbeitslosigkeit oder im besten Fall zur Frühverrentung ebnen", heißt es hier. „Sie aktualisieren und verschärfen Vorurteile gegenüber chronisch Kranken und Behinderten sowohl bei Beschäftigten als auch Vorgesetzten."[8]

Stellvertretend für viele Betriebsräte, äußert A. Matejka, Vorsitzender des Betriebsrats der Firma Federal Modul in Wiesbaden, seine Bedenken. „Damit werden doch Schuldgefühle erzeugt und die Entlassung angedroht", beschreibt er die Gefahren für die Beschäftigten. „Sie erwarten Hilfe und sind bereit, über ihre Erkrankung zu berichten. Und genau diese Information befindet sich dann im Kündigungsantrag: Die Erkrankung habe sich im Laufe der Jahre nicht gebessert, und für die Zukunft sei auch nicht damit zu rechnen. Im Grund liefern die Betroffenen der Personalabteilung die Kündigungsgründe."[9]

Dennoch sind kritische Stimmen unter Gewerkschaftern und Betriebsräten eine Minderheit. In der Regel stimmen sie der Einführung von Rückkehrgesprächen zu. Das hat verschiedene Gründe: Die Auswirkungen jahrelanger Massenarbeitslosigkeit, die die Gewerkschaften zusehends schwächt, spielen eine nicht zu unterschätzende Rolle. Der (vermeintliche) Sachzwang, Standortbedingungen im Zuge wirtschaftlicher Globalisierung für die Unternehmen zu verbessern, trägt dazu bei, Protest oder Nachdenken erst gar nicht aufkommen zu lassen. Die Motive der Betriebsräte sind denen der Gewerkschaften durchaus ähnlich: Viele stimmen der Einführung dieser Gespräche aus Gründen der Standortsicherung und Wettbewerbsfähigkeit zu. Meist geschieht dies in Form von Betriebsvereinbarungen, also einer Abmachung zwischen Arbeitgeber und Betriebsrat. Manche tun dies eher widerwillig und mit schlechtem Gewissen, weil sie dem von den Arbeitgebern erhobenen Vorwurf der hohen Krankheitskosten nichts entgegenzusetzen wissen. Ein Teil der Interessenvertreter glaubt, mit diesem Instrument könnten „die ehrlichen und anständigen" Kollegen und Kolleginnen geschützt werden. Und eine weitere Gruppe vertraut auf die heilsame Wirkung der Rückkehrgespräche, wonach es nur gut sein kann, „wenn die Blaumacher mal eins vor den Bug bekommen." Eine Meinung, die auch unter den Beschäftigten weit verbreitet ist!

Die zwiespältige Haltung von Betriebsräten und Gewerkschaften kommt auch in dem einzigen offiziellen Papier des DGB zum Thema Fehlzeitenmangement zum Ausdruck. Darin wendet sich der Dachverband gegen jegliche Versuche, Kranke durch Disziplinierung zu bestrafen. Zu Recht weist er auch auf eine Tatsache hin, die Fehlzeitenberater und die „Erfinder" der Rückkehrgespräche kaum oder nicht berücksichtigen: dass die Arbeitsbedingungen in den Betrieben und Verwaltungen in erheblichem Maß Erkrankungen verursachen. Das Papier plädiert daher für einen umfassenden Gesamtrahmen aller betrieblichen Schritte mit dem Ziel, Krankheitsfaktoren im Betrieb erst gar nicht entstehen zu lassen. Hierfür seien Gesundheitszirkel zu bilden. Das sind Kleingruppen, in denen Beschäftigte nicht nach Schuldigen suchen, sondern ihre Arbeitsbelastungen analysieren und hierzu Verbesserungsvorschläge entwickeln.

In dem gleichen Papier finden aber auch die Befürworter von Rückkehrgesprächen Brauchbares: Auch individuelle Maßnahmen wie Mitarbeitergespräche, so heißt es hier, seien sinnvoll und vorhandene betriebliche Beispiele würden dies überzeugend belegen.

Warum diese Gespräche bei dem skizzierten Gesamtrahmen überhaupt noch nötig sein sollen, wie eigentlich „die Jagd auf Kranke" auszuschließen ist und wo die überzeugenden Beispiele praktiziert werden, bleibt das Geheimnis des Papiers.[10]

Mit dieser unklaren Haltung gelang es den Gewerkschaften nicht, Einfluss auf die betriebliche Diskussion zu nehmen. In den Betrieben ging die Offensive der Arbeitgeber weiter. Ab 1995/96 waren die Betriebsräte in vielen anderen Betrieben starkem Druck ausgesetzt, Rückkehrgesprächen, als Kern des Fehlzeitenmanagements, zuzustimmen. Auch später ließ dieser Druck nicht nach. Wie Pilze aus dem Boden wuchsen in den Betrieben die Rückkehrgespräche. Opel und VW machten den Anfang, die Telekom AG und die Handelskette SPAR folgten 1996/97, die Krupp Hoesch Stahl AG im Februar 1997, die Post AG 1998. Die Zahlen belegen es: Führten 1994 nur 30 % der Betriebe Fehlzeitengespräche, waren es 1998 schon 94 %!

Neues Denken

Der Veröffentlichung der Opel Methode in einem handlichen und übersichtlichen Buch folgten Besprechungen in Fachzeitschriften des Personalmanagements. Auch das Echo, das AVP in Zeitungen und Fernsehen hervorrief, war groß.

Andere Betriebe und auch Verwaltungen des öffentlichen Dienstes wurden auf AVP aufmerksam. Bis dahin war der Krankenstand in den meisten Betrieben und Verwaltungen ein Thema mit untergeordneter Bedeutung. Viele Betriebe und Verwaltungen führten nicht einmal Statistiken über den Umfang des Krankenstandes. Dass Beschäftigte erkrankten, galt als Selbstverständlichkeit. Die Stellenpläne und Personalplanungen vieler Betriebe und Verwaltungen berücksichtigten dies in Form einer Personalreserve. In Betrieben mit hohen Arbeitsbelastungen oder problematischen Arbeitsbereichen (z. B. beim Umgang mit Lärm, Chemikalien, Gefahrstoffen) wurde ein höherer Krankenstand sogar als unvermeidlich angesehen. Dass Beschäftigte unter diesen Bedingungen eher und häufiger arbeitsunfähig waren als anderswo, war stillschweigend akzeptiert.

Ähnlich das Bild in den Verwaltungen der Kommunen und des öffentlichen Dienstes. Zwar hatte auch in diesem Bereich das Kostendenken bereits eingesetzt, Einsparungen bezogen sich aber in der Regel auf Ausgabenkürzungen im Sachmittelbereich. Der Kostenblock Krankheit, gegen den kein Kraut gewachsen schien, wurde entweder selbstverständlich hingenommen oder zähneknirschend akzeptiert.

Diese Situation änderte sich durch AVP. Endlich schien ein taugliches Mittel gefunden zu sein, dem Krankenstand zu Leibe zu rücken! Die Hoffnung für ein schwieriges Problem eine einfache Lösung zu bekommen, war verlockend und der Wunsch, mit Rückkehrgesprächen einen schnellen Erfolg bei der Reduzierung von Krankenständen zu erreichen und damit Lohnnebenkosten zu senken, wurde immer größer.

Eine rege Diskussion entstand in den Kreisen des Personalmanagements. Das Interesse am Thema Krankenstand steigerte sich spürbar. Beleg dafür sind die vielen Tagungen und Seminare, die AVP auslöste. Die Universität Bremen lud zu einem Strategieseminar „Das Rückkehrgespräch – Ein Instrument zum Abbau von Fehlzeiten", VW veranstaltete eine Fachtagung „Verbesserung der Anwesenheit im Betrieb", die AOK nannte ihr Seminar „Gesunde Gespräche". Das „Intensivseminar mit Workshop" des Deutschen Industrieforums, das „erfolgreiche Strategien und konkrete Handlungsanleitungen zur Fehlzeitenreduzierung" versprach, erfuhr bereits vier Auflagen. Hier präsentierten Personalleiter ihre erfolgreich praktizierten Konzepte für Rückkehrgespräche. Vorgesetzte und Führungskräfte erhielten das notwendige Rüstzeug, um solche Gespräche selbst durchzuführen. Mit Stolz registrierten die Personalverantwortlichen von Opel das durch AVP ausgelöste Interesse. „Dabei hat AVP", schrieben sie in der Neuauflage ihres Buches, „bei einer ganzen Reihe von Rückkehrge-sprächssystemen Pate gestanden, was besonders die Frage der Übertragbarkeit eines solchen Prozesses in den Mittelpunkt stellt. In diesem Zusammenhang hat sich Opel in Einzelfällen auch zu intensivem Erfahrungsaustausch mit einzelnen Unternehmen bereit erklärt".

AVP veränderte die Denkmaßstäbe und Ansprüche der Personalmanager. Die Senkung des Krankenstandes wurde Gegenstand von Ziel- oder Betriebsvereinbarungen. Das obere Manage-ment, häufig in Zusammenarbeit mit dem Betriebs- oder Personalrat, legte die Jahreshöhe des Krankenstandes verbindlich fest, die Umsetzung erfolgte in den Abteilungen mit Hilfe der je-weiligen Vorgesetzten. Nicht der jeweilige Branchenbezug war mehr wichtig, nicht der Zu-sammenhang von Arbeitsbedingungen und jeweiligem Krankenstand war relevant. Diese oder andere Erklärungsfaktoren traten in den Hintergrund. Es entstand ein Denken in nackten Zah-len. Krankenstände von 10 % und mehr waren nun völlig indiskutabel. Auch unter dieser Mar-ke entwickelten viele Betriebe nun eifrige Aktivitäten. Die Messlatte dessen, was als akzepta-bler Krankenstand gilt, senkte sich immer weiter. Zurzeit liegt sie bei 4–5 %. Ob es dabei bleibt, ist mehr als fraglich. Der Fehlzeitenberater Schmilinsky schraubt die Ansprüche immer höher: „Realistisch", lautet seine Zielvorgabe, „wäre es, ein Prozent bei Angestellten zu erzie-len, bei Facharbeitern sollten es 1,4 sein, bei ungelernten Arbeitern 2 Prozent."[11]

Neue Modelle

Neben vielen Betrieben war auch der damalige Innenminister Kanther von dem Opel-Modell angetan. Per Kabinettsbeschluss verordnete er 1997 „seinen" Bediensteten in den Verwaltun-gen des Bundes die Übernahme des AVP-Modells.

Manche Betriebe übernahmen AVP unbesehen, andere wandelten Details ab und passten es ihren Gegebenheiten an. Einigen war das 9 Monate dauernde Intervall zwischen zwei Ge-sprächsstufen zu liberal. Der von der Personalabteilung einer Siegener Firma, Tochter eines großen Unternehmens der Automobilzulieferindustrie, verfasste Entwurf „Reduzierung der Fehlzeiten" verkürzte den Abstand auf drei Monate. Das Konzept einer Arbeitsgruppe städ-tischer Verkehrs- und Energiebetriebe ließ das Intervall ganz offen. Hier sollen Vorgesetzter und Beschäftigter das Intervall, das in dem entsprechenden Leitfaden „Beobachtungszeitraum" genannt wird, selbst festlegen. Manche änderten die Regeln. Bei der Daimler Benz AG in Bre-men wurden zusätzlich zu den bereits im AVP vorgesehenen Ausnahmen auch die Gruppe der Langzeiterkrankten von der Stufenfolge ausgenommen.[12]

Die SPAR Handels AG änderte die Wortschöpfungen des Modells. Der Handelskonzern über-nahm AVP unter einem anderen Namen. Aus AVP wurde „move!". Im Vorwort des Leitfa-dens heißt es: „move! soll etwas bewegen – wie der Name schon sagt! [...] Im Gespräch von Mensch zu Mensch will move! motivieren, nicht disziplinieren. In einem mehrstufigen Ge-sprächsprozess wollen wir den Mitarbeitern des SPAR Konzerns die Folgen aufzeigen, die häufiges Fehlen hat – für das Unternehmen, die Kollegen und für sie selbst." Allein 16 Mal taucht „move!" oder seine deutsche Übersetzung auf den beiden ersten, spärlich beschriebe-nen Seiten auf. [Nach dem Motto: Häufige Wiederholung fördert die Glaubwürdigkeit! H.B.]. Dass „das Bewusstsein [der Beschäftigten, H.B.] zum Thema Fehlzeiten" durch „einen per-manenten Dialog zwischen Mitarbeitern und Vorgesetzten", geändert werden soll, überliest sich fast. Und die Frage, ob die Beschäftigten dieses Unternehmens die Art des angekündigten Dialogs wünschen, wird nicht aufgeworfen.

Weitere Umtaufungen erfahren die jeweiligen Gesprächsstufen. Gesprächsstufe 1 nennt sich „miteinander". Die nächste Stufe, bei AVP „Mitarbeitergespräch" genannt, lautet hier „orientieren". Es folgt die Stufe „verändern". Wer oder was sich verändern soll, ist klar. „In dem Gespräch auf der dritten Stufe muss dem Mitarbeiter deutlich gesagt werden, dass seine Fehlzeiten das Klima und den Arbeitsablauf in seiner Abteilung negativ beeinflussen und dass weitere Fehlzeiten zu ernsten Konsequenzen führen können." Gesprächsstufe 4, bei Opel mit dem Paragraphenzeichen versehen, nennt sich in der SPAR AG „entscheiden". Entschieden wird hier über eine mögliche Kündigung. „Wenn die Absicht besteht", heißt es im Leitfaden, „das Arbeitsverhältnis mit dem Mitarbeiter aufzulösen, so muss die Personalabteilung den Mitarbeiter darauf hinweisen."[13]

Andere Betriebe und mancher Fehlzeitenberater hielten Abstand vom Modell AVP. Nur bei wenigen war diese Distanz inhaltlich begründet. Dass die Opel-Methode Beschäftigte einschüchtert und unter Druck setzt, dass AVP das Privatleben der Beschäftigten erforscht, dass Erkrankte „gezwungen" werden, Art und Diagnose ihrer Erkrankung dem Vorgesetzten preiszugeben, rief in diesem Spektrum keine Empörung hervor. Wenn überhaupt, wurden diese Begleiterscheinungen des AVPs hinter vorgehaltener Hand kritisiert.

Was manchen Betrieb, manchen Fehlzeitenberater vielmehr am AVP störte, war die Offenheit und Unbekümmertheit, mit der Opel die Kontrolle und Disziplierung erkrankter Beschäftigter betrieb. AVP erschien ihnen ein allzu offenes Buch zu sein, ein willkommenes Objekt für die Kritiker einer solchen Politik, zu denen nicht nur eine Minderheit von Gewerkschaftern und Betriebsräten zählte. Ihre Kritik richtete sich auf verschiedene Details vom AVP.

So empfanden manche die Verwendung von Symbolen wie offene Hand, erhobener Zeigefinger, gelbe Karte und Paragraphen (siehe Abb. S. 14) geschmacklos und provokativ. Ein solches Vorgehen erinnerte eher an eine Kadettenanstalt als an einen modernen Produktionsbetrieb. Der Fehlzeitenberater Schmilinsky geißelte AVP als „unverantwortliche Rasenmähermethode"[14]. Peter Nieder, ein anderer Unternehmensberater, monierte das Übergewicht, das AVP den Vorgesetzten in den Gesprächen einräumte. Das könne dazu führen, dass diese viel reden, die Beschäftigten aber um so schweigsamer würden. Andere kritisierten, dass das obere Management sich aus seiner Verantwortung stehle und stattdessen die Umsetzung des Prozesses einseitig auf die Schultern des unteren und mittleren Vorgesetzten abwälze. Sie mahnten zur Vorsicht und Behutsamkeit bei der Umsetzung eines solchen Instruments an, forderten insbesondere eine ausreichende Unterweisung und Schulung der Verantwortlichen in Bezug auf Gesprächstechniken und Menschenführung ein.

Einen gemeinsamen Nenner fand die Kritik der angesprochenen Gruppe nicht. Sie war nicht grundsätzlicher Natur; das Rückkehrgespräch als Instrument zur Senkung des Krankenstandes wurde nicht in Frage gestellt. Es ging vor allem um das „wie", nicht um das „ob überhaupt" des Gesprächs. F. Friczewski und M. Drupp aus der AOK brachten das Verhältnis zum AVP, das in Teilen des Personalmanagements und der Fehlzeitenberater immer distanzierter wurde, folgendermaßen auf den Punkt: „Rückkehrgespräche sind weder positiv noch negativ zu bewerten. Entscheidend ist vielmehr der konzeptionelle Rahmen und mit welcher Zielsetzung dieses Instrument in der alltäglichen Praxis eingesetzt wird."[15]

So entstanden andere Konzepte mit anderen Sprachschöpfungen. Auf etwaige Symbole für Gesprächsstufen wurde verzichtet. Stattdessen sprach man bei der Gesellschaft für Zahlungssysteme von „Care-Gesprächen", bei der Telekom AG von „Präventionsgesprächen". Der

Fehlzeitenberater Peter Nieder erfand das „Kümmer-Gespräch", die Betriebsärzte Mahl und Sehling nennen ihr Stufungssystem „Fehlzeiten-Informations-Management."[16]
Ein Orientierungspunkt für all diese Konzepte ist ein anderes Modell, das seit 1995 bei VW zur Anwendung kommt: Das „fürsorgliche Rückkehrgespräch".

Bei VW

Kaum ein anderes deutsches Unternehmen ist nach 1945 so rasant zu einem multinationalen Konzern gewachsen wie dieses Vorzeigeunternehmen mit Stammsitz in Wolfsburg. Sein Produkt, der Volkswagen, für das bis in die sechziger Jahre keine Werbung gemacht wurde, stand im Mittelpunkt von Trivialromanen, Kinderbüchern und Filmen. Und zugleich war er Inbegriff und Symbol der Massenmotorisierung und des Wirtschaftswunders der Nachkriegszeit.
Volkswagen ist ein Modell industrieller Beziehungen: Eine starke betriebliche und gewerkschaftliche Interessenvertretung hat in der Vergangenheit die großen wirtschaftlichen Konzessionsspielräume genutzt, Spitzenlöhne durchgesetzt und in manchen Bereichen Signale für die Tarifpolitik der deutschen Gewerkschaften gesetzt: In der Besitzstandsicherung wie in betrieblichen Sozialleistungen; in Pausenregelungen wie in neuen Entlohnungssystemen. Der tatsächliche Einfluss der betrieblichen Interessenvertretung geht weit über das gesetzlich vorgeschriebene Mindestmaß hinaus.
Zugleich ist Volkswagen auch ein Modell der Kooperation. Konfliktträchtige Entscheidungen werden kompromisshaft ausgehandelt; Strategien, welche der Rentabilität des Konzerns dienen, werden von der Interessenvertretung der Beschäftigten nicht behindert. Gewerkschaften und Betriebsrat tragen die Rationalisierungsmaßnahmen und Umstrukturierungen in den VW-Werken mit. So wurde – von vielen Beobachtern als Vorzeigemodell eines „Bündnisses für Arbeit" gefeiert – im Spätherbst 1993 die 28,8-Stunden-Woche und die Einführung der flexiblen 4-Tage-Woche vereinbart, um 30000 Entlassungen in den VW-Werken zu vermeiden.
Als Erfinder dieses Modells gilt Peter Hartz, der Arbeitsdirektor des Unternehmens. Ihm verdankt die Republik nicht nur neue Modelle der Arbeits(zeit)gestaltung, sondern auch interessante Sprachschöpfungen und Slogans. Mit „Kosten statt Köpfe" umschreibt er plakativ und zugleich drastisch die bei VW umgesetzte Strategie der schlanken Unternehmenskultur. Der von ihm geprägte Begriff der „atmenden Fabrik" wird mittlerweile von Industriesoziologen und Betriebswirtschaftlern verwendet. Er ist eine Umschreibung für über 100 verschiedene Arbeitszeitmodelle, die gegenwärtig im Zusammenhang mit der Einführung der 4-Tage Woche im Werk praktiziert werden. Da gibt es die 4-Tage Woche mit langen Arbeitszeiten, die 5-Tage-Woche mit verkürzten Tagen und die 5-Tage-Woche mit langen Freizeitblöcken. Und bei Änderung der Auftragslage werden neue Zeiten festgesetzt. Hartz bezeichnet dieses Vorgehen als „Flexibilitätskaskade"[17]. Auch eine Wortschöpfung, die eine nahezu völlige Anpassung der Beschäftigten an die Zeiterfordernisse des Unternehmens geschickt umschreibt. Sprachlich andere Wege geht das Unternehmen auch, wenn es um den Umgang mit erkrankten Mitarbeitern geht. In diesem Zusammenhang spricht man unternehmensintern von der „Gesundheitsquote" oder „Gesundheitsstand" und dem „fürsorglichen Rückkehrgespräch". Die „Gesundheitsquote" wurde 1996 kreiert und der Öffentlichkeit in einer Pressekonferenz von Peter Hartz präsentiert.[18] Hier teilte er mit, dass VW mit einer Gesundheitsquote von 95,8 % in der deutschen Automobilindustrie an der Spitze rangiere. Hinter diesem Wort verbirgt sich der für 1996 bei VW errechnete Krankenstand: 4,2 %.

Gesundheits – Weltliga – produzierende Werke

Monat Februar 1996

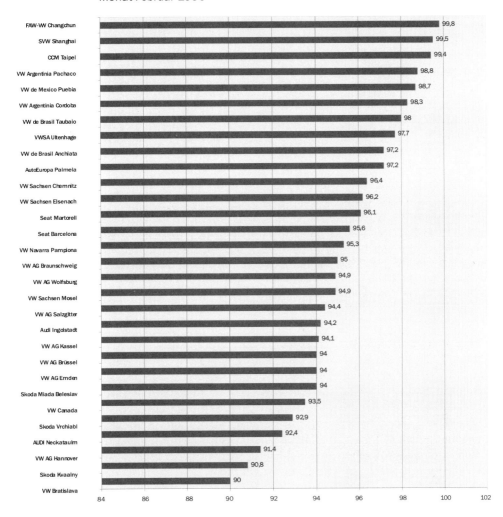

Werk	Wert
FAW-VW Changchun	99,8
SVW Shanghai	99,5
CCM Taipei	99,4
VW Argentinia Pachaco	98,8
VW de Mexico Puebla	98,7
VW Argentinia Cordoba	98,3
VW de Brasil Taubaio	98
VWSA Uitenhage	97,7
VW de Brasil Anchiata	97,2
AutoEuropa Palmela	97,2
VW Sachsen Chemnitz	96,4
VW Sachsen Eisenach	96,2
Seat Martorell	96,1
Seat Barcelona	95,6
VW Navarra Pamplona	95,3
VW AG Braunschweig	95
VW AG Wolfsburg	94,9
VW Sachsen Mosel	94,9
VW AG Salzgitter	94,4
Audi Ingolstadt	94,2
VW AG Kassel	94,1
VW AG Brüssel	94
VW AG Emden	94
Skoda Miada Belesiav	94
VW Canada	93,5
Skoda Vrchlabi	92,9
AUDI Neckataulm	92,4
VW AG Hannover	91,4
Skoda Kvaalny	90,8
VW Bratislava	90

Benchmarking des Krankenstandes bei VW

Das fürsorgliche Rückkehrgespräch

Die andere Schöpfung ist das „fürsorgliche Krankenrückkehrgespräch". Auch hier verwirrt zuerst einmal dieses Adjektiv. „Fürsorglich": Das klingt angestaubt, veraltet und hat mit dem Neudeutsch eines Peter Hartz so gar nichts zu tun. Wie kommt ein Unternehmen, das nicht nur mit seinen Produkten, sondern auch mit seinen Arbeitzeitregelungen ständig neue Wege beschreitet, dazu, dieses Instrument mit einem solchen Beiwort zu schmücken? Deutet dieses Adjektiv darauf hin, dass bei VW im Gegensatz zu Opel ein humanerer und freundlicherer Umgang mit Erkrankten praktiziert wird?

Zu klären sind diese Fragen bei einem Blick in das Gesprächskonzept und den damit verbundenen Maßnahmen des Fehlzeitenmanagements bei VW. Wie geht es also zu im „fürsorglichen" Rückkehrgespräch?

Dieses Gespräch wird am Tage der Rückkehr des Erkrankten geführt. Jede Arbeitsunfähigkeit führt zu einem Rückkehrgespräch. In diesem ersten Gespräch verdeutlicht der Vorgesetzte dem Beschäftigten, wie sehr er am Arbeitsplatz vermisst wurde und zeigt die Bemühungen aller im Betrieb auf, die Auswirkungen seiner Abwesenheit auszugleichen. Das Gespräch dient, so die Charakterisierung von W. Krüger, Abteilungsleiter Personalwesen Lohn bei VW in Wolfsburg, „einer kollegialen, sozial engagierten, dezentral organisierten und ursachenorientierten gemeinsamen Problemlösung"[19].

Die Frage nach den Ursachen der krankheitsbedingten Fehltage klärt das weitere Vorgehen: Erklärt der Beschäftigte, dass die entstandenen Fehltage nicht arbeitsplatzbedingt sind, kann das Rückkehrgespräch an diesem Punkt zu Ende sein. Er kann an dieser Stelle von sich aus den Wunsch äußern, anschließend ein Gespräch über Gesundheitsprobleme mit dem Werkarzt führen zu wollen. Dann wird das Gespräch protokolliert, vom Vorgesetzten und Werkarzt unterschrieben und wandert in die Personalabteilung.

Gibt der Beschäftigte in diesem Gespräch Hinweise auf arbeitsplatzbedingte Ursachen für die Erkrankung, findet das Gespräch mit dem Betriebsarzt nicht mehr auf Wunsch statt, sondern als Bestandteil eines festgelegten Verfahrens. In diesem Gespräch bearbeiten Rückkehrer und Betriebsarzt ein so genanntes „Arbeitsmedizinischen Lastenheft" – ein Kriterienkatalog, der von der Abteilung Gesundheitsschutz erstellt worden ist.

„Das arbeitsmedizinische Lastenheft"

Teil 1 dieses Lastenheftes dient der Krankenstandsdokumentation und – interpretation. Es enthält arbeitsplatz- und personenbezogene Daten. Teil 2 ist ein Kriterienkatalog arbeitsplatzbedingter Ursachen. Dieser Katalog reicht von physischen, psychischen Belastungen über Arbeitsumgebungseinflüsse, Arbeitsorganisation, inadäquatem Personaleinsatz bis zu Arbeitsunfällen.

Nun kann der Beschäftigte in der linken Spalte dieses Katalogs Angaben zu möglichen Belastungen machen. Er soll dabei selbst einschätzen, welche Belastungen des Arbeitsplatzes oder der Arbeitsumgebung zu seiner Erkrankung beigetragen haben. Ein Antwortkästchen steht hierfür zur Verfügung. Tendenz- oder Detailaussagen sind hier nicht vorgesehen.

Aber offensichtlich scheint VW seinen Beschäftigten nicht richtig zu trauen. Denn jetzt tritt der Experte auf den Plan. In der rechten Spalte des Kriterienkatalogs gibt nun der Arzt seine „Experteneinschätzung" ab. Er hat zwei Antwortmöglichkeiten und kann seine Einschätzung mit „Ja" oder „Nein" wiedergeben.

Aber worauf bezieht sich die Antwort des Arztes? Hier wirft das Formblatt einige Fragen auf. Denn es ist nicht zweifelsfrei zu erkennen, ob sich die Expertenmeinung auf die tatsächlichen Arbeitsplatzverhältnisse der Beschäftigten oder auf deren Einschätzung dazu bezieht. Diese Unklarheit räumt auch Dr. Heinrich, der leitende Werkarzt von VW Salzgitter nicht aus: „Die durch den Mitarbeiter als arbeitsplatzbedingt eingeschätzten Krankheiten werden dem Werkarzt durch den Betroffenen im vertraulichen Gespräch vorgetragen. Die Meinung des Mitarbeiters wird mit der des Werkarztes verglichen (Experteneinschätzung). Anschließend werden beide Meinungen codiert. Dabei müssen die Ansichten beider Parteien nicht übereinstimmen."[20]

Was passiert, wenn Rückkehrer und Betriebsarzt unterschiedlicher Meinung sind, wird nicht

Mitarbeiter-einschätzung	Ursachen	Experteneinschätzung	
		Ja	Nein
	I. Physische Belastungen		
O	1. Heben und Tragen schwerer Lasten	O	O
O	2. Bücken, Beugen	O	O
O	3. Zwangshaltung	O	O
O	4. Überkopfarbeiten	O	O
O	5. ständiges Stehen auf einer Stelle	O	O
O	6. ständiges Sitzen	O	O
O	7. fehlender Wechsel zwischen Sitzen und Gehen	O	O
O	8. lange Laufwege	O	O
O	9.	O	O
	II. Psychische Belastungen		
O	1. Probleme mit Vorgesetzten	O	O
O	2. Probleme mit den Mitarbeitern	O	O
O	3. zu hohe Verantwortung	O	O
O	4. zu geringe Verantwortung	O	O
O	5. Einstehen für die Fehler anderer	O	O
O	6. qualitative Überforderung/Unterforderung	O	O
O	7. quantitative Überforderung	O	O
O	8. fehlende Sinnhaftigkeit der Arbeit	O	O
O	9.	O	O
	III Arbeitsumgebungseinflüsse		
O	1. klimatische Belastung (Hitze, Kälte, Zugluft)	O	O
O	2. ungünstige ergonomische Gestaltung des AP	O	O
O	3. Lärm	O	O
O	4. fehlende Schutzartikel	O	O
O	5. fehlende Arbeitshilfen	O	O
O	6. Rauch, Staub, Geruch	O	O
O	7. Vibration	O	O
O	8. Hautbelastung	O	O
O	9.	O	O
	IV. Arbeitsorganisation		
O	1. starre Taktbindung	O	O
O	2. Einzelarbeitsplatz	O	O
O	3. mangelnde Rotation	O	O
O	4. Verleihung, Umsetzung	O	O
O	5. zu kurze Anlernzeit in der Arbeitsfolge	O	O
O	6.	O	O
	V. Inadäquater Personaleinsatz		
O	1. durch neu aufgetretene Erkrankungen	O	O
O	2. durch produktionsbedingte Umsetzungen	O	O
O	3.	O	O
	VI. Arbeitsunfälle		
O	1. Arbeitsplatzunfälle	O	O
O	2. Wegeunfälle	O	O
O	3.	O	O

Fragenkatalog und Bewertung im Arbeitsmedizinischen Lastenheft (Teil 2)
QUELLE: ERGOMED 2/96

erläutert. In jedem Fall wirft dieses Formblatt die Frage auf, wie der Beschäftigte eigentlich da steht, wenn er arbeitsbedingte Erkrankungsursachen angibt und seine Meinung von der des Experten abweicht. Etwa als Simulant?

Die Gesprächspyramide

Bei häufigeren Fehlzeiten greift VW ebenfalls auf ein Verfahren mit Gesprächsstufen zurück. In den firmeninternen Mitteilungen für die Vorgesetzten, die diese Fehlzeitengespräche durchführen, sind die Gesprächsstufen in Form einer Pyramide abgebildet. Das Motto lautet: „Führen und Fördern bei VW". Es ist schwungvoll gestaltet: Unter dem Schriftzug in Form eines Halbkreises ist eine Gruppe adrett gekleideter Menschen in lockerer und offener Form versammelt, wie unter einem schützenden Dach.

Den Sockel der Pyramide bildet das „Fehlzeitengespräch"(1): Es findet statt, wenn erhöhte und „auffällige" Fehlzeiten vorliegen. Darunter werden bei VW häufige Kurzerkrankungen (mindestens zwei innerhalb eines halben Jahres) verstanden. Auch Beschäftigte mit einer längeren Erkrankungsdauer (über 20 Tage) müssen dieses Gespräch führen. Neben ihnen sind der unmittelbare Vorgesetzte und der Betriebsrat an dem Gespräch beteiligt. Es soll das Bewusstsein hinsichtlich der Fehlzeiten schärfen und die Motivation stärken. Zu den Zielen des Gesprächs gehört die Ermittlung von Ursachen und Gründen der Erkrankung und die Vereinbarung von Zielen zur Fehlzeitenreduzierung des Rückkehrers. Abschließend teilt der Vorgesetzte mit, dass zukünftiges Fehlzeitenverhalten genauer beobachtet wird. Der Beobachtungszeitraum beträgt 3–6 Monate.

Wird der Beschäftigte während des Beobachtungszeitraums erneut krank, erfolgt das „Fehlzeitengespräch" (2). Teilnehmer des Gesprächs ist auch der Personalreferent. Eine Förderung des Problembewusstseins oder eine Stärkung von Motivation ist jetzt nicht mehr vorgesehen. Stattdessen erhält der Beschäftigte einen „Tadel". Vorgesehen ist auch, ihm die „Missstände" aufzuzeigen, die mit seiner Erkrankung verbunden sind. Beide Punkte werden im Personaldateninformationssystem (Pedatis) festgehalten. Neben der Ermittlung von Ursachen und Gründen sowie der Bewertung der bisher vereinbarten Maßnahmen werden nun neue Maßnahmen und Ziele vereinbart. Die möglichen Konsequenzen weiterer Fehlzeiten werden dem Rückkehrer mitgeteilt.

Im Anschluss daran informiert der Personalreferent den betrieblichen Personalausschuss über den „Fall". Ein solcher Ausschuss existiert in vielen Großbetrieben und besteht aus Mitgliedern des Betriebsrats und der Personalabteilung des Unternehmens. Er dient zur Abwicklung aller personellen Veränderungen. Dazu gehören bspw. Einstellungen von Personal, Versetzungen im Unternehmen und Kündigungen von Beschäftigten.

Ist der VW-Beschäftigte in den nächsten 3–6 Monaten erneut abwesend, hat er, um im Bild zu bleiben, die Spitze der Pyramide erreicht. Und möglicherweise gleichzeitig das Ende seiner beruflichen Laufbahn im Unternehmen vor Augen. Es erfolgt das „Konsequenzengespräch" nach Zustimmung durch den Personalausschuss. Die Grundlagen für eine rechtlich „saubere" Kündigung des Beschäftigten – dazu zählt die vorherige Anhörung und Information des Betriebsrats sind somit geschaffen. Im Konsequenzengespräch, das der unmittelbare Vorgesetzte führt, wird auf die unmittelbare Gefährdung des Arbeitsplatzes hingewiesen. Was weiter in diesem Gespräch besprochen wird, deuten Stichworte wie „Tadel: Konsequenzen festlegen" und „Eingabe Pedatis" nur an.[21]

GESPR.-FORM	TERMIN / ANLASS	INHALT / ZIEL	INFO AN / ÜBER
Positiv-gespräch	Mindestens 2x jähr-lich	• Positive Rückmeldung, keine FZ • Motivation stärken • Ziele vereinbaren	
Rückkehr-gespräch	Grundsätzlich • im Anschluss an jede Fehlzeit • Am Tag der Ar-beitsaufnahme	• Signal: MA wird ge-braucht, Fehlen wurde bemerkt • Klärung von Beson-derheiten bei der Wiederaufnahme der Arbeit	MA/ • Vorgänge/ Ver-änderungen während der Ar-beitszeit • Aktuelle Ziele/ Aufgaben
Betriebliches Fehlzeiten-gespräch (1)	Erhöhte auffällige Fehlzeiten • Häufige Kurzer-krankungen (mind. zweimal innerhalb eins halben Jahres) • Längere Krank-heitsdauer (über 20 Tage in Folge)	• Förderung des Pro-blembewusstseins • Motivation stärken • Ermittlung von Ur-sachen/ Gründen • Vereinbarung von Zielen/ Maßnahmen • Terminverein. für Folgegespräch	MA/ • Betriebliche Aus-wirkungen sei-nes/ Ihres Fehlens • Fehlzeitenerfas-sung/ -beobach-tung (bisher und zukünftig)
	Betrieblicher Vorgesetzte informiert Personalreferent über bisherige Gespräche, Info an BR		
Fehlzeiten-gespräch (2)	Erhöhte und auffälli-ge Fehlzeit nach (1) • Nach Beobach-tungszeitraum von 3 - 6 Monaten • Nach Gespräch zw. FK/ bVG/ PR • Gespräch (1) zeigt keine positive Wir-kung	• Ermittlung von Ursachen/ Grün-den • Bewertung bish. Maßnahmen • Festlegung neuer Maßnahmen Tadel; Missstände aufzeigen • Eingabe Pedatis	MA/ • Anforderungen, mögliche Konse-quenzen • Fehlzeitenerfas-sung/ -beobach-tung (bisher und zukünftig)
	Referent informiert bVG/ BR über Fehlzeitengespräch; Vortrag im Personalausschuss		
Konsequenz-gespräch	Erhöhte und auffäl-lige FZ nach (2) nach Zustimmung durch Personalaus-schuss	Hinweis auf Arbeits-platzgefährdung Tadel: Konsequen-zen festlegen • Eingabe Pedatis	Referent infor-miert bVG, FK über bespr. Konsequenzen

Gesprächsablauf bei VW

QUELLE: INFORMATIONSUNTERLAGE FÜR FÜHRUNGSKRÄFTE IM MANAGEMENT, UNTERABTEILUNGSLEI-TERINNEN, MEISTERINNEN, MITARBEITERINNEN DES PERSONALWESENS, MITARBEITERINNEN DES GESUNDHEITSSCHUTZES UND MITGLIEDER DES BETRIEBSRATS; INTERNE VW MITTEILUNG, JUNI 1996

Zwischen Fürsorge und Kontrolle

Die Umsetzung der Gesprächspyramide sowie des fürsorglichen Rückkehrgesprächs war, wie in anderen Betrieben auch, Ergebnis eines längeren Prozesses und erfolgte 1995/96. Die Bemühungen des VW-Vorstands zur Senkung der Fehlzeiten reichen viel länger zurück. Ähnlich wie der AVP bei Opel haben beide Instrumente eine Vorgeschichte.

Bereits seit 1992 wurden Beschäftigte während ihrer Erkrankung zu Hause besucht. Als Handreichung bekamen die Vorgesetzten so genannte Meistermappen und Folienvorträge, um sie für das Problem Fehlzeiten zu sensibilisieren. Auch das Rückkehrgespräch existierte bereits, wurde aber nur sporadisch durchgeführt. Etabliert wurden in den einzelnen Werken so genannte Meisterrunden, die der internen Abstimmung zwischen der Abteilung Personalwesen und den Meistern und Vorgesetzten aus den Abteilungen in Sachen Fehlzeiten dienten. Kontinuierlich wurden in der Werkszeitschrift Artikel zum Thema veröffentlicht. Auch in den Redebeiträgen des Vorstandes und des Vorsitzenden des Betriebsrats auf den Betriebsversammlungen waren Fehlzeiten immer wieder ein Thema.

Eine Intensivierung dieser Aktivitäten trat 1995/96 ein. Eine Serie von Plakaten zum Thema Fehlzeiten wurde in den Abteilungen ausgehängt. Sie dienten, so die offizielle Begründung, „der Information, Aufklärung, Sensibilisierung und Prävention" der Beschäftigten. Die Botschaften mancher Plakate erweckten allerdings den Eindruck, dass man die Einschüchterung der Beschäftigten billigend in Kauf nahm (siehe Abb. S. 29). Zur gleichen Zeit wurden das fürsorgliche Rückkehrgespräch und die Gesprächspyramide als standardisierte Verfahren in den Standorten eingeführt. Die Konzernleitung und das Personalwesen steckten sich nun ehrgeizige Ziele. „Der nachhaltigen Erhöhung des Gesundheitsstandes", erläutert W. Krüger die Philosophie des Vorhabens, „wird in den personalpolitischen Prämissen der Volkswagen AG eine herausragende Bedeutung beigemessen. [...] Ein hoher Gesundheitsstand bedeutet eine höhere Personalverfügbarkeit, also mehr Mitarbeiter am Arbeitsplatz, und ist in letzter Konsequenz ein Instrument, um die Produktivität deutlich zu erhöhen."[22] Oder einfacher ausgedrückt: Man wollte die Nummer 1 im Gesundheitsstand der deutschen Automobilindustrie werden, als Ziel wurde ein Gesundheitsstand von 97 % vorgegeben.

Ebenfalls 1996 wurde eine Managementmethode mit Namen „Benchmarking" eingeführt. Als Erfinder dieser Methode gilt der amerikanische Konzern Xerox. Bei Benchmarking handelt es sich um eine vergleichende Firmenanalyse. VW übernahm diese Methode, um Fehlzeiten in unterschiedlichen Werken und unterschiedlichen Ländern weltweit miteinander zu vergleichen. Heraus kam dabei die „Gesundheits-Weltliga" (siehe Abb. S. 23). Monatlich werden seitdem alle Standorte hinsichtlich ihres „Gesundheitsstandes" verglichen, wobei sich z. B. im Monat Februar 1996 alle deutschen Werke in der „zweiten" Liga wiederfinden. Die ersten drei Plätze gehen an die chinesischen Standorte in Changchun, Shanghai und Taipai, gefolgt von Werken in Argentinien, Brasilien und Mexiko. „Wir haben hier in Hannover", schreibt die Werksleitung an ihre Beschäftigten, „rund ein Drittel mehr Kranke als in den übrigen Werken der Volkswagen AG. Wenn wir als Unternehmen im harten Wettbewerb auf Dauer überleben wollen, und daran hängen alle Arbeitsplätze – nicht zuletzt auch die Arbeitsplätze unserer Kinder – dann müssen wir in Produktivität und Qualität im Vergleich zur Konkurrenz dauerhaft die Spitzenposition einnehmen. [...] Bei denen, die bereits durch eine vorbildliche Anwesenheit das Unternehmen unterstützen, bedanken wir uns an dieser Stelle."[23]

Pro Kassel: Wettbewerbsfähigkeit sichert Arbeitsplätze

Auch krankheitsbedingte Fehlzeiten können zu einer Kündigung führen Deshalb: Sorgsamer Umgang mit der Entgeltfortzahlung im Krankeitsfall

Krankheiten dulden wir nicht, weil VW **unkollegiales Verhalten uns allen** schadet

Wenn die Arbeitsunfähigkeits-bescheinigung als zusätzliche Freizeit betrachtet wird, geht es uns alle an!

Wichtig für uns alle VW **Sorgsamer Umgang mit der sozialen Errungenschaft der Entgeltfortzahlung im Krankheitsfall**

Unsere Zukunft heißt: Standortsicherung KASSEL

Dass das „Benchmarking" höchst fragwürdig ist, weil es so tut, als ob die gesundheitlichen Ausgangsbedingungen (z. B. soziale und materielle Lebenssituation) überall in der Welt gleich wären, und zudem unseriös ist, weil die einzelnen Belegschaften aufgrund von Faktoren wie unterschiedlichen Durchschnittsalters, Zusammensetzung (z. B. Gelernte/Ungelernte) nicht vergleichbar sind, scheint nur außerhalb des Betriebes wahrgenommen zu werden. „Benchmarking", so formulieren die Managementkritiker Hoerner/Vitinus in ihrem Buch „Heiße

Luft in neuen Schläuchen", „pickt einen Aspekt betrieblicher Aktivität heraus und betrachtet ihn isoliert vom Kerngeschäft.[...] Die in der Theorie unterstellte und in der Praxis kaum gegebene Übertragbarkeit von einem Unternehmen zum anderen ist das Grundproblem, an dem Benchmarking unheilbar krankt. Benchmarking vergleicht ständig Äpfel mit Birnen, Kopiergeräte mit Herrenhosen und Kreditkarten mit Funktelefonen."[24]

Dieser Überblick zeigt, dass Konzernleitung und Personalwesen bei VW eine ähnliche Entschlossenheit an den Tag legten wie die Konkurrenz aus Rüsselsheim. Man wollte unter allen Umständen Fehlzeiten senken und wandte deshalb eine Fülle von Maßnahmen gegenüber erkrankten Beschäftigten an. Dieser Prozess mündet schließlich in die Einführung eines verbindlichen und standardisierten Gesprächverfahrens. Lediglich in der Vorgehensweise bei der Umsetzung des innerbetrieblichen Fehlzeitenmanagements sind Unterschiede erkennbar.

Die Einführung des AVP bei Opel ist Resultat eines generellen Misstrauens gegenüber den Beschäftigten. Allen Beschäftigten wird mehr oder weniger offen unterstellt, jede sich nur bietende Gelegenheit zu nutzen, der Arbeit fernzubleiben. Dahinter steht die Annahme, die Beschäftigten betrachten ihre Tätigkeit allein unter dem Aspekt der Erwerbstätigkeit. Sie nutzen den Vorwand einer gesundheitlichen Beeinträchtigung dazu, sich von der Arbeit „wegzustehlen". Allein Kontrolle und Sanktionen können dem entgegenwirken. Unter diesen Vorzeichen ist der gegenüber AVP erhobene Vorwurf (eines Fehlzeitenberaters), AVP unterscheide zwischen den Beschäftigten nicht und wirke innerbetrieblich wie ein „Rasenmäher", zu sehen.

Bei VW konzentrierte die Personalleitung ihre Aktivitäten auf ganz bestimmte Beschäftigte, die durch „Benchmarking" und genauer Fehlzeitenanalyse als Problemgruppe identifiziert wurde. Vor allem dieser Gruppe, die nach Meinung des Personalwesens, „die Anonymität [eines Großbetriebes nutzt – H. B.], in der es dem einzelnen leichter fällt, bei persönlichem Kummer und Sorgen 'krank zu feiern', als dies in einer kleineren und überschaubareren Einheit [...] möglich ist", galten die Maßnahmen. „Etwa 88 % unserer Mitarbeiter", erklärt W. Krüger das Vorgehen, „haben noch mehr als eine Gesundheitsquote von 97 %. Bis auf abgrenzbare Einzelfälle gehen wir auch hier davon aus, mit Sensibilisierung, Information und angemessenen Hilfestellungen optimal zu unterstützen. Besondere Aufmerksamkeit und Unterstützung lassen wir den weniger als 12 % unserer Werksangehörigen angedeihen, die einen geringeren Gesundheitsstand als 97 % haben. Hier wissen wir um einzelne Fälle, die als Summe den Gesundheitsstand spürbar beeinträchtigen, und dies zu Lasten der Mehrheit unserer Mitarbeiter, die uns mit ihrer gelebten Eigenverantwortung zur Nummer eins im Gesundheitsstand in der deutschen Automobilindustrie gemacht haben."[25]

Hat daher der bei VW eingeschlagene Weg einen anderen Charakter oder eine andere Philosophie als der bei Opel? Ist mit diesem Modell vielleicht ein humanerer Umgang mit erkrankten Beschäftigten verbunden? Ist mit „fürsorglich" ein anderes Menschenbild gemeint, das weniger misstrauisch und pessimistisch ist als das bei Opel?

Diese Fragen lassen sich diskutieren, aber aufgrund der schwierigen Informationslage nicht endgültig beantworten. Im Unterschied zum Anwesenheitsverbesserungsprozess, dessen Ablauf und Hintergründe in einem umfangreichen Buch dokumentiert ist, existieren über die Gesprächspyramide und das fürsorgliche Rückkehrgespräch nur Einzelinformationen. Sie setzten sich zusammen aus betriebsintern verwendeten Mitteilungen, einigen wenigen Referaten auf Fachkongressen, bei denen sich VW-Verantwortliche zu diesem Thema geäußert haben, oder Beiträgen in Fachzeitschriften.

Die wenigen Informationen zeigen aber, dass zwischen dem AVP bei Opel und der Gesprächspyramide bei VW eine Reihe von Parallelen und Übereinstimmungen bestehen. Die Gespräche sind genauso standardisiert wie der AVP. Der Vorgesetzte ist im Besitz eines Leitfadens, den er zur Gesprächsführung nutzt, und der Beschäftigte hat auf vorgegebene Fragen zu antworten. Auch eine Stufung der Gespräche ist erkennbar. Im Verständnis von VW bildet der gesamte Gesprächszyklus die Form einer Pyramide, während bei Opel darunter ein Stufenprozess verstanden wird. Aus Sicht der Beschäftigten ist dieser Unterschied allerdings unerheblich. Ob Stufe oder Pyramide, zu erkennen ist die gleiche Tendenz. Zu Beginn der Gesprächsprozedur, also im fürsorglichen Rückkehrgespräch, ist der Ton gegenüber dem Beschäftigten freundlich und menschlich. In den folgenden Gesprächen ist auch bei VW zu beobachten, dass der Umgang mit dem Erkrankten immer sachlicher und unpersönlicher wird, und dass am Ende alles auf eine Androhung bzw. auf eine Kündigung aus Krankheitsgründen hinausläuft. Ähnlichkeiten lassen sich auch bei Punkten wie Protokollierung der Gespräche und Personalbeurteilung erkennen. Mit Hilfe welcher Skalen und Einstufungen VW diese Personalbeurteilung vornimmt, ist aufgrund fehlender Informationen nicht abschließend zu beurteilen. Aber der im „Konsequenzgespräch" vorgesehene Hinweis, auf Eingabe aller sich aus dem Gespräch ergebenden Informationen in das interne Personalinformationssystem (Pedatis) deutet an, dass VW hier einen ähnlichen Weg wie Opel einschlägt.

Die Einschätzung anderer Autoren, dass bei VW ein ähnlich rigider und disziplinarischer Umgang mit Erkrankten praktiziert wird wie bei Opel, ist daher nicht zu widersprechen.[26] Auch auf Seite der Beschäftigten scheint dieser Umgang nicht auf einhellige Gegenliebe zu stoßen. „Manche Beschäftigte", schildert ein Betriebsrat aus dem Standort Kassel die Reaktionen, „reagieren positiv auf die Gespräche, andere sehr kühl. Insgesamt haben sich Rückkehrgespräche bei VW flächendeckend durchgesetzt. Leider kommt in den Gesprächen nicht so viel über Mißstände am Arbeitsplatz heraus, wie wir gehofft hatten."[27]

Handelt es sich bei der „Fürsorglichkeit" des Fehlzeitenmanagements bei VW also lediglich um eine Worthülse? Die Anzeichen deuten darauf hin, dass es sich bei der Gesprächspyramide, die bei VW angewendet wird, und dem Anwesenheitsverbesserungsprozess bei Opel um sehr ähnliche Modelle der Fehlzeitensenkung handelt.

Doch gibt es auch einige bemerkenswerte Unterschiede des fürsorglichen Rückkehrgesprächs zu anderen Konzepten. Da ist zuerst einmal die besondere Bedeutung des Betriebsarztes zu nennen. Er spielt bei der Erstellung des arbeitsmedizinischen Lastenheftes eine wichtige Rolle. Offenbar handelt es sich bei diesem arbeitsmedizinischen Lastenheft um ein vielseitiges Instrument mit fließenden Grenzen: Es ist (mehr als nur) ein Kriterienkatalog möglicher Erkrankungsursachen. Denn es bietet auch Einblicksmöglichkeiten in die Persönlichkeit des Beschäftigten. Es lässt auch eine Personalüberprüfung zu, weil es Rückschlüsse auf die Erkrankung und ihre Berechtigung zulässt. Wo hört hier die Fürsorge auf und wo fängt die Kontrolle an? Interessant ist die Rolle des Arztes in diesem Gespräch. Auf den ersten Blick ist es ja durchaus plausibel, wenn der Arzt bei Erkrankungsproblemen hinzugezogen wird. Viele Menschen suchen sogar von sich aus den Arzt auf, denn sie gelten als Vertrauenspersonen. Tatsächlich betreuen Betriebsärzte ein wichtiges und umfangreiches Aufgabengebiet. Dazu gehört u.a. die Wiedereingliederung von Arbeitnehmern nach langer Krankheitsdauer, Fragen der Arbeitsplatzgestaltung und die Ursachenforschung von Erkrankungen, die durch die Arbeitsbedingungen verursacht sind. Wer, wenn nicht der Betriebsarzt, wäre also besser dafür geeignet, das angestrebte Leitbild der Fürsorglichkeit im Betriebsalltag von VW zu verwirklichen?

So einleuchtend die Frage ist, so eindeutig ist die Antwort des Gesetzgebers. Im Arbeitssicherheitsgesetz, das seit 1972 das Aufgabengebiet der Betriebsärzte festlegt, heißt es schlicht und deutlich: „Zu den Aufgaben der Betriebsärzte gehört es nicht, Krankmeldungen der Arbeitnehmer auf ihre Berechtigung zu überprüfen." Denn im Unterschied zu einem Hausarzt ist der Betriebsarzt, der sein Gehalt wie jeder andere Beschäftigte von „seinem" Arbeitgeber VW bezieht, nicht weisungsfrei und unabhängig. Er ist – und dies darf man bei einem Weltkonzern wie VW vermuten – in viel stärkerem Maß als etwa in einem Klein- oder Mittelbetrieb in Führungs- und Entscheidungsstrukturen des Managements eingebunden. Weisungsfreiheit, Unabhängigkeit, die Beurteilung eines Erkrankten nach ausschließlich medizinischen und ethischen Gesichtspunkten sind daher nicht gegeben. Und genau deshalb wollte der Gesetzgeber das verhindern, was bei VW im Rahmen des arbeitsmedizinischen Lastenheftes nicht ausgeschlossen ist: eine vom Betriebsarzt vorgenommene Überprüfung, ob eine Krankmeldung berechtigt ist.

Dieser ausdrückliche Ausschluss der Überprüfung von Erkrankten aus dem Aufgabenkatalog der Betriebsärzte hat Sinn. Dem Gesetzgeber war anscheinend klar, dass ärztliche Ethik und Fürsorge in Konflikt treten können mit betriebswirtschaftlichen und personalpolitischen Interessen, wenn Betriebsärzte eine Arbeitsunfähigkeit auf ihre Berechtigung prüfen. Diesen Konflikt bestätigen sogar die Betriebsärzte von VW. Nach Meinung von Dr. Heinrich, Werksarzt im VW-Standort Salzgitter, gehört „die Berücksichtigung von Wirtschaftlichkeitsaspekten" zu den Grundsätzen ihrer Arbeit. Und ihre Aufgabe in Sachen Gesundheitsschutz definiert sich nach den Worten des Werkarztes, „als ethische und soziale Verpflichtung und als ökonomische Notwendigkeit"[28]. Ob dabei die Verpflichtungen oder die Notwendigkeit im Vordergrund seiner Tätigkeit steht, kann nur jeder Arzt für sich beantworten.

Die Rolle des Betriebsarztes im fürsorglichen Rückkehrgespräch lässt die Frage aufkommen, was VW unter dem Leitbild „Fürsorge" versteht.

Der Begriff hat im Betrieb eine wichtige Bedeutung. „Jeder Kranke", so betont VW, „genießt unsere volle Fürsorge und unser Mitgefühl! Wer wirklich krank ist, bedarf ärztlicher Hilfe und soll natürlich genesen!" Nicht nur das Rückkehrgespräch, auch eine andere praktizierte Maßnahme nennt VW „fürsorglich". So heißen bei VW Besuche bei erkrankten Beschäftigten „fürsorgliche Krankenbesuche". Das Unternehmen versucht also mit diesem Wort deutlich zu machen, dass der Erkrankte bei VW auf einen besonderen Umgang mit seiner Erkrankung vertrauen darf. Angeknüpft wird an die langjährige Tradition des kooperativen, sozialpartnerschaftlichen Umgangs miteinander. „Fürsorge" suggeriert den Beschäftigten, eine faire und teilnahmsvolle Behandlung zu erfahren. Auch wenn das Wort veraltet klingt, handelt es sich nicht um einen verbalen Ausrutscher, sondern vielleicht eher um den Versuch, mit diesem Beiwort Akzeptanz für Zielsetzung und Intention des Instruments Rückkehrgespräch zu schaffen. Lässt sich ein Unternehmen kritisieren, dass in Zeiten harten Konkurrenzkampfes auf den Weltmärkten seine Fürsorgepflicht ausdrücklich ausspricht und seinen Beschäftigten die so oft eingeklagte Fürsorge angedeihen lassen will?

Tatsächlich ist es dem Unternehmen ja auch gelungen für diese Art des Fehlzeitenmanagements, Akzeptanz und Glaubwürdigkeit zu erzielen. Unter manchen Personalmanagern und Fehlzeitenberatern gilt VW als ein Modell, das sich vom Anwesenheitsverbesserungsprozess positiv abhebt und daher Vorbildcharakter hat. Dass die Distanz zu AVP allerdings nicht so groß ist, zeigt die Darstellung der Pyramide und des arbeitsmedizinischen Lastenheftes. Der Grat zwischen Fürsorge auf der einen und Krankenkontrolle auf der anderen Seite scheint eher schmal zu sein.

Das Leitbild Fürsorge deutet nicht automatisch auf einen anderen, vergleichsweise humanen

Umgang mit erkrankten Beschäftigten hin. „Fürsorgepflicht", definiert ein Standardlexikon, „ist die auf Gesetz und Recht beruhende, der Treuepflicht des Arbeitnehmers entsprechende Pflicht des Arbeitgebers, im Rahmen des Arbeitsverhältnisses für den Schutz der Rechtsgüter des Arbeitnehmers (bes. Leben; Ehre; Gesundheit und Eigentum) zu sorgen. Unabdingbar ist die Fürsorgepflicht des Dienstherrn für erkrankte Hausangestellte in § 617 BGB geregelt. Die Fürsorge umschließt auch die Pflicht des Dienstherrn zur Bereitstellung geeigneter Räumlichkeiten und Gerätschaften (§ 661 BGB, 62 HGB)."

Diese Definition zeigt zwei Dinge: Zum einen, dass Fürsorge eine gesetzliche Verpflichtung des Arbeitgebers ist. Sie ist Bestandteil des Arbeitsverhältnisses zwischen Arbeitgeber und Arbeitnehmer und stellt eine Nebenabrede des Arbeitsvertrags dar. Sie ist Teil eines Tauschverhältnisses: Fürsorge des Arbeitgebers gegen Treuepflicht des Beschäftigten.

In juristischer Sicht ist daher die von VW herausgestellte Fürsorge gegenüber Erkrankten eine Verpflichtung, die nicht nur VW sondern jeder Arbeitgeber hat, wenn er ein Vertragsverhältnis mit einem Arbeitnehmer eingeht. Der Eindruck, dass der Umgang mit Erkrankten bei VW wegen seiner Fürsorglichkeit sich von anderen Firmen unterscheidet, entspricht nicht den juristischen Gegebenheiten. Fürsorge ist kein Ausdruck besonderer Uneigennützigkeit oder Großzügigkeit, sondern Teil eines Tauschverhältnisses: Fürsorge gegen Treue.

Zum anderen macht die Definition deutlich, dass sich hinter dem Begriff Fürsorge sehr traditionelle, teils auch problematische Vorstellungen verbergen. Der Historiker Borislav Geremek schildert in seinem Buch über die Geschichte der Armut, wie die Fürsorge in den Städten des Mittelalters einerseits als Verpflichtung der Obrigkeit entstand und gleichzeitig zur Abwehr gegen Bettler und den organisierten Bettelorden eingesetzt wurde! Problematisiert wird der Begriff besonders im Arbeitsrecht: Die Arbeitsrechtler Zöllner/Loritz plädieren dafür, auf Fürsorge wegen seiner patriarchalischen Anklänge ganz zu verzichten, W. Däubler, ein anderer Arbeitsrechtler weist daraufhin, dass Fürsorge als Denkfigur in der Tradition des nationalsozialistischen Arbeitsrechts steht.[29] Das wirft die Frage auf, ob es sich bei Fürsorge tatsächlich um einen, modernen Zeiten der Arbeitswelt angemessenen Leitbegriff handelt. Worte wie Dienstherr, Hausangestellte weisen auf vorindustrielle Vorstellungen über Arbeitsbeziehungen zwischen Arbeitgebern und Beschäftigten hin. Begriffe wie Treue und Fürsorge lassen eher den Gedanken an vormundschaftliche, bevormundende Umgangsweisen mit Erkrankten aufkommen. Da gibt es auf der einen Seite den, der seine Fürsorge als Pflicht anmahnt. Und auf der anderen Seite gibt es jemanden, der Fürsorge über sich ergehen lassen muss, weil er in einem Treueverhältnis steht. Fürsorge gerät unter diesen Umständen in die Nähe von Bevormundung und Entmündigung, denn schließlich kann sich der Beschäftigte dieser Art des Umgangs wohl kaum erwehren. Weder wird er gefragt, ob er überhaupt der Fürsorge bedarf, noch wird danach gefragt, ob eine Erkrankung tatsächlich ein Fall ist, der Fürsorge rechtfertigt.

Man muss den VW-Verantwortlichen, die dieses Leitbild prägen, nicht unterstellen, dass sie ihre Beschäftigten behandeln wollen wie Hausangestellte. Zu erkennen ist auch, dass das Leitbild Fürsorge sich unterscheidet von dem pessimistischen Menschenbild des AVP, in dem sich eine Kultur des Misstrauens gegenüber den Beschäftigten ausdrückt. Bei VW, so könnte man sagen, deutet das Leitbild Fürsorge eher auf eine Kultur der Bevormundung hin. Der erkrankte Beschäftigte wird zu einem Objekt, das geschützt und behütet werden soll. Selbstverantwortung im Umgang mit Gesundheit/Krankheit wird ihm abgesprochen. Eine Arbeitsunfähigkeit ist in diesem Bild Ausdruck der Unfähigkeit, für sich selbst zu sorgen und sich im Sinne des Unternehmens zu verhalten. Hieraus wird das Recht abgeleitet, den erkrankten Beschäftigten zu bevormunden, zu lenken und damit einzuengen. Peter Hartz formuliert diesen Anspruch so: „Das läuft wie in einer guten deutschen Familie: Der Vater lässt den Sohn nie fallen, aber er ist streng, wenn es sein muss."[30]

Der öffentliche Dienst

In den Betrieben, Verwaltungen und Behörden des öffentlichen Dienstes waren Fehlzeiten und Krankenstände bis Mitte der 90er Jahre Themen von untergeordneter Bedeutung. Die in Industrie und Privatwirtschaft angewandten Konzepte zur Senkung von Fehlzeiten wurden im öffentlichen Dienst zwar registriert, aufgrund anders gewachsener Unternehmenskulturen und Organisationsstrukturen nicht übernommen. Dies änderte sich, als in diesem Bereich die Diskussion um die Notwendigkeit von Verwaltungsreformen und Privatisierung öffentlicher Dienstleistungen begann. Kundenorientierung, mehr Bürgernähe und Effizienz, Verschlankung von Verwaltungsstrukturen sind nur einige Stichworte der Diskussion um eine Neuordnung des öffentlichen Dienstes, in der auch Fehlzeiten und Krankenständen eine größere Aufmerksamkeit gewidmet wurde. Erste Ansätze zum Fehlzeitenmanagement entstanden in Großbetrieben dieses Bereichs, die aufgrund leerer Kassen der öffentlichen Haushalte unter einen besonderen Privatisierungs- und Kostensenkungsdruck gerieten.

„Habe Mut, nicht wegzusehen!"

Die Berliner Verkehrsbetriebe reagierten 1996 mit der Herausgabe einer „Richtlinie für den Umgang mit häufig kranken Mitarbeitern". Herausgeber war der Vorstand für Personal und Soziales. Schwerpunkt dieser Richtlinie ist eine Kombination von Krankenbriefen und Fehlzeitengesprächen.
Der erste Krankenbrief wird versandt, wenn trotz Gesprächen keine für den Betrieb nachvollziehbare und duldbare Situation eintritt. Der Brief ist der erste Hinweis auf zu häufige krankheitsbedingte Ausfälle. Gleichzeitig wird der Beschäftigte aufgefordert, eventuell notwendige Maßnahmen zur Verbesserung seiner Gesundheitssituation zu ergreifen. Tritt keine Veränderung ein, kann ein zweiter Krankenbrief versandt werden. In diesem wird der Beschäftigte gefragt, ob er in Zukunft mit einer Verringerung seiner Ausfälle rechnet. Antwortet er hierauf positiv, erfolgt die Aufforderung, hierfür einen Nachweis zu erbringen: Er kann eine Diagnoseliste über seine Erkrankungen in den letzten drei bzw. fünf Jahren vorlegen, welche ihm die Krankenkasse auf Verlangen ausstellt. Er hat auch die Möglichkeit, sich einem vom Betrieb benannten und bezahlten Gutachter vorzustellen. Diesen Arzt muss der Beschäftigte von der Schweigepflicht gegenüber dem Arbeitgeber entbinden. Der Arzt kann dann Diagnosedaten mitteilen und eine Zukunftsprognose erstellen. Letzter Schritt ist dann die Kündigung aufgrund krankheitsbedingter Fehlzeiten. „Das Mitwirken des Mitarbeiters im vorstehend beschrieben Sinne", erklärt T. Brake vom Zentralbereich Personalmanagement der Berliner Verkehrsbetriebe, der auf einer Tagung in Berlin dieses Verfahren vorstellte, „geschieht selbstverständlich freiwillig."
Die Gespräche sind „klassisch" abgestuft und reichen vom „Anerkennungs-, Vorkehrgespräch" über „Begrüßungs-, Krankenrückkehrgespräch" bis zum „Feedbackgespräch" und „Fehlzei-

tengespräch". Zur Durchführung dieser Gespräche nehmen alle Abteilungs- und Sachgebiets-leiter, Meister, Vorarbeiter und Gruppenleiter des Betriebes an einer obligatorischen Schu-lung teil. Sie soll Sensibilität und Kommunikationsfähigkeit der Vorgesetzten verbessern. Ein Erfolg stellt sich nicht ein. „In Gesprächen und Rückäußerungen", räumt T. Brake ein, „ist immer wieder festzustellen, dass das richtige Verständnis für die Gespräche mitunter noch immer nicht vorhanden ist." Demnach nutzen die Vorgesetzten die Gespräche als Druck-mittel und zum Leviten lesen, die Beschäftigten erhalten eine Standpauke und werden hin-sichtlich ihrer Erkrankung und ihres Lebenswandels ausgehorcht.[31]

Grundsätzlichere Gedanken zum Fehlzeitenmanagement macht sich eine Arbeitsgruppe städ-tischer Verkehrs- und Energiebetriebe. Die Mitglieder dieser Arbeitsgruppe arbeiten als Lei-ter, Prokuristen oder Grundsatzreferenten in den Personalabteilungen der Betriebe. Vertreten sind u.a. Großstädte wie Köln, Düsseldorf, Bremen, Stuttgart oder Leipzig sowie die Perso-nalabteilung der Frankfurter Flughafen AG. Das Konzept hat den Titel „Reduzierung beein-flussbarer Fehlzeiten in mitbestimmten Unternehmen." Verfasst wurde es im Jahre 1995, herausgegeben ein Jahr später.[32]

Das Konzept versteht sich als „ein Fehlzeitenpapier aus der Praxis für die Praxis" und will einen handlungsnahen Weg einschlagen. Auf die Erforschung von Ursachen für Fehlzeiten verzichtet das Konzept. Auch eine Darstellung bzw. Untersuchung der besonderen arbeitsbe-dingten, physischen oder psychischen Ursachen von Fehlzeiten im öffentlichen Dienst unter-bleibt. Die Arbeitsgruppe geht davon aus, dass zu diesem Thema nichts mehr gesagt werden muss, weil das „Phänomen der Fehlzeiten oder des sog. Absentismus bereits Gegenstand zahlreicher praktischer wie theoretischer Untersuchungen war." Auch was die Größe und Bedeutung des Problems Fehlzeiten angeht, schweigen sich die Autoren aus. Wie selbstver-ständlich gehen sie von der nicht weiter begründeten Voraussetzung aus, dass zweifelsohne „in einzelnen Unternehmen teilweise hohe Fehlzeitenquote(n)" vorliegen.[33]

Adressaten des Konzepts sind die Führungskräfte aller betrieblichen Ebenen und ausdrück-lich auch die Betriebs- und Personalräte: Letzteren habe nach Meinung der Autoren die ge-setzliche Mitbestimmung „gerade in diesem Bereich [der Fehlzeitenreduzierung, H.B.] eine besondere Mitverantwortung übertragen". Im Vorwort gibt das Konzept beiden Gruppen ei-nen Appell mit auf den Weg: „Habe Mut nicht wegzusehen!"

Für den Abbau von Fehlzeiten, so heißt es weiter, gibt es eine Reihe guter Gründe. Hiervon profitieren nicht nur die Unternehmen, sondern auch die Beschäftigten. Die Reduktion von Fehlzeiten stellt einen Beitrag zur Ergebnisverbesserung bzw. zur Senkung direkter und indirekter Kosten und bisher notwendiger Maßnahmen zur Beschaffung von Ersatzkräften dar. Neben den betriebswirtschaftlichen Vorteilen sehen die Autoren bei einer Reduktion der Fehlzeiten auch positive Auswirkungen für die Beschäftigten. Sie glauben, dass eine „ganzheitliche, ursachenorientierte Vorgehensweise" beim Abbau von Fehlzeiten „einen Beitrag zu mehr Zufriedenheit und Selbstverwirklichung aller Mitarbeiterinnen und Mitar-beiter" leistet.

Im Unterschied zur Opel AG und VW, die ihre Konzepte als gestuften bzw. pyramidenför-migen Prozess darstellen, begreift die Arbeitsgruppe Fehlzeitenmanagement in der Form eines geschlossenen Regelkreises. Diese ungewöhnliche Darstellungsform findet sich sel-ten in der aktuellen Managementliteratur. Sie kommt ursprünglich aus der Biologie bzw. Kybernetik. In der Biologie dienen Regelkreise zur Erklärung neurophysiologischer Vor-gänge bei Pflanzen. Hier werden mit Regelkreisen biologische Vorgänge so beeinflusst, dass bestimmte vorgegebene Größenwerte (Soll-Wert) mit Hilfe eines Reglers und Stellglieds den Ist-Wert so verändern, dass er sich dem Soll-Wert annähert. In der Kybernetik, einer Grenzwissenschaft zwischen Mathematik, Technik und Biologie, die nach dem Zweiten Weltkrieg populär wurde, bezeichnen Regelkreise Gesetzmäßigkeiten und Funktionsmechanismen nicht nur naturwissenschaftlicher Phänomene. N. Wiener, der Erfinder dieses Begriffs, definiert Kybernetik als eine Wissenschaft von Kontrolle und Information, gleichgültig, ob es sich um Menschen oder Maschinen handelt. In den 60er Jahren wurden Regelkreise als Führungs- und Personaltechnik auf Unternehmen übertragen. Sie sollen die Systemabläufe in einem Unternehmen steuern und die betrieblichen Instanzen und Prozesse nach einheitlichen Mustern ausrichten: Der Unternehmer oder Manager setzt die Ziele und gibt damit den „Soll-Wert" an. Die nachfolgenden Instanzen (mittlere und untere Vorgesetzte) müssen anhand des Vergleichs mit dem „Ist" die Wege zur Zielerreichung finden. Regelkreise und Rückkopplungsschleifen zwischen Management und nachfolgenden Instanzen sollen sicherstellen, dass bei Abweichungen vom Soll-Wert und bei Störungen möglichst wenige Schäden entstehen. Ziel ist, einen Zustand der Selbstregulierung aller Unternehmensabläufe zu erreichen.[34]

Fehlzeitenmanagement vollzieht sich nach Auffassung der Arbeitsgruppe in Form eines strukturbedingten und eines personenbedingten Regelkreises (siehe Abb. S. 37). Ziel der Regelkreise ist es, einen geschlossenen Wirkungskreis herzustellen. Der erste Regelkreis umfasst grundsätzliche Maßnahmen, die im Vorfeld des personenbedingten Kreises stattfinden. Dazu gehören eine genaue Erhebung und Analyse der Fehlzeiten sowie Maßnahmen zur Verbesserung der Arbeitssituation, die eine abteilungsübergreifende Projektgruppe vornehmen soll.

Führungsaufgabe Gespräch

Der zweite Regelkreis dient zur Umsetzung der grundsätzlichen Maßnahmen. Er beschreibt die Aufgaben der Vorgesetzten und die Auswirkungen auf erkrankte Beschäftigte. Dieser Kreis wird durch die Initiative des Vorgesetzten in Gang gesetzt, der die Senkung von Fehlzeiten als seine Führungsaufgabe begreift.

Hinsichtlich des Begriffs Fehlzeiten macht das Konzept eine wichtige Unterscheidung. Es spricht von „beeinflussbaren und nicht beeinflussbaren Fehlzeiten", die abzubauen sind: „Fehlzeiten in ihrer Gesamtheit sind solche Zeiten, in denen ein Arbeitnehmer seinem Unternehmen nicht zur Erfüllung seiner arbeitsvertraglichen Pflichten zur Verfügung steht. Beeinflussbare Fehlzeiten sind solche Zeiten, die ein Arbeitnehmer bei positiver Einstellung zur Arbeit seinem Unternehmen zur Verfügung stellen könnte. Hierzu gehören z. B. Zeiten, die als häufig wiederkehrende und daher auffällige Kurzerkrankungen an bestimmten Wochentagen (montags und freitags) auftreten.

Nicht beeinflussbare Fehlzeiten sind Fehlzeiten wegen bestätigter Krankheit, das sind Arbeitsstunden, in denen die Beschäftigten betriebsüblich bzw. dienstplanmäßig gemäß Arbeitsvertrag hätten arbeiten müssen."

Diese Definition lässt Spielraum für Spekulationen. Deutlich wird zunächst, dass sich das Konzept mit den beeinflussbaren Fehlzeiten befasst. Demnach ist die Einstellung des Arbeitnehmers für entstehende Fehlzeiten ausschlaggebend. Bei einer „positiven Einstellung" treten daher kaum bzw. gar keine Fehlzeiten auf, bei einer negativen Einstellung tritt das Gegenteil ein. Anzeichen für eine negative Einstellung sind Kurzerkrankungen an bestimmten

Einzelfall- oder personen-
bedingter Regelkreis

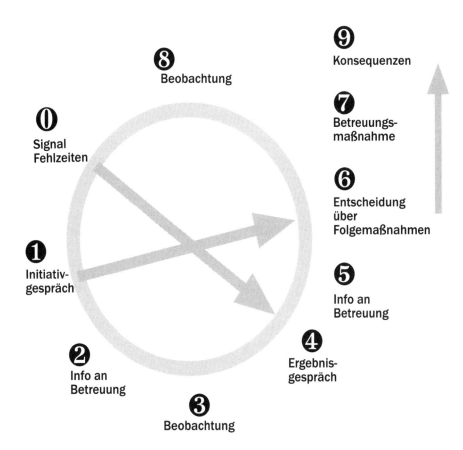

⓪ Signal Fehlzeiten

❽ Beobachtung

❾ Konsequenzen

❼ Betreuungs-maßnahme

❻ Entscheidung über Folgemaßnahmen

❶ Initiativ-gespräch

❺ Info an Betreuung

❷ Info an Betreuung

❸ Beobachtung

❹ Ergebnis-gespräch

Beobachtung und Analysen (3, 8)
Führungsverantwortung vor Ort (1, 4, 6)
Einbindung der Personalbetreuung (2, 5, 6)
Federführung bei Personalabteilung (7, 9)

Anmerkung: Ab Punkt 4 auch führungsbedingter Regelkreis

QUELLE: HANS-BÖCKLER-STIFTUNG, 1995

Wochentagen (montags und freitags). Die Arbeitsgruppe lässt offen, ob sie damit alle Kurz-erkrankungen oder lediglich einzelne Fehltage (ohne Bescheinigung der Arbeitsunfähigkeit) meint. Offen bleibt auch, warum die Verfasser des Konzepts die von den Krankenkassen längst widerlegte These von den vielen Montagserkrankungen (siehe Kapitel 4) verwenden. Diese Fixierung auf den Montag und Freitag lässt unweigerlich die spöttische Empfehlung an die Beschäftigten in den Sinn kommen, ihre Erkrankungen möglichst in der Wochenmitte zu plazieren, weil sie dann von dem Vorwurf der negativen Einstellung freigesprochen sind. Neben diesen Unklarheiten finden sich in der oben zitierten Definition typische Argumenta-tionsmuster und Thesen, auf denen Fehlzeitenmanagement aufbaut. Hier sind es drei Thesen:

1. Fehlzeiten sind eine Sache der Einstellung: Die Einstellung des Beschäftigten zu seiner Arbeit entscheidet darüber, ob er zur Arbeit erscheint oder zu Hause bleibt. Gründe für Fehlzeiten sind also in der Person, nicht in anderen Bereichen, etwa den Arbeitsbedin-gungen, zu suchen.

2. Kurzerkrankungen sind ein Anzeichen mangelhafter Einstellung: Wer kurzfristig erkrankt und/oder an bestimmten, auffälligen Tagen wie montags und freitags fehlt, setzt sich dem Verdacht des „Blaumachens" aus.

3. Was wie eine Krankheit aussieht, muss keine Krankheit sein: Entscheidend ist nicht al-lein, ob diese Krankheit vom Arzt attestiert worden ist. Ebenso ausschlaggebend für die Beurteilung, ob eine Erkrankung vorliegt, ist die zeitliche Lage und Dauer der Erkran-kung. Nach der Definition ist von einer „echten" Krankheit nur auszugehen, wenn sie länger als drei Tage dauert und möglichst nicht den Montag und Freitag umfasst.

Aber was ist nun eigentlich die in der Definition angesprochene positive Einstellung zur Arbeit? Und vor allem: Wer definiert eigentlich, was eine positive Einstellung ist, und woran erkennt man sie im Betriebsalltag?

Dies zu klären, ist laut Konzept eine Aufgabe der Führungskräfte. Sie sollen in einem „erste(n) und wichtigste(n) Schritt für den eigenen Bereich [...] fragen, wo oder bei wem es Anzeichen für vermeidbare Fehlzeiten gibt und was mögliche Ursachen hierfür sein können. Der Vorge-setzte nimmt hierbei eine elementare Führungsaufgabe wahr [...]." Er soll sich also ein Bild machen von seinen Mitarbeitern und einschätzen, inwieweit diese Neigungen zum Blaumachen verspüren bzw. die gewünschte Einstellung vermissen lassen. Dass Vorgesetzte bei die-ser Personalbeurteilung vor einer schwierigen Aufgabe stehen, dass bei einer solchen Gesin-nungsprüfung der Willkür Tür und Tor geöffnet sind, wissen die Autoren. Sie vertrauen aber dabei „auf die Objektivität der handelnden Personen".

Der zweite Schritt bei der Klärung, ob eine positive Einstellung vorliegt, beinhaltet die Durch-führung des Rückkehrgesprächs. Charakter, Atmosphäre und Zielrichtung dieses Gesprächs sind nicht eindeutig festgelegt, sondern einzelfallbezogen vom Vorgesetzten auszugestalten. „In diesem Gespräch lässt sich das Interesse am einzelnen Menschen positiv ausdrücken, aber es kann sich auch hier schon die Möglichkeit bieten, über konkrete Verhaltensweisen oder Auffälligkeiten zu sprechen, z. B. häufige Fehlzeiten vor oder nach Feiertagen, um das Wo-chenende, bei absehbaren Arbeitsspitzen etc." Einen strukturierten Leitfaden wie etwa beim AVP gibt es nicht. Nur einige Leitfragen und Stichworte, die aus einem Gesprächsmodell der Frankfurter Flughafen AG stammen und dem Vorgesetzen ein zielgerichtetes Gespräch ermög-lichen sollen. Dabei werden mit dem Beschäftigten vereinbarte Ziele näher festgelegt. Darunter fallen in erster Linie personalpolitische Maßnahmen (Umsetzung des Rückkehrers, Arbeits-zeitänderung, Arbeitsplatzwechsel, Beratung durch den Personalbereich) sowie Maßnahmen des Arbeitsschutzes (Arbeitsplatzuntersuchung nach ergonomischen Kriterien).

Abschließend wird der Zeitraum der Zielvereinbarung („Beobachtungszeitraum in Wochen/ Tagen") abgesprochen und der nächste Gesprächstermin für das „Ergebnisgespräch" vereinbart. Das Protokoll ist vom Rückkehrer zu unterzeichnen. Der Hinweis, dass er dazu rechtlich nicht verpflichtet ist, unterbleibt.

Was geschieht nun nach dem Gespräch? Am besten ist es, wenn sich alles so fügt, wie die Autoren wünschen. Das Rückkehrgespräch ist beendet und nach dem vereinbarten Beobachtungszeitraum ist ein Rückgang der Fehlzeiten bei dem Beschäftigten erkennbar. Dann hat das vereinbarte Rückkehrgespräch nur noch symbolischen Wert: Der Vorgesetzte lobt und würdigt die positive Veränderung und spricht dem Beschäftigten seine Anerkennung aus. Das Ergebnisgespräch hat den Charakter eines „Anerkennungsgesprächs".

Bleibt aber die positive Veränderung aus, wird aus dem Ergebnisgespräch ein „Aufbaugespräch". Teilnehmer dieses Gesprächs ist neben dem Beschäftigten und dem Vorgesetzten die „nächste Führungsebene". Über das Stattfinden des Gesprächs und die dabei vereinbarten Folgemaßnahmen wird der Betriebsrat informiert. Über die tatsächliche Rolle des Betriebsrats an dieser Stelle lässt sich nur mutmaßen, denn seine Teilnahme an diesem Ergebnisgespräch wird in dem Konzept nicht erwähnt. Das Aufbaugespräch kann zwei Varianten annehmen:

1. Mit dem Erkrankten werden Folgemaßnahmen vereinbart. Dazu gehören z. B. eine Kur, eine Versetzung oder „disziplinarische Maßnahmen". Die angeführten Beispiele zeigen, dass es sich dabei ausschließlich um Maßnahmen handelt, die eine Verhaltensänderung des Beschäftigten anstreben. Veränderungen am Arbeitsplatz, präventive Maßnahmen sind nicht vorgesehen.

2. Er erhält die krankheitsbedingte Kündigung: Dies ist „im Extremfall" vorgesehen. Hinweise zur Anhörungspflicht des Betriebsrates vor der Kündigung oder zu den besonderen rechtlichen Bedingungen bei einer krankheitsbedingten Kündigung unterbleiben an dieser Stelle.

Könnte also ein Beschäftigter „im Extremfall" schon nach einem zweiten Gespräch die Kündigung erhalten? Dass unter diesen Umständen Fehlzeiten im Betrieb abnehmen, ist nachvollziehbar. Der am Ende des Konzeptes geäußerten Zuversicht der Arbeitsgruppe „es müssten sich dann aufgrund der Maßnahmenumsetzung eine Reduzierung der Fehlzeiten einstellen", vermag man nicht zu widersprechen.

Der Öffentliche Dienst – ein kranker Stand?

Einen deutlichen Aufschwung bekommt die Diskussion um Fehlzeiten und Krankenstände des öffentlichen Dienstes im Januar 1997. Erstmals veröffentlicht das Bundesministerium des Inneren konkrete Zahlen über den Krankenstand von Beamten, Angestellten und Arbeitern im öffentlichen Dienst. Nach der von Bundesinnenminister Manfred Kanther in Auftrag gegebenen Untersuchung sind Beamte und Angestellte beim Bund doppelt so oft krank wie die Beschäftigten von Banken und Versicherungen. In den Bundesbehörden liegt der Krankenstand sogar noch um 40 Prozent über der Krankenstandsquote der Bonner Ministerien. Beschäftigte des einfachen Dienstes fehlen im Durchschnitt 23 Arbeitstage im Jahr und sind damit häufiger krank als Bauarbeiter. Allerdings nehme die durchschnittliche Zahl der Fehltage ab, je höher die Laufbahngruppe sei.[35] Die Studie gibt Anlass für eine Reihe durchgreifender Maßnahmen in den Verwaltungen und

Behörden von Bund, Ländern und Kommunen. Geprägt sind sie von ähnlichen Intentionen und Zielen wie die Maßnahmen der Berliner Verkehrsgesellschaft und der Arbeitsgruppe aus den städtischen Verkehrs- und Energiebetrieben. Der Bundesinnenminister reagiert mit einem Acht-Punkte-Plan, der im Bundeskabinett verabschiedet wird. Bestandteil ist dabei der darin enthaltenen Beschluss, wonach die über 550.000 Bundesbeschäftigten künftig im Krankheitsfall mit einem Kontrollbesuch ihres Dienstvorgesetzten rechnen müssen. Weiter soll eine Erkrankung bereits am ersten Tag durch ein ärztliches Attest belegt werden. Bei häufigen Kurzerkrankungen sind Personalgespräche über die Ursachen und über die weitere Einsatzfähigkeit vorgesehen.

Wie bei der Umsetzung des Anwesenheitsverbesserungsprozesses (AVP) im Rüsselsheimer Opel-Werk erweckt nun auch das Fehlzeitenmanagement im öffentlichen Dienst die Aufmerksamkeit der Öffentlichkeit. Nicht nur die Medien reagieren, auch in Fachzeitschriften entsteht eine Diskussion über die Senkung von Fehlzeiten in der Verwaltung. Unter dem Titel „Fehlzeitenreduzierung in der öffentlichen Verwaltung" stellt W. Fürstenberg, Inhaber des gleichnamigen Aachener Instituts, ein Konzept vor, das in seinen Grundzügen den Vorstellungen des Fehlzeitenberaters P. Nieder (siehe Kap. 2) auffallend ähnelt. Fürstenberg spricht vor allem die Vorgesetzten an. Gegenüber erkrankten Beschäftigten, empfiehlt er ihnen, sollen sie eine „positive Penetranz" einnehmen: „Mit dieser Haltung beeinflussen Vorgesetzte ihre Mitarbeiter positiv, zur Arbeit zu gehen. Ein bisschen Psychologie spielt mit: Kein Mensch kann sich auf Dauer gegen jemanden entscheiden, der positiv mit ihm umgeht. Sollte ein Mitarbeiter motivationsbedingt zu Hause geblieben sein, gehen ihm durch eine positive Einflussnahme des Vorgesetzten auf Dauer die „Argumente" aus, sich weiterhin gegen ihn und seinen Arbeitsplatz zu entscheiden."[36]

Die Berichterstattung in Zeitungen und Zeitschriften zum Fehlzeitenmanagement im öffentlichen Dienst fällt überwiegend positiv aus. Der im Vergleich zur Industrie tatsächlich höhere Krankenstand des Öffentlichen Dienstes wird als Ausdruck einer so genannten Öffentlichen-Dienst-Mentalität und schlechter Arbeitsmoral gewertet. „Der Mehrheit der deutschen Staatsdiener", schreibt „Der Spiegel" mit zynischem Unterton, „geht es gesundheitlich sehr, sehr schlecht. Der Formularkram macht wohl eher krank als ein Job auf der Baustelle. Wie schlecht es um den Gesundheitszustand der öffentlichen Bediensteten steht, weiß keiner genau. [...] Nur eines ist gewiss: Keine Berufsgruppe schickt seinem Arbeitgeber so oft ein ärztliches Attest wie die Beamten und Angestellten des Öffentlichen Dienstes."[37]

Auch die höhere Arbeitsplatzsicherheit im öffentlichen Dienst wird zur Erklärung der erhöhten Fehlzeiten verwendet. „Aufgegliedert nach Wirtschaftsbranchen", schreibt der Fehlzeitenberater J. Pohen, „ergibt sich eine auffällige Schwankungsbreite bei den Fehlzeiten." Als Beleg dafür verweist er darauf, dass Verwaltungen mit 27 Fehltagen, Verkehrsbetriebe mit 26 und Dienstbetriebe des Bundes mit 23 Tagen pro Arbeitnehmer an der Spitze der Fehlzeitenhäufigkeit aller Branchen liegen. „Das bedeutet eine Abweichung von 11,7 Tagen beziehungsweise fast 75 Prozent. Verwaltung und öffentlicher Dienst scheinen mit ihren Spitzenpositionen bei den Fehlzeiten zu belegen, dass Jobs, die als besonders sicher gelten, überdurchschnittlich krankheitsgefährdend sind."[38]

Diese Schlussfolgerungen fügen sich nahtlos ein in ein Bild vom Öffentlichen Dienst und dessen Beschäftigten, das in weiten Teilen der Öffentlichkeit gepflegt wird. Es lautet vereinfacht in drei Worten: bürokratisch, unflexibel und überprivilegiert. Dass Beschäftigte in den Amtsstuben und Büros dieses Bereichs arbeitsunfähig erkranken, scheint nur wenigen nachvollziehbar. Woran auch? Etwa an körperlichen Beanspruchungen, aufgrund von Lärm oder

Gefahrstoffen? Das erscheint kaum vorstellbar, denn viele Beanspruchungen, die für Arbeitsplätze im Industriebereich gleichsam typisch sind, existieren hier nicht. Aus dieser Sichtweise heraus ist auch erklärbar, warum Zahlen und Statistiken über Fehl- und Krankheitszeiten, mit denen Maßnahmen des Fehlzeitenmanagement im öffentlichen Dienst begründet werden, ungeprüft wiedergegeben werden, obwohl sie, wie sich im Sommer 1997 herausstellt, auf willkürlichen Berechnungsgrundlagen beruhen (vgl. Kap. 4).

Was es mit dem Krankenstand des Öffentlichen Dienstes auf sich hat, untersuchten die Sozialmediziner Müller und Marstedt vom Zentrum für Sozialpolitik an der Universität Bremen. Um das wichtigste Ergebnis ihrer Studie vorwegzunehmen: In der Tat ist im Öffentlichen Dienst im Vergleich zur „freien Wirtschaft" (Industrie, Handel, Handwerk und Dienstleistungen) ein geringfügig höherer Krankenstand feststellbar. Das hängt jedoch ganz wesentlich damit zusammen, dass in diesem Bereich auch mehr Beschäftigte höheren Lebensalters, mehr Behinderte und Schwerbehinderte und mehr Beschäftigte mit chronischen Erkrankungen vorzufinden sind als anderswo. Eine genauere Aufstellung zeigt, dass im Öffentliche Dienst in einem höheren Maße als in anderen Erwebssektoren Beschäftigte arbeiten, die von Gesundheitsbeschwerden und chronischen Erkrankungen betroffen sind.

Prozentanteil von Beschäftigten	Öffentlicher Dienst	andere Sektoren
die ihren Gesundheitszustand als „weniger gut" oder „schlecht" einstufen	11,6	9,8
die zzt. in ärztlicher Behandlung sind	34,6	28,9
die im letzten Jahr 5-mal oder öfter in ärztlicher Behandlung waren	25,8	21,8
die im letzten Jahr 8-mal oder öfter in ärztlicher Behandlung waren	11,2	8,8
die unter chronischen Erkrankungen leiden	34,5	30,5
die als Behinderte oder Schwerbehinderte anerkannt sind	10,6	9,3
die in den letzten 2 Jahren 8-mal oder öfter erkrankt waren	11,2	9,3

Gesundheits-Indikatoren nach Beschäftigten-Sektor (Angaben in Prozent)
QUELLE: ARBEIT & ÖKOLOGIE BRIEFE 18/99

Wenn Menschen älter werden, sind sie gewöhnlich auch stärker gesundheitlichen Beschwerden und Beeinträchtigungen ausgesetzt. Sie leiden vor allem oft an mehreren Erkrankungen (Multimorbidität) und an vielen chronischen Erkrankungen. Diese Faktoren, so die Schlussfolgerung der beiden Wissenschaftler, wirken sich auf den Krankenstand des Öffentlichen Dienstes in viel stärkerem Maße aus als in der „freien" Wirtschaft. [39]

Mehr Anwesenheit durch Gesundheitsmanagement?

Neben Unternehmen und Einrichtungen des öffentlichen Dienstes, die sich auf den „Anwesenheitsverbesserungsprozess" von Opel und dem Konzept „Fürsorglichkeit" (VW) beziehen, gibt es eine Reihe von Betrieben, die auf ein drittes Konzept zur Senkung von Fehlzeiten zurückgreifen. Im Mittelpunkt dieser Konzepts steht der Begriff „Gesundheit."

Auch in diesem Konzept werden personalpolitische Instrumente zur Senkung des Krankenstandes genutzt. Im Vordergrund stehen dabei Fehlzeitengespräche unterschiedlichster Bezeichnung, die in Aufbau und Struktur dem Anwesenheitsverbesserungsprozess und dem „Fürsorglichen Rückkehrgespräch" ähneln. Auch typische charakteristische Begriffe dieser beiden Konzepte wie Motivation, Kommunikation, Fürsorge und Vorgesetztenverhalten finden sich hier.

In anderer Hinsicht gibt es aber bei dieser Art des Fehlzeitenmanagements einen bedeutenden Unterschied. Leitbegriff dieses Konzepts ist die Gesundheit. Das Konzept deutet Erkrankungen der Beschäftigten als Ausdruck unbefriedigender Arbeitsumstände und den Krankenstand als Signal für betriebliche Gesundheitsprobleme. Anerkannt wird damit, dass die Gesundheit der Beschäftigten einen für das Unternehmen positiven Wert hat. Dieses Konzept, das man wegen der besonderen Betonung des Begriffs Gesundheit als Gesundheitsmanagement bezeichnen kann, bezieht sich auf Einsichten und Grundgedanken der betrieblichen Gesundheitsförderung und nutzt auch die Instrumente dieses Ansatzes (Gesundheitsbericht, Arbeitskreis Gesundheit, Gesundheitszirkel).

Charakteristisch ist für dieses Gesundheitsmanagement die Kombination personalpolitischer Instrumente mit Ansätzen betrieblicher Gesundheitsförderung. In dieser Form wurde es bei der Mannesmann AG bereits 1993 umgesetzt.[40] Eine große Anzahl von Betrieben und Einrichtungen des öffentliche Dienstes, unter anderem die Post AG, die Telekom AG und das Klinikum Ludwigshafen, deren Konzepte auf den folgenden Seiten dargestellt werden, haben dieses erst 1997/98 umgesetzt. Daher ist das Gesundheitsmanagement ähnlich wie das „Fürsorgliche Rückkehrgespräch" als Reaktion und zugleich Abkehr vom „Anwesenheitsverbesserungsprozess" zu verstehen.

Von der Gesundheitsförderung zum Gesundheitsmanagement

Als Ende der 80er Jahre in den Fachzeitschriften des Personalmanagements erste Artikel über Rückkehrgespräche erschienen, wurden in zwei großen Betrieben Projekte durchgeführt, die in ganz anderer Art und Weise Erkrankungen der Beschäftigten zum Thema machten. Beide Projekte besaßen zur damaligen Zeit Modellcharakter und wurden mit Unterstützung von Forschern aus Universitäten durchgeführt. In der Literatur gelten sie inzwischen als Frühformen betrieblicher Gesundheitsförderung. Einige Jahre später fanden sie unter dem Begriff Gesundheitszirkel Eingang in Konzepte betrieblicher Gesundheitsförderung.

Modell 1 fand in zwei Werken der Volkswagen AG statt. Teilnehmer des Zirkels waren Meister und Vorarbeiter. Moderiert wurde er von einem Mitarbeiter der Forschergruppe. Ziel war die Analyse und der Abbau stressbedingter Erkrankungen. Zusätzlich sollten die Meister und Vizemeister ermuntert werden, ihre Stressbelastungen wahrzunehmen und beim Abbau dieser Belastungen mitzuwirken. Die Veränderungswünsche und Vorschläge der Zirkelteilnehmer wurden in einem innerbetrieblichen „Kontaktausschuss" thematisiert. Er bestand aus Vertretern der Personalabteilung und des Betriebsrats, den Zirkelteilnehmern sowie dem Betriebsarzt. Hier gelang es, einen Teil der Zirkelvorschläge umzusetzen.

Modell 2 fand im Thyssen Edelstahlwerk in Krefeld statt. Hier wurden zwei Zirkel gebildet. In einem Abstand von 3–4 Wochen fanden insgesamt 12 Zirkelsitzungen statt. Zirkelthema waren sämtliche Belastungen an den Arbeitsplätzen und deren Folgen für die Gesundheit der Beschäftigten. Pro Zirkel wurden zwischen 50 und 150 Angaben gemacht, die von Zwangshaltungen über Hitze bis zu psychischen Belastungen wie Zeitdruck oder Ärger mit Vorgesetzten reichten. Auf Basis dieser Angaben erarbeiteten die Zirkel zwischen 30 und 60 Verbesserungsvorschläge, von denen ungefähr die Hälfte anschließend umgesetzt wurde.

Abgesehen von der zeitlichen Parallele haben Rückkehrgespräch und Gesundheitszirkel nur zwei oberflächliche Gemeinsamkeiten: Beide nutzen das Gespräch als Instrument zur Problemaufbereitung, in beiden geht es um das Thema Erkrankung. Hier hören die Gemeinsamkeiten aber schon auf. Denn im Vordergrund des Rückkehrgesprächs stehen die personenbedingten, im Gesundheitszirkel dagegen die arbeitsbedingten Erkrankungsursachen.

Diese frühen Formen betrieblicher Gesundheitsförderung besaßen auch einen ganz anderen Erfahrungshintergrund und Sinnzusammenhang als die personalpolitisch ausgerichteten Rückkehrgespräche. Ziel dieser Projekte war, so erklärt W. Slesina, der damals als Forscher an dem Projekt im Thyssen Edelstahlwerk beteiligt war, eine Humanisierung des Arbeitslebens und eine gesundheits- und menschengerechte Arbeitsgestaltung. Darunter wurden nicht nur die unmittelbaren technischen oder physikalischen Bedingungen am Arbeitsplatz verstanden. Gemeint war die gesamte Arbeitsumwelt der Beschäftigten mit ihren Normen, betrieblichen Sanktions- und Kontrollsystemen und eingeschliffenen Verhaltensmustern. Verändert werden sollten daher auch die betrieblichen Regelsysteme, die Arbeitsorganisation, die Beziehungsmuster und das Gruppenverhalten innerhalb der Abteilungen. [41]

Die Leitideen dieser ersten Projekte betrieblicher Gesundheitsförderung verfolgten daher auch nicht das Ziel, den Krankenstand oder die betrieblichen Fehlzeiten zu senken. Sie hatten ansatzweise einen emanzipatorischen Anspruch, auf den R. Rosenbrock, Leiter der Abteilung „Public Health" am Wissenschaftszentrum Berlin, hinweist: „Deshalb ist das Kernelement betrieblicher Gesundheitsförderung der Gesundheitszirkel [...]. Im Zentrum steht der seit den Erfahrungen mit der italienischen Arbeitermedizin in den 70er Jahren bewährte Grundsatz, dass Betroffene Experten sind."[42] Mit diesem Hinweis erinnert er an eine Vielzahl betrieblicher Auseinandersetzungen, die in Italien in den 60er und 70er Jahren stattfanden. Sie gingen unter dem Begriff italienische Arbeitermedizin in die sozial- und gesundheitswissenschaftliche Forschung ein und hatten Pionierfunktion für die ersten Modelle betrieblicher Gesundheitszirkel. Diese Arbeitermedizin grenzte sich von der herkömmlichen Arbeitsmedizin ab. Im Mittelpunkt standen die Arbeitenden, die sie auch gemeinsam mit kritischen Wissenschaftlern in betrieblichen Auseinandersetzungen entwickelten. Verständlich ist die italienische Arbeitsmedizin nur vor dem Hintergrund einer damals enorm starken und radikalen Arbeiterbewegung, die bestehende Machtverhältnisse innerhalb und außerhalb der Betriebe in Frage stellte.

Diese ersten Erfahrungen betrieblicher Gesundheitsförderung wurden von den Krankenkassen später aufgegriffen. Neben der AOK entwickelten auch andere Kassen wie die Betriebskrankenkassen (BKK) und Innungskrankenkassen (IKK) Konzepte zur betrieblichen Gesundheitsförderung. Bestandteile dieser Konzepte waren neben dem Gesundheitszirkel der auf den Arbeitsunfähigkeitsdaten (AU-Daten) der Krankenkassen beruhende Gesundheitsbericht und der „Arbeitskreis Gesundheit", der als betrieblicher Steuerungskreis fungiert und zur Umsetzung der Zirkelvorschläge dient. Einen Aufschwung nahm die betriebliche Gesundheitsförderung zu Beginn der 90er Jahre. 1989 wurde der gesetzliche Auftrag der Krankenkassen geändert. Bisher hatten die Krankenkassen fest umgrenzte Mittel zur Verfügung gestellt, wenn das Risiko Krankheit eintrat und der eingetretene Schaden beseitigt werden sollte. Nun erfolgte durch den § 20 im Sozialgesetzbuch V eine weitreichende Änderung. Die Krankenkassen konnten jetzt ihre Versicherten allgemein über Gesundheitsgefährdungen und über Verhütung von Krankheiten aufklären und darüber beraten, wie Gefährdungen vermieden und Krankheiten verhütet werden konnten. Ferner sollten sie den Ursachen von Gesundheitsgefährdungen und Gesundheitsschäden nachgehen und auf ihre Beseitigung hinwirken. Ausdrücklich gemeint waren damit Erkrankungen, die einen Zusammenhang zur Arbeitswelt haben oder durch die Arbeit entstehen. Der Absatz 2 des Paragraphen sah vor, dass die Krankenkassen bei der Verhütung arbeitsbedingter Gesundheitsgefahren mitwirken.

So unscheinbar diese Formulierungen klingen, so folgenreich waren sie: Sie erlaubten den Krankenkassen nun mehr zu tun als die bisherige Politik der Bewältigung der Krankheit und ihrer Kosten. Eine präventive, Krankheiten verhütende Politik war nun möglich. Sie begriffen Gesundheitsförderung als eine Strategie, Gesundheitsverhalten und krankmachende Verhältnisse gleichermaßen zu verändern. Ausdrücklich, so das Gesetz, sollte dieses in der Arbeitswelt stattfinden.

Neben den Krankenkassen beteiligten sich die Gewerkschaften an der Ausgestaltung betrieblicher Gesundheitsförderung. Sie begrüßten die gesetzlichen Änderungen im Aufgabengebiet der Krankenkassen und unterstützen die betrieblichen Interessenvertretungen mit Handlungshilfen und Schulungskonzepten. Für die Gewerkschaften waren die Projekte Ausdruck eines neuen Verständnisses betrieblicher Gesundheitspolitik, das eine größere Beteiligung der Beschäftigten als „Experten in eigener Sache" anstrebte. Verbunden damit war die Forderung nach einer Erweiterung des üblichen Arbeitsschutzes in den Betrieben. Dieser beschränkte sich weitgehend auf Arbeitsunfälle sowie auf physikalische und chemische Gesundheitsgefahren. Psychische Belastungen und die gesundheitlichen Auswirkungen der Arbeitsorganisation, die im Zuge des technischen Wandels seit den 70er Jahren immer bedeutender wurden, spielten dagegen eine geringe Rolle. Die Gewerkschaften favorisierten daher den Gesundheitszirkel als Element betrieblicher Gesundheitsförderung. Hier konnten die psychischen und sozialen Belastungen (Vorgesetztenverhalten, Betriebsklima, Abteilungskommunikation) ermittelt und darauf bezogene Veränderungen entwickelt werden.

Dieser – keineswegs vollständige – Rückblick auf die Entstehungsgeschichte betrieblicher Gesundheitsförderung macht deutlich, wie groß die Unterschiede zu den personalpolitischen Konzepten des Fehlzeitenmangements sind. Betriebliche Gesundheitsförderung begreift sich als Strategie, krankmachende Belastungen abzubauen und gleichzeitig die Gesundheitspotentiale des Einzelnen oder einer Beschäftigtengruppe zu stärken oder zu erschließen. Der Begriff nimmt nicht nur die betrieblichen Bedingungen ins Visier, sondern durchaus auch den einzelnen Beschäftigten. Allerdings ausdrücklich nicht als passives Opfer von Bevormundung, Aufklärung und Gesundheitserziehung, sondern als aktiv Handelnden, der über Möglichkeiten verfügt, die das Gesundbleiben fördern können.

Dieser Ansatz hatte es von Anfang an schwer. Trotz des Aufschwungs, den die betriebliche Gesundheitsförderung bei den Krankenkassen bekam, trotz unzähliger Kongresse und Workshops sowie einer mittlerweile kaum noch zu überblickenden Literatur zu diesem Thema, findet dieses Konzept nur wenig Unterstützung in Industrie und öffentlichem Dienst. „Gemessen an diesen regelmäßig zu erwartenden Erfolgen [betrieblicher Gesundheitsförderung, H.B.]", hält R. Rosenbrock zwanzig Jahre nach Durchführung der ersten Modellprojekte fest, „sind ausgebaute Modelle immer noch erstaunlich selten. Nur schätzungsweise 400 Betriebe in Deutschland haben Gesundheitsförderungs-Projekte mit funktionierenden Gesundheitszirkeln."[43]

Weniger schwer hat es dagegen ein betriebswirtschaftlich- und fehlzeitenorientierter Ansatz betrieblicher Gesundheitsförderung. Hier werden Begriffe wie Motivation, Kommunikation und Führungsstil sowie Instrumente wie Gesundheitszirkel, Steuerungskreis, Gesundheitsbericht und Rückkehrgespräche in Form eines Gesundheitsmanagements zusammengefasst.

Klinkum Ludwigshafen

Im zweitgrößten Krankenhaus des Landes Rheinland-Pfalz, dem Klinikum der Stadt Ludwigshafen, schließen Betriebsrat und Geschäftsführung nach einjährigen Vorarbeiten 1998 eine Betriebsvereinbarung „zur Gesundheitsförderung, Anwesenheitsverbesserung und Fehlzeitenreduzierung" ab. In ihr wird versucht, Ansätze betrieblicher Gesundheitsförderung mit der Durchsetzung eines „Anwesenheitsverbesserungs"-Programms zu verknüpfen. Nach Auffassung von Michael Ohlenschläger aus der Abteilung für Personal- und Sozialwesen des Klinikums setzt die Betriebsvereinbarung „auf eine angstfreie und offene Kommunikation" und soll die „Vision vom ‚Gesunden Krankenhaus'" unterstützen. [44]
In der Präambel der Betriebsvereinbarung wird der hohe Stellenwert der betrieblichen Gesundheitsförderung für Gesundheit, Arbeitszufriedenheit und Wohlbefinden der Arbeitnehmer hervorgehoben. Die Vereinbarung will danach „gesundheitsgerechte Arbeitsbedingungen fördern, die Gesundheit – im Sinne von sozialem, psychischem und körperlichem Wohlbefinden – der Mitarbeiter und Mitarbeiterinnen fördern und die Arbeitszufriedenheit verbessern". Aufgabe von Führungskräften aller Ebenen sei es, „betrieblichen Ursachen von Gesundheitsstörungen nachzugehen und auf deren Beseitigung hinzuwirken". Im Mittelpunkt stehe dabei „eine kooperative und partizipative Mitarbeiterführung sowie eine Führungspraxis, die dem Wohlbefinden der MitarbeiterInnen einen hohen Stellenwert einräumt".
Als Instrumente der betrieblichen Gesundheitsförderung werden in der Betriebsvereinbarung neben dem – inzwischen eingerichteten – Gesundheitsarbeitskreis (ihm gehören Vertreter der Personalabteilung, des Betriebsrats, des betriebsärztlichen Dienstes, der Schwerbehinderten sowie der Arbeitssicherheit an) insbesondere Gesundheitszirkel genannt. „Jeder Mitarbeiter kann die Arbeit des Arbeitskreises in so genannten Gesundheitszirkeln unterstützen. Diese Gesundheitszirkel können in jeder Abteilung in unterschiedlicher Form entstehen. Sie geben den Mitarbeitern vor Ort die Möglichkeit, über alle betriebsbedingten Probleme in ihrem Arbeitsfeld zu beraten und gemeinsam mit dem Vorgesetzen und Vertretern aus anderen Gremien Lösungsvorschläge zu erarbeiten", schreibt Ohlenschläger im Informationsblatt der Personalabteilung des Klinikums, „akzente Personal".
Weiterhin – und für das Unternehmen offenbar nicht minder wichtig – benennt die Betriebsvereinbarung „Maßnahmen zur Verbesserung der Anwesenheit" der Mitarbeiter. Hierbei geht es um „Gespräche nach krankheitsbedingter Abwesenheit". Gemeint ist damit ein abgestuftes Instrumentarium kommunikativer Aktivitäten, das folgende Elemente enthält:
-    „Willkommensgespräche" nach krankheitsbedingten Ausfallzeiten von mehr als einer Woche Dauer, die vom unmittelbaren Vorgesetzen mit dem betroffenen Mitarbeiter geführt werden. Sie sollen der „Teamintegration und Vertrauensbildung" dienen. Thema sollen unter anderem „eventuelle arbeitsbedingte Ursachen der Erkrankung" und mögliche Lösungen sein.
-    „Mitarbeitergespräche" werden nach mehr als 30 krankheitsbedingten Fehltagen, mehr als zwei Einzelfehltagen vor/nach freien Tagen oder mehr als drei Kurzerkrankungen

ohne Krankmeldung innerhalb eines Jahres zwischen dem unmittelbaren Vorgesetzten und dem betroffenen Mitarbeiter geführt.

- „Personalgespräche" finden statt, wenn innerhalb von sechs Monaten nach einem „Mitarbeitergespräch" ein Arbeitnehmer 15 krankheitsbedingte Fehltage hat oder krankheitsbedingt an über einem Tag im Zusammenhang mit arbeitsfreien Tagen oder wegen mehr als zwei Kurzerkrankungen fehlt. „Neben Hilfeangeboten und Ursachenergründung wird in diesem Gespräch der Beschäftigte zusätzlich auf mögliche arbeitsrechtliche Folgen weiteren Fehlens hingewiesen", heißt es in der Betriebsvereinbarung erläuternd.

- „Fehlzeitengespräche" schließlich stellen die höchste Eskalationsstufe dar. Sie werden fällig, wenn innerhalb von drei Monaten nach einem „Personalgespräch" ein Mitarbeiter an über fünf Tagen oder an einem Tag in Zusammenhang mit arbeitsfreien Tagen oder wegen einer Kurzerkrankung fehlt. Gegenstand des Gesprächs sollen nach der Betriebsvereinbarung u.a. „eine offizielle Information über die Möglichkeiten arbeitsrechtlicher Konsequenzen sowie die Ankündigung von deren Prüfung" sein.

Diese „Abwesenheitsgespräche", die zur krankheitsbedingten Kündigung des Arbeitsverhältnisses durch den Arbeitgeber führen können, was mit keiner Silbe in der Betriebsvereinbarung erwähnt wird, zielen sowohl auf mehrfach Kurzzeit- als auch auf Langzeiterkrankte hin. Aus den hier komplett wiedergegebenen zeitlichen Rahmendaten lässt sich leicht errechnen, dass Beschäftigte bereits nach fünf Einzelfehltagen vor oder nach arbeitsfreien Tagen oder nach sechs Kurzerkrankungen von bis zu drei Tagen, aber ebenso nach mehrfachen längeren Erkrankungen von ca. siebenwöchiger Gesamtdauer das Ende der Fahnenstange erreicht haben.[45]

Post AG, Telekom AG

1998 schließen Vorstand und Gesamtbetriebsrat der Deutschen Post AG eine „Rahmengesamtbetriebsvereinbarung zur Förderung des Gesundheitsstandes" ab.

Ziele betrieblicher Gesundheitsförderung sind in der Präambel der Vereinbarung kaum auszumachen. Zwar heißt es hier, dass Gesundheitsförderung ein Prozess ist, „in dessen Verlauf Menschen in zunehmendem Maße befähigt werden, ihre gesundheitliche Situation zu erkennen, zu kontrollieren und zu verbessern." Begründet wird das Engagement des Unternehmens für die Gesundheit aber mit erhofften Produktivitätsfortschritten, Stärkung der globalen Wettbewerbsfähigkeit und dem Anspruch, Weltmarktführer zu werden. „Immer mehr Unternehmen erkennen [...] die Notwendigkeit der Gesundheitsförderung im Betrieb als Motivations- und Produktivitätsfaktor. Ein personalintensives Dienstleistungsunternehmen wie die Post AG, das sich im Wettbewerb über Service und Qualität behaupten muss, benötigt zum Erreichen der angestrebten Qualitätsführerschaft im internationalen Maßstab gesunde und motivierte Mitarbeiter und Mitarbeiterinnen."

Die folgenden Abschnitte beschreiben die im Unternehmen eingesetzten Instrumente betrieblicher Gesundheitsförderung. Danach sollen Gesundheitsberichte auf der Grundlage vorhandener Daten erstellt werden. Hierzu sollen verschiedene Informationsquellen (Arbeitsunfähigkeitsdaten der Krankenkasse, Mitarbeiterbefragungen, Daten des Betriebsarztes u.a.) genutzt werden.

Auf zentraler Ebene des Unternehmens soll unter Leitung des Arbeitsdirektors ein Arbeitskreis Gesundheit gegründet werden. Er dient als „Planungs-, Steuerungs- und Koordinierungsgremium für das unternehmerische Gesundheitsmanagement". Parallel dazu erfolgt in den einzelnen Niederlassungen der Post AG die Einrichtung solcher Arbeitskreise. Sie sollen Vorschläge für Programme und einzelne Maßnahmen zur Gesundheitsförderung „unter Prioritätensetzung" erarbeiten und auch umsetzen. Mit dem Gesundheitszirkel werden die Beschäftigten in den Prozess betrieblicher Gesundheitsförderung eingebunden. „Er stärkt deren Eigenverantwortlichkeit", heißt es an dieser Stelle. Allerdings ist die Einrichtung eines Zirkels keine Verbindlichkeit. Er „kann" auf Vorschlag des Arbeitskreises in ausgewählten Bereichen eingesetzt werden und ist ein auf befristete Zeit angelegtes Gremium, das sich bei Bedarf trifft.

Naturgemäß kann eine Rahmenvereinbarung nicht alles regeln, wenn ihre Umsetzung „vor Ort" in den einzelnen Niederlassungen erfolgen soll. Zwar benennt sie die wesentlichsten Instrumente betrieblicher Gesundheitsförderung. Die Beschreibung fällt aber sehr vage aus: Offen bleibt, wer und in welchen Abständen in der Post AG den betrieblichen Gesundheitsbericht erstellt. Unklar bleibt auch, nach welchen Kriterien die Prioritätensetzung des örtlichen Arbeitskreises (ökonomischen oder gesundheitlichen?) erfolgt. Und der Gesundheitszirkel ist kein selbstverständliches Element, sondern gerät zu einer „Kann"-Vorschrift. Dies berücksichtigt zwar, dass Gesundheitszirkel auf freiwilliger Aktivität der Beschäftigten beruhen und daher nicht „von oben" angeordnet werden können. Andererseits schließt die entsprechende Formulierung der Vereinbarung nicht aus, dass in den Niederlassungen des Unternehmens nur wenige oder gar keine Zirkel stattfinden.

Konkreter sind in der Vereinbarung die auf die betriebliche Gesundheitsförderung folgenden Passagen formuliert, die sich mit Umsetzung von Rückkehrgesprächen im Unternehmen befassen. Detailgenau benennt die Vereinbarung die Gesprächsbeteiligten, Art und Inhalt der Gesprächsdokumentation und die wichtigsten Inhalte, die ausführlich in einem „Handbuch Gesundheitsmanagement", herausgegeben von der Generaldirektion, beschrieben sind. Vorgesehen sind laut Vereinbarung ein „Fürsorgliches Rückkehrgespräch" nach jeder krankheitsbedingter Fehlzeit bzw. in den Postfilialen ein „Betreuungsgespräch." Hieran schließt das „Fürsorgliche Mitarbeitergespräch" an, das bei mehr als 25 Krankentagen oder mehr als drei Erkrankungen in den letzten 12 Monaten stattfindet. Alle Gespräche dienen der Kommunikation im Unternehmen. „Ein wesentliches Element", heißt es hierzu in der Vereinbarung, „für hohe Arbeitszufriedenheit, Motivation und Leistungsbereitschaft der Mitarbeiterinnen und Mitarbeiter ist eine auf Fürsorge, Verantwortung und Berechenbarkeit beruhende Kommunikation zwischen Vorgesetzten und Mitarbeitern."[46]

Ähnliche oder nahezu gleichlautende Vereinbarungen schließen auch andere Unternehmen in der Industrie oder im öffentlichen Dienst. Bei der Telekom AG wird der kontinuierliche Anstieg des Krankenstandes intern als „betriebliches Alarmsignal" verstanden und ist 1997 Auslöser für den Abschluss einer entsprechenden Vereinbarung. In ihrer Struktur ist sie mit der Vereinbarung der Post AG identisch, hinsichtlich der Formulierungen aber viel neutraler. So beschränkt sich die Präambel auf Ziele wie Schaffung gesundheitsgerechter Arbeitsbedingungen, Förderung der Gesundheit der Beschäftigten und Verbesserung der Arbeitszufriedenheit. Die Vereinbarung benennt die drei Instrumente der betrieblichen Gesundheitsförderung und beschreibt auch ein Maßnahmeprogramm individueller Gesundheitsförderung. Es folgten die Bestimmungen zum „Rückkehrgespräch" (nach jeder Abwesenheit) und zum „Präventionsgespräch" (bei mehr als 30 Krankheitstagen oder mehr als vier Einzelerkrankungen in Verbindung mit arbeitsfreien Tagen innerhalb von 12 Monaten). Um Unruhe unter den Beschäftigten zu vermeiden, wird dieser Vereinbarungsteil nur sehr behutsam umgesetzt. „Aus Erfahrung in anderen aber auch im eigenen Unternehmen", heißt es in der Einführungsanweisung, „ist bekannt, dass gerade diese Mitarbeitergespräche für die Vorgesetzten und die Beschäftigten schwierig sind."[47] Vor der unternehmensweiten Umsetzung werden daher 1997 in sieben Niederlassungen Pilotprojekte zu den Präventionsgesprächen durchgeführt und ausgewertet.

Vom Anspruch zur Wirklichkeit

Diese Vereinbarungen machen deutlich, dass in vielen Unternehmen zwischen Ideen der Gesundheitsförderung und personalpolitischen Strategien des Fehlzeitenmanagements kein Widerspruch gesehen wird. Eine auf Vertrauen und Schutz basierende Beteiligung der Beschäftigten auf der einen sowie Sanktions- und Kontrollstrategien gegenüber Erkrankten auf der anderen Seite greifen hier ineinander. Mit dem Bezug zu Zielen betrieblicher Gesundheitsförderung ist gleichzeitig ein hoher Anspruch verbunden. Eine Diskussion über Auswirkungen und Folgen dieses Gesundheitsmanagements auf die Beschäftigten kann nur konkret erfolgen. Hinterfragt wird daher im Folgenden, wie es in den genannten Betrieben gelingt, die hohen Ansprüche in die betriebliche Wirklichkeit umzusetzen.

Ausgangspunkt der Vereinbarung im Klinikum Ludwigshafen war Ende 1997 der drastische Anstieg von so genannten Fehlzeitengesprächen vor allem im Reinigungsdienst und in der Küche (zusammen ca. 230 Beschäftigte). Die Gespräche erfolgten fast ausnahmslos ohne jede Vorankündigung, ohne inhaltliche Systematik, ohne Differenzierung nach Fehlzeitenursachen, mit Drängen nach Offenlegung von Fehlzeitenursachen und ohne eine für die Betroffenen einsehbare Dokumentation. Sie wurden von der Abteilungsleitung geführt, häufig im Beisein der zuständigen Personalreferentin, gelegentlich auch noch des „Justitiars" der Personalabteilung. In beiden Bereichen sind fast ausschließlich weibliche Beschäftigte der untersten Tariflohngruppen beschäftigt. Die Abteilungen haben im Vergleich zu anderen Abteilungen eine sehr lange durchschnittliche Betriebszugehörigkeit, den höchsten Altersdurchschnitt und die höchste Quote von Beschäftigten mit ärztlich festgestellten und teilweise erheblichen gesundheitlichen Einschränkungen. Nicht nur aufgrund des hohen Bedrohungs- und Einschüchterungspotentials forderte der Betriebsrat daher die Geschäftsleitung auf, diese Gespräche einzustellen. Im Gegenzug beantragte diese die Zustimmung zur flächendeckenden Einführung von Fehlzeitengesprächen nach entsprechenden Regularien. Das lehnte der Betriebsrat ab und schlug der Geschäftsführung stattdessen den Abschluss einer Vereinbarung vor, in der Instrumente betrieblicher Gesundheitsförderung und Fehlzeitengespräche integriert sind.

Der Rückblick auf die Vorgeschichte zeigt, dass die Vereinbarung zu veränderten Verfahrensgrundsätzen im Umgang mit erkrankten Beschäftigten des Klinikums führt. An die Stelle willkürlicher Behandlung einzelner tritt die Gleichbehandlung aller Beschäftigter durch eine einheitliche Regelung, was die Beschäftigten des Klinikums möglicherweise begrüßen. Gleichzeitig macht dieses Beispiel ein prinzipielles Dilemma solcher Vereinbarungen deutlich: Das Droh- und Sanktionspotential der Fehlzeitengespräche besteht grundsätzlich weiterhin. Auch die von den vertragsschließenden Parteien gewünschte offene Kommunikation und das ersehnte „angstfreie Klima" lässt sich durch eine Vereinbarung im Unternehmen nicht herstellen. Was darunter zu verstehen ist, lässt sich in einer Vereinbarung zwar beschreiben, bleibt aber auslegungsfähig. Es lässt sich auch nicht „von oben" verordnen. Selbst wenn es gelingen sollte, im Rahmen von (inzwischen angebotenen) „Vorgesetztenschulungen" angemessenere Kommunikationsformen zwischen Vorgesetzten und Mitarbeitern zu erreichen, als sie offenbar bislang im Klinikum Ludwigshafen an der Tagesordnung sind, bleibt die tatsächlich gelebte Kommunikation abhängig von den Wahrnehmungen und Deutungen der Beschäftigten (und Vorgesetzten).

Während die verschiedenen Fehlzeitengespräche aufgrund der Vereinbarung bereits praktiziert werden, gestaltet sich die Umsetzung betrieblicher Gesundheitsförderung nach Auskunft des Betriebsrats viel mühseliger: „Neben dem dafür erforderlichen Klima von Offenheit und Transparenz in einem Betrieb liegt ein Grund hier sicher auch in folgender Tatsache: Während Heerscharen von Vorgesetzten und Personalverantwortlichen jahrelang um ständig neue Statistiken zur Fehlzeitendokumentation wetteiferten, gibt es kaum aussagekräftiges Datenmaterial über den Gesundheitszustand der Belegschaft (im Sinne der betrieblichen Gesundheitsförderung), gesundheitsfördernde Bedarfe und gesundheitsbeeinträchtigende Brennpunkte im Betrieb. Hier waren und sind teilweise umfangreiche Erhebungen erforderlich."

Bei der Post AG liegen die Dinge anders. Hier gab es keine Willkürmaßnahmen gegen einzelne Beschäftigte, sondern auf Basis restriktiver Verfügungen eine lange Tradition des Umgangs mit Erkrankten. Diese Politik bezeichnen viele Beschäftigte und Interessenvertreter „als Krankenverfolgung nach alter Dienstherrenmanier"[48]. Sie beruhte auf so genannten Krankenverfügungen und wurde von den Amts- und Dienststellenleitern umgesetzt. Die Liste der Verfügungen ist beeindruckend, ihre Regelungsdichte kaum nachvollziehbar.

Die 1987 erlassene Krankenverfügung für Langzeitkranke sah vor, dass durch den Amtsvorsteher mit Beamten und Tarifkräften nach einer Dienstunfähigkeit von mehr als zwei Monaten in den letzten Monaten ein Krankengespräch durchzuführen sei. Konnten Beschäftigte ihren Dienst nicht wiederaufnehmen, mussten sie sich einer Dienstuntersuchung nach Beamtengesetz stellen. Die Verfügung für kurz- und mittelfristige Erkrankungen sah vor, dass auffälligen krankheitsbedingten Ausfalltagen nachgegangen werden soll. Definitionen für Auffälligkeiten waren „fünf und mehr Erkrankungen innerhalb der letzten 12 Monate" und mehrere Kurzerkrankungen „bis zu jeweils drei Kalendertagen ohne ärztliche Bescheinigung" sowie ärztlich attestierte „mehrere kurzfristige Erkrankungen" innerhalb eines Jahres, wenn die Krankentage „vor und/oder nach dienst- bzw. arbeitsfreien Tagen" liegen. Krankentage bei „ungünstigen Dienstschichten" vor und nach dem Urlaub oder „im Zusammenhang mit nicht erfüllten" Urlaubswünschen galten ebenfalls als auffällig. Waren bei einem Beschäftigten diese Definitionen für auffälliges Krankheitsverhalten erfüllt, hatte der Stellenvorsteher [...] bzw. der Referatsleiter ein Gespräch mit dem Betroffenen über die Ursachen des Ausfallverhaltens durchzuführen. Gespräche mit dem Abteilungsleiter waren in besonderen Fällen vorgesehen.[49]

Mit der Rahmenvereinbarung zur Förderung des Gesundheitsstandes wurden diese Krankenverfügungen aufgehoben. Aber hat sich die Praxis geändert? Hierüber gehen die Meinungen bei den Beschäftigten und Betriebsräten auseinander.

Ein Teil begrüßt die Aufhebung der Verfügungen und erwartet eine verbesserte Gesprächskultur. Ein anderer Teil verfolgt den Versuch, Krankenrückkehrgespräche in ein Konzept betrieblicher Gesundheitsförderung zu integrieren, mit Skepsis und Ernüchterung. Hier wird kritisiert, dass sich die Gesundheitsfürsorge der Niederlassungsleitungen nur auf Krankendisziplinierung beschränke. Die gesamte Vereinbarung werde eher „schludrig" umgesetzt, in einzelnen Niederlassungen entwickele sich eine „fürsorgliche Belagerung" der Beschäftigten, in anderen bekämen Vorgesetzte selbst die Begrüßung zur Rückkehr „nicht auf die Reihe". Der ständige Personalabbau im Unternehmen verschärfe das Problem so stark, dass sich Niederlassungsleitungen mitunter dazu hinreißen ließen, erkrankte Beschäftigte telefonisch zum Arbeitsplatz zurückzuordern.[50]

Bestätigt fühlt sich diese Kritik auch durch Äußerungen aus dem oberen Management, die in ihrer Deutlichkeit nichts zu wünschen übrig lassen. So erklärt R. Vetter, Direktor des Zentralbereichs Postverwaltung der Post AG, in einem Eckpunktepapier mit dem Titel „Gesundheit in der Deutschen Post AG – Pflichtaufgabe oder Unternehmensleitbild?": „Das Verhalten hinsichtlich sozial bedingter Fehlzeiten in einer Belegschaft ist mit dem Verhalten einer amorphen Masse zu vergleichen: Bei Druck passt sich die Form bei gleichem Volumen und gleichen inneren Eigenschaften der Umgebung an; die inneren Eigenschaften bleiben also in veränderter äußerer Form erhalten. Um hier eine Veränderung zu erreichen, müssen die inneren Eigenschaften (der Aggregatzustand) geändert werden. Dazu gehört auch, diejenigen in der Belegschaft präziser zu identifizieren, die sich unsolidarisch verhalten, um ihnen mit wirksamen Maßnahmen begegnen zu können." [51]

Auch die Umsetzung der Instrumente betrieblicher Gesundheitsförderung, also des ersten Teils der Rahmenvereinbarung, scheint nicht zu gelingen. Der zentrale Arbeitskreis Gesundheit tagt nur sporadisch und wird seiner Steuerungsfunktion für die betriebliche Gesundheitsförderung im Unternehmen nicht gerecht. Betriebliche Gesundheitsberichte auf Basis von Daten der Betriebskrankenkasse existieren nicht oder haben einen geringen Aussagewert, weil die Kasse nur über unvollständige Datensätze verfügt. Nur in wenigen Niederlassungen ist es zur Einrichtung von Gesundheitszirkeln gekommen. Zum Teil wird die Einbeziehung der Beschäftigten nicht für notwendig erachtet, zum Teil scheitert die Einrichtung von Gesundheitszirkeln an der Budgetierung finanzieller Mittel im Unternehmen.

Die Beschäftigten der Telekom AG unterlagen teilweise bis Mitte der 90er Jahre den gleichen Krankenverfügungen wie die Postbeschäftigten. Daher war auch hier das Thema Rückkehrgespräche ein heikler Punkt, der schon bei den Verhandlungen zur Rahmenbetriebsvereinbarung eine wichtige Rolle spielte. Die Kritik an diesem Punkt schwächte sich nach Auswertung der Pilotprojekte ab, die in sieben Niederlassungen zu den Präventionsgesprächen stattgefunden hatten. Die zusammenfassende Beurteilung der durchgeführten Präventionsgespräche ergaben eine positive, vorsichtige Bewertung dieses Instruments: „Aus den Antworten des Beschäftigten geht hervor, dass es wichtig bleibt, den Ressortleitern zu vermitteln, nicht von sich aus nach den Krankheitsarten zu fragen. [...] Die Enttabuisierung des Gesprächs mit Erkrankten oder krank gewesenen Mitarbeitern scheint durch eine Schulung positiver Gesprächsführung bei allen Beteiligten möglich. Die dauerhafte Akzeptanz des Präventionsgesprächs ist jedoch sicherlich davon abhängig, ob es dem Unternehmen gelingt, die zugewandte Gesprächsform zu erreichen und durchzuhalten. Andernfalls ist nicht auszuschließen, dass die Ängste der Beschäftigten und Vorbehalte der Betriebsräte sich erneut verfestigen." [52]

Der Betriebsrat einer Berliner Telekom-Niederlassung hatte weiterhin Vorbehalte gegen die Präventionsgespräche. Er ging vor die Einigungsstelle und erreichte eine Veränderung des in der Rahmenvereinbarung vorgesehenen Gesprächsmodus. Als Ergebnis des Einigungsstellenverfahrens wurden „Gesundheitsgespräche" vereinbart. Bei diesen Gesprächen dürfen keine Fragen nach Art und Umfang von aktuellen oder früheren Erkrankungen, sondern nur über arbeitsplatzbezogene Probleme gestellt werden. Soweit persönliche Angaben hierbei eine Rolle spielen, müssen diese Informationen vertraulich behandelt werden und dürfen nicht zu negativen Folgen für Beschäftigte führen. Zukünftig dürfen in diesen Gesundheitsgesprächen gegenüber den Beschäftigten auch keine Beschuldigungen, Vermutungen oder Androhungen von arbeitsrechtlichen Konsequenzen erhoben werden.

Auch bei der Telekom AG klafft Anspruch und Wirklichkeit des Gesundheitsmanagements auseinander. Zwar werden in allen Niederlassungen inzwischen die in der Vereinbarung vorgesehenen Fehlzeitengespräche durchgeführt, von einer Umsetzung betrieblicher Gesundheitsförderung in den einzelnen Niederlassungen ist das Unternehmen jedoch auch zwei Jahre nach Inkrafttreten der Vereinbarung weit entfernt. Nach Angaben des Arbeitsdirektors existieren mittlerweile in allen 152 Niederlassungen die Arbeitskreise Gesundheit. Auch die Gefährdungs- und Belastungsbeurteilungen nach dem neuen Arbeitsschutzgesetz sind nahezu flächendeckend durchgeführt. Anders sieht es bei der Einrichtung von Gesundheitszirkeln aus: Nur in 38 Niederlassungen sind diese durchgeführt und abgeschlossen worden, 10 weitere befinden sich in der Jahresmitte 1999 in der Endphase, 4 Zirkel sind in der Startphase.[53]

Diese Umsetzungsschwierigkeiten sind nicht Ausdruck fehlender Motivation oder mangelnden Interesses. Im Gegenteil: Die Bereitschaft, betriebliche Gesundheitsförderung im Konzern Telekom umzusetzen, ist bei den Verantwortlichen deutlich erkennbarer als in anderen Betrieben. Abgesehen von der Budgetierung finanzieller Mittel, die die Einrichtung von Gesundheitszirkeln auch bei der Telekom AG erschwert, liegen die Gründe für Defizite bei der Umsetzung eher in den schwierigen Rahmenbedingungen, auf die betriebliche Gesundheitsförderung stößt. Sie sind zum Teil hausgemachter Natur, zum Teil aber auch charakteristisch für viele Unternehmen, die sich eine ständige Veränderung ihrer Strukturen auf die Fahnen geschrieben haben.

Hierzu zählen: Ein massiver, ständiger Personalabbau innerhalb weniger Jahre (von 230000 Beschäftigten (1994) auf 170000 Beschäftigte (2000), Maßnahmen zur Steigerung der Produktivität und vor allem ständige Organisationsveränderung. In den Call-Centern des Telekom Konzerns sind die Leistungsgrenzen längst überschritten. Zu den schon harten Arbeitsbedingungen kommt noch ein hoher Anteil von Gesprächen mit unzufriedenen Kunden – eine Reaktion auf alltägliche Prozessstörungen und durch fehlendes Personal verursachte mangelnde Erreichbarkeit. In den Bereichen Vertrieb, Service und Fakturierung gibt es inzwischen erhebliche Arbeitsrückstände. In den Netze-Niederlassungen ist durch die kürzlich beschlossene Neustrukturierung dieses Bereichs eine Absetzbewegung eingetreten, die für die verbleibenden Beschäftigten wiederum zur Arbeitsverdichtung führt. Auch bei den Tochterunternehmen sieht es nicht besser aus. Hier können Arbeits- und Urlaubsrückstände nicht wie geplant abgebaut werden, weil Planstellen fehlen.

Diese Organisationsveränderungen erschweren eine auf Kontinuität und Langfristigkeit ausgerichtete betriebliche Gesundheitsförderung und führen dazu, dass Gesundheitszirkel nicht durchgeführt werden. Die Geschwindigkeit, mit der im Konzern diese Organisationsveränderungen vorangetrieben werden, droht den Zeitaufwand für Planung und Durchführung eines Gesundheitszirkels inzwischen zu überholen. Niederlassungen werden aufgelöst, intern umgruppiert oder zu größeren Einheiten zusammengelegt. Niederlassungsleiter, die laut Vereinbarung die jeweiligen Arbeitskreise Gesundheit leiten, kommen und gehen. Folgen hat das nicht nur für die Umsetzung von betrieblicher Gesundheitsförderung. Die Auswirkungen dieser Veränderungen spüren die Beschäftigten im Telekom-Konzern in Form von hoher Arbeitsbelastung. „Was nützt es", fragt S. Becker von der Postgewerkschaft, „den Beschäftigten mit einem so genannten Gesundheitsförderungsprogramm unter dem Motto ‚Fit für Spitzenleistungen' Stressbewältigung beizubringen, wenn sich die Stressfaktoren im Betrieb durch falsches Management und hausgemachte Probleme stetig vermehren?"[54] Wie berechtigt diese Frage ist, zeigt nicht nur der 1999 gestiegene Krankenstand im Unternehmen. Im Personal- und Sozialbericht ist zudem nachzulesen, dass der Anteil der psychischen und psychosomatischen Erkrankungen steigt. Der Bericht erklärt dies mit einer stärkeren Leistungsverdichtung und rechtfertigt dies gleichzeitig mit dem Verweis auf den „härter werdenden Wettbewerb" und den „notwendigen" Organisationsveränderungen.[55]

Diese Beispiele des Gesundheitsmanagements zeigen, in welche Richtung sich positiv zu bewertende Ansätze betrieblicher Gesundheitsförderung entwickeln können, wenn sie mit disziplinierend wirkenden Maßnahmen der betrieblichen Personalpolitik verbunden werden. Zwischen den hohen Ansprüchen der Vereinbarungen und der betrieblichen Umsetzung klafft eine große Lücke. Dies wiegt um so schwerer als sie sich nicht nur positiv auf die Gesundheit als Wert beziehen. Sie zählen auch zu den wenigen Beispielen, in denen ein umfassendes, auf Systematik und Kontinuität angelegtes Vorgehen zumindest auf dem Papier konzipiert worden ist. Allerdings gelingt die Umsetzung betrieblicher Gesundheitsförderung nur unvollständig oder bleibt bereits im Ansatz stecken. Die in den Vereinbarungen festgelegte Gleichrangigkeit von betrieblicher Gesundheitsförderung und Fehlzeitenmanagement lässt sich in der betrieblichen Realität nicht erkennen. Hier überwiegt die Umsetzung personalpolitischer Instrumente.

1 „Krankenstand auf Rekordtief, Hauptgründe: Arbeitslosigkeit und betriebliche Aktionen", in: Frankfurter Rundschau, 13.10. 1998

2 vgl."Krankenstand 1999 stabil und weiter sehr niedrig" in: Arbeit & Ökologie Briefe, Heft 11,20,23/99 sowie „Krankmeldungen am Arbeitsplatz: Rekordtiefstand" in: einblick, Info-Service des Deutschen Gewerkschaftsbundes, Heft 16/99

3 vgl. Alfred Oppholzer: „Karenztage – kein geeignetes Mittel zur Senkung des Krankenstandes", in: WSI Mitteilungen, Monatszeitschrift des Wirtschafts- und Sozialwissenschaftlichen Instituts der Hans-Böckler-Stiftung, Heft 3/1994

4 Kieselbach K.: Angst um Arbeitsplatz lässt Krankenstand sinken, in: Die Welt, 28. April 1997

5 alle Zitate im Folgenden, soweit nicht anders angegeben, aus: Spies, St./Beigel, H.: Einer fehlt und jeder braucht ihn – Wie Opel die Abwesenheit senkt, Wien 1996

6 „Was wir von Krankenrückkehrgesprächen halten – Kommentare von Opel-Arbeitern im Originalton", in: Arbeit & Ökologie Briefe, Heft 25/26, Dez. 1998, AiB Verlag Köln

7 Eva Zinke, in: Anette Rogalla: „Wer viel erkrankt, ist ganz schnell raus", in: Die Tageszeitung, 24./25. Januar 1998

8 Industriegewerkschaft Metall, (Hg.), Abteilung Sozialpolitik, Referat Arbeits- und Gesundheitsschutz: Fehlzeitendebatte und Krankenkontrolle, eine Argumentationshilfe der IG Metall zum Thema „Krankenrückkehrgespräche", Informationen zum Arbeits- und Gesundheitsschutz, September 1996

9 Alfred Matejka, in: „Rückkehr-Gespräche, Hilfe oder Falle für kranke Beschäftigte", in: metall 2/99, S. 7

10 „Arbeit gesund gestalten statt Kranke bestrafen. DGB-Papier zur Senkung des Krankenstandes im Betrieb", in: Arbeit & Ökologie Briefe, Heft 6/98, S.9-10

11 Michael Schmilinsky: Rückkehrgespräche: Ziele, Chancen und Risiken, in: Rolf Busch (Hg.): Arbeitsmotivation und Gesundheit – Rückkehrgespräche in der betrieblichen Praxis; Forschung und Weiterbildung für die betriebliche Praxis, Berlin 1997, S.64

12 Mercedes Bremen: Betriebsvereinbarung zur Verbesserung der Anwesenheit und Gesundheitsförderung, 31.1.1997

13 move Leitfaden der SPAR Handelsgesellschaft, internes Manuskript, Juni 1997

14 „Perfekte Gauner", Interview mit dem Managementtrainer Michael Schmilinsky über den richtigen Umgang mit kranken Mitarbeitern und Blaumachern, in: Der Spiegel, 5.8.1996

15 Friczewski F./Drupp M.: „Betriebliche Gesundheitsförderung. Fehlzeitenmanagement durch Rück-

kehrgespräche, AOK-Angebot für Firmenkunden", in: doc, internes Mitteilungsorgan der AOK, Heft 23/24 1998

16 Mall G./Sehling M.: „Das Fehlzeiten-Informations-Management. Ein Konzept zur Verbesserung der betrieblichen Prozesse", in: Praxiswissen Wirtschaft, ohne Jahresangabe

17 in: Die Zeit, Nov. 98

18 in: Frankfurter Rundschau, Nov. 96

19 Krüger W.: „Beeinflussung des Gesundheitsstandes bei Volkswagen am Standort Wolfsburg", in: R. Busch: Autonomie und Gesundheit. Moderne Arbeitsorganisation und betriebliche Gesundheitspolitik, S.109

20 Heinrich H.-G.: „Arbeitsmedizinisches Lastenheft. Ein neuer Weg der Krankenstandsdokumentation und -interpretation in der Volkswagen AG", in: ErgoMed Heft 2/96, S. 55

21 vgl. „Das fürsorgliche Rückkehrgespräch durch betriebliche Vorgesetzte und das ‚Arbeitsmedizinische Lastenheft'." Informationsunterlage für Führungskräfte im Management, UnterabteilungsleiterInnen, MeisterInnen, MitarbeiterInnen des Personalwesens, MitarbeiterInnen des Gesundheitsschutzes und Mitglieder des Betriebsrats, in: interne VW Mitteilung, Juni 1996

22 Krüger W., a.a.O, S. 103

23 in: Mag Wompel: Jagd auf Kranke. Rückkehrgespräche auf dem Vormarsch, Offenbach 1998, 2. Auflage, S. 28

24 Hoerner R./Vitinius K.: Heiße Luft in neuen Schläuchen. Ein kritischer Führer durch die Managementtheorien, Frankfurt am Main 1997, S. 175

25 Krüger W., a.a.O., S. 105 -106

26 zur Kritik an VW vgl. Mag Wompel: Jagd auf Kranke. Rückkehrgespräche auf dem Vormarsch, a.a.O.

27 Ehlers J., in: „Direkt gefragt: Welche Erfahrungen macht Ihr mit Rückkehrgesprächen", in: IGMdirekt, Informationsdienst der IG Metall Heft 21/97, Frankfurt am Main 1997

28 Heinrich H.-G., a.a.O.

29 vgl. zum historischen Verständnis von Fürsorge Geremek B.: Geschichte der Armut, München 1988, S.224 ff. Im juristischen Sinne argumentieren Zöllner W./ Loritz K.-G.: Arbeitsrecht, Ein Studienbuch, München 1992, S.188-189 sowie Wolfgang Däubler: Das Arbeitsrecht, Leitfaden für Arbeitnehmer, Hamburg 1990, S. 358 ff.

30 Die Zeit, Nov. 98

31 Thomas Brake: Berliner Verkehrsbetriebe, in: Rolf Busch (Hg.): Autonomie und Gesundheit; Moderne Arbeitsorganisation und betriebliche Gesundheitspolitik, Forschung und Weiterbildung für die betriebliche Praxis, Bd. 19, München und Mering 1999

32 Arbeitsgruppe der Engeren Mitarbeiter der Arbeitsdirektoren aus dem Organisationsbereich der Gewerkschaft ÖTV in der Hans-Böckler-Stiftung: Reduzierung beeinflussbarer Fehlzeiten in mitbestimmten Unternehmen, Manuskripte 204, Schriftenreihe der Hans-Böckler-Stiftung, 1995

33 Alle Zitate im Folgenden, soweit nicht anders angegeben, aus: Reduzierung beeinflussbarer Fehlzeiten in mitbestimmten Unternehmen, Manuskripte 204, a.a.O.

34 vgl. hierzu: J. Steigerwald: Die neuen Management-Techniken der betrieblichen Planung und Kontrolle, in: Demmer, H., Deyhle, A., Hanft, K.: Die neuen Management-Techniken, München 1967, S.151 ff.

35 vgl. hierzu: „Da muß etwas passieren. Wie krank sind Deutschlands Staatsdiener?", in: Der Spiegel, 3/97, S. 24- 28

36 W. Fürstenberg: Fehlzeitenreduzierung in der öffentlichen Verwaltung, in: Verwaltung und Fortbildung, Schriftenreihe der Bundesakademie für öffentlichen Verwaltung, 25. Jhg. Heft 3/4 1997, S. 232

37 Der Spiegel: „Da muß etwas passieren", a.a.O, S. 25

38 Pohen J./Esser, a.a.O.

39 vgl. „Ein kranker Stand? Fehlzeiten und Integration Älterer im öffentlichen Dienst und in der Privatwirtschaft", in: Arbeit & Ökologie Briefe, Heft 18/99, S. 7- 9

40 Der bei der Mannesmann AG verfolgte Ansatz ist nachzulesen in: Satzer A., Sturmfels A.: Gesundheitszirkel und betriebliche Gesundheitsgruppen. Werkstattbericht Industriegewerkschaft Metall Abt. Automation/Technologie/Humanisierung der Arbeit, Frankfurt/Main 1994

41 vgl. hierzu: Slesina W., Beuels F. R., Sochert R.: Betriebliche Gesundheitsförderung. Entwicklung und Evaluation von Gesundheitszirkeln zur Prävention arbeitsbedingter Erkrankungen, Weinheim und München 1998

42 Rosenbrock R.: Anforderungen und Bedingungen für Prävention in der Arbeitswelt, in: Stein M., Schneider G.: Betriebliche Gesundheitsförderung. Schwierige Zeiten für weiche Faktoren? Dokumentation einer Fachtagung vom Mai 1999; Forschungsinstitut für Arbeiterbildung, Recklinghausen 1999, S. 104

43 Rosenbrock R.: Anforderungen und Bedingungen für Prävention in der Arbeitswelt, in: Stein M., Schneider G.: Betriebliche Gesundheitsförderung. Schwierige Zeiten für weiche Faktoren? Dokumentation einer Fachtagung vom Mai 1999, a.a.O., S.106

44 Die Darstellung des Klinikums Ludwigshafen ist eine gekürzte Fassung des Artikels „Betriebliche Gesundheitsförderung und Anwesenheitsverbesserung" in: Arbeit & Ökologie, Briefe Nr. 25/26, Dezember 1999. Hierzu existiert ein unveröffentlichter Leserbrief des ehemaligen Betriebsratsvorsitzenden, der sich kritisch mit der Darstellung in den Arbeit & Ökologie Briefen auseinandersetzt.

45 Hierzu heißt es abweichend im Leserbrief: „Voraussetzung hierfür wäre vielmehr eine Gesamtdauer von mindestes 10 Wochen innerhalb einer Frist von längstens 21 Monaten, allerdings nur, wenn die ersten sechs Wochen hiervon in längstens den ersten 12 und die zweiten drei Wochen dann innerhalb von längstens weiteren sechs Monaten entstanden sind."

46 alle Zitate aus: Rahmengesamtbetriebsvereinbarung zur Förderung des Gesundheitsstandes zwischen dem Vorstand der Deutschen Post AG und dem Gesamtbetriebsrat der Deutschen Post AG, Anlage 3 zur Anw. 995/ 21 522 vom 04.09.98

47 Betriebliches Gesundheitsförderungsprogramm, Deutsche Telekom, Stand November 1997

48 „Post kündigt schärfere Kontrolle des Fehlens wegen Krankheit an", in: Frankfurter Rundschau, 20. Mai 1991

49 vgl. hierzu: Beetz M./Elsner G./Hedden I.: Arbeitsbedingungen im Postdienst. Eine Untersuchung vor der Postreform II, Hamburg 1997, S. 67ff.

50 vgl. hierzu: Zum Unternehmensziel Gesundheit ist es noch weit, in: Arbeit & Ökologie Briefe, Heft 13/2000, S. 12

51 Vetter R.: Gesundheit in der Deutschen Post AG – Pflichtaufgabe oder Unternehmensleitbild. Eckpunktepapier mit 10 Thesen; Vortragsmanuskript für die gesundheitspolitische Fachtagung am 30./31. Mai 2000 in Darmstadt

52 Deutsche Telekom: Betriebliche Gesundheitsförderung; Herausgeber: Zentrale, Fachgruppe LAT, Stand April 1998, S. 8 von 10

53 vgl. hierzu: Klinkhammer H.: Ein Unternehmen setzt auf betriebliche Gesundheitsförderung, in: Stein M., Schneider G.: Betriebliche Gesundheitsförderung. Schwierige Zeiten für weiche Faktoren? Dokumentation einer Fachtagung vom Mai 1999; FIAB 1999, S. 33ff.

54 Becker S.: „Jetzt reicht's! Arbeiten im Telekom-Konzern", in: Transparent, Mitgliederzeitschrift der Deutschen Postgewerkschaft, Heft 23/April 2000

55 Auf dem Weg zur Business-Excellence, Personal- und Sozialbericht der Deutschen Telekom 1999, S. 43

Kapitel 2

2. Akteure und Berater

Michael Schmilinsky: „Fehlzeiten-Guru"

Einlullen und Einschüchtern
Enttarnung der Simulanten
Denken heißt: Diffamieren

Josef Pohen: „Mit System zum Erfolg"

Anwesenheit als Tugend
Das ABC des Fehlzeitenmanagements
Die Beschäftigten als Objekte

Peter Nieder: Anwesenheit als Entscheidungsproblem

Anwesenheit als Entscheidungsproblem
Fehlzeitenmanagement durch Harmonie und
... Misstrauen

Die Krankenkassen

„Gesunde Gespräche"
Das „ganzheitliche" Fehlzeitenmanagement

2. Akteure und Berater

1986 fing alles an. Michael Schmilinsky, gelernter Diplom-Kaufmann, arbeitete in Genf bei der Firma du Pont de Nemours als Trainer, spezialisiert auf die Bereiche Mitarbeitermotivation und Gesprächssysteme. Als er von einem seiner Kunden, Personalleiter der Teroson GmbH in Heidelberg, gefragt wurde, ob er mit Fehlzeitenschulungen für Meister dienen könne, erkannte er hierin eine große Chance zur Erweiterung seines bisherigen Arbeitsbereichs. „Als langjährige Führungskraft einer US-Firma mit europäischem Sitz in Genf", erklärt er zurückblickend, „war mir das Absentismusproblem noch nicht begegnet. Also Neuland: und ich hatte Lust auf eine neue Herausforderung."[1]

Was Schmilinsky als seine persönliche Herausforderung schildert, war gleichzeitig die Entstehung eines neuen Zweiges in der Unternehmensberatung: Die Fehlzeitenberatung erblickte das Licht der Welt. Sie entwickelte sich zum eigenständigen Bereich innerhalb des breiten Spektrums der Betriebs- und Managementberatung. Dieser Zweig ist bunt gemischt. Neben den Krankenkassen, sind hier externe Berater und private Institute aus dem Bereich Psychologie, Kommunikation und Management tätig.

Schon 1987 tauchten in verschiedenen Arbeitgeberzeitschriften und Fachzeitschriften für Personalmanagement erste Artikel zum Thema Fehlzeitenreduktion und Rückkehrgespräche auf, geschrieben von Autoren, die sich gleichzeitig den Firmen als Berater anboten. Neben Schmilinsky ist hier Peter Nieder zu nennen, der Ende der achtziger Jahre an der Universität Bremen arbeitete und eine eigene „Organisationsberatung für Information-Motivation-Akzeptanz-Reaktion", abgekürzt IMAR, unterhielt. Dazu gehört auch Josef Pohen, ehemaliger Personaldirektor der Philips GmbH, der Bücher zum Thema schrieb und sein Wissen bereits seit Ende der achtziger Jahre auf Seminaren für Arbeitgeber weiter vermittelte. Später kamen andere hinzu. Zum Beispiel Bernd Bitzer, ehemaliger Mitarbeiter von Nieder in Bremen. Er empfiehlt den Unternehmen, „Fehlzeiten durch intelligente Menschenführung" zu begreifen und bezeichnet in seinen Veröffentlichungen Erkrankte als „Edelabsentisten".[2]

Wie Nieder und Bitzer kommen einige dieser Berater aus den Bereichen Organisation und Personal der Universitäten. Andere, wie Schmilinsky und Pohen, haben zuvor selbst Führungspositionen in Industrie, Dienstleistung oder in der öffentlichen Verwaltung bekleidet. Nach Meinung von Hoerner/Vitinus sind sie daher für ihre Rolle als Unternehmensberater geradezu prädestiniert. Denn sie kennen die unausgesprochenen Ängste der Entscheider aus eigener Erfahrung und können, ohne auch nur mit einer Silbe ihr Wissen anzudeuten, das tiefsitzende Absicherungsbedürfnis ihrer Klientel erfüllen. Als erfahrene Berater liefern sie den Führungskräften weitaus mehr als Entscheidungsgrundlagen, Strategievorschläge und Konzepte: Sie vermitteln den Personalverantwortlichen in den Betrieben auch das gute Gefühl, unternehmerische Entscheidungen nach bestmöglicher Kenntnis der Dinge und mit Zustimmung ihrer Berater getroffen zu haben.[3]

Michael Schmilinsky: „Fehlzeiten-Guru"

In vielen Betrieben hat er sich nach eigenen Worten den Ruf eines „Fehlzeiten-Gurus" erworben, der Probleme in diesem Bereich radikal löst und obendrein Hunderttausende von DM eingesparter Krankheitskosten in die Firmenkasse zurückspült. In manchen Betrieben führt sein Auftreten aber eher zu einer Polarisierung zwischen Management und Interessenvertretung der Beschäftigten. Letztere wehren sich, wenn das Management plant, Schmilinskys Beratungsleistung in Anspruch zu nehmen oder seine Fehlzeitenschulungen im Betrieb durchführen zu lassen.

Wenn die Medien spektakuläre Äußerungen zum Thema Fehlzeiten suchen, was immer dann eintritt, wenn in der Bundesrepublik Deutschland über den „Volkssport Krankfeiern" diskutiert wird, ist Schmilinsky zur Stelle und begehrter Interviewpartner. Zwei, drei Sätze reichen ihm, grollend sein Lieblingsthema runterzurasseln: Das leichtfertige Krankschreiben der Ärzte, die auf Kosten der Wirtschaft ihren Kundenstamm sichern; das weitmaschige Sozialnetz in der Bundesrepublik Deutschland, das jeden Blaumacher geradezu einlädt, es sich in der sozialen Hängematte gemütlich zu machen; die schlappen Werksleiter, die ihren Laden nicht im Griff haben und sich bei ihrem Versuch, den Blaumachern an den Kragen zu gehen, vor ihren Betriebsräten buckeln. In seinen Rundumschlägen lässt er niemanden aus, auch nicht das oberste Management. Ihm wirft er Versagen in Sachen Fehlzeitenminderung und eine Strategie der Konfliktvermeidung gegenüber Erkrankten vor.

Fragen weicht er nicht aus, er wartet förmlich darauf. Seine Antworten sind knapp, präzise und polemisch. Arbeitsunfähigkeitsbescheinigung? „Die deutschen Unternehmen haben viel zu spät angefangen, sich zu wehren und den Wahrheitsgehalt des gelben Scheins anzuzweifeln." Erkrankte Beschäftigte? „Perfekte Gauner. Die feiern krank, obwohl sie arbeiten könnten": Opels Fehlzeitenkonzept AVP? „Eine unverantwortliche Rasenmähermethode der Einschüchterungsstrategie." Fehlzeitenmanagement? „Firmen, die das verschlafen, ich nenne sie Gurken GmbHs, haben irgendwann nur noch die Schwächsten." Sein Rat an Kunden? „Mit der eisernen Hand in Samthandschuhen durchgreifen."[4]

Einlullen und Einschüchtern

Ohne Frage: Schmilinsky will provokant und polemisch sein. Das unterscheidet ihn von anderen Fehlzeitenberatern, deren Äußerungen und Konzepte im Vergleich zu ihm geradezu leblos und blutleer ausfallen. Ihre Ansprüche, den Erkrankten Fürsorge angedeihen zu lassen, ihre Motivation und Kommunikation zu fördern, sind Schmilinskys Sache nicht. Dieses Vokabular, mit dem üblicherweise Maßnahmen des Fehlzeitenmanagements begründet werden, kennt er. Er benutzt es bisweilen auch, aber nur zur Füllung und Abrundung. Auch mit Fragen, wie der Standardisierung und Stufung der Gespräche, hält sich Schmilinsky nicht auf. Sein Konzept ist einfach und eindeutig in seiner Stoßrichtung: Aufspüren des Betrugs und unter den Erkrankten alle die herausfischen, die kommen könnten, aber lieber zu Hause bleiben.

Man spürt eine kriminalistische Leidenschaft, die Schmilinsky auch in seinen Seminaren an Meister und Vorgesetzte weitergibt. Ein großer Teil seines Seminar- und Fehlzeitenkonzepts besteht aus der Weitergabe von Tricks und Verhaltensratschlägen zur Einschüchterung von zurückkehrenden Erkrankten und zum Ausspionieren ihrer Krankheitsgründe. Seitenweise publiziert er Fragensammlungen, mit denen Vorgesetzte wahlweise ihre Beschäftigten „einlullen" oder „einschüchtern", ihre Krankheitsgründe „erkunden" und auf ihr Verhalten „einwirken" sollen. Zu diesen Fragen, von denen sich Schmilinsky durch den Verweis, dass diese von seinen Seminarteilnehmern stammen und angreifbar seien, nur lauwarm distanziert, folgende Beispiele im Original: [5]

„EINLULLEN – DER NETTE TON
Erkundungsfragen – Beispiele:
> Wie ist dir das passiert; worunter hast du besonders gelitten; worauf führst du deinen Ärger zurück; [...] welche Art von Fortbildung würdest du erwägen; welche Empfehlungen deines Arztes sollten wir kennen?
Einwirkungsfragen – Beispiele:
> Solltest du dich nicht etwas schonen; hättest du nicht eine Kur verdient; wäre eine gründliche Untersuchung nicht zu erwägen; sollten wir uns nicht gelegentlich mal über Fortbildungsmaßnahmen unterhalten; wäre es nicht gut, eine leichtere Tätigkeit zu akzeptieren?

EINSCHÜCHTERN – DER STRENGE TON
Erkundungsfragen – Beispiele:
> Für wann planst du den nächsten Gelben; wie bist du auf's Blaumachen gekommen; wie lange, meinst du, dulden wir das noch; war dem Arzt bei der Krankschreibung wohl; warum wechselst du sooft den Arzt; welchen Kollegen sollten wir als deinen Nachfolger aufbauen; welche Gründe könnten deine Clubkameraden haben, mit einem stadtbekannten Blaumacher Tennis zu spielen?
Einwirkungsfragen – Beispiele:
> Haben die Kollegen nicht recht sauer zu sein; weißt du eigentlich nicht, was du uns kostest; wäre es nicht gut, du würdest selber kündigen; was willst du eigentlich noch bei uns; wozu bist du überhaupt noch zu gebrauchen; wie kann ein Kerl wie du nur so wehleidig sein; schämst du dich denn wirklich nicht; hat deine Freundin Gabi nicht gute Gründe, über deine berufliche Zukunft besorgt zu sein?"
Seiner Klientel empfiehlt Schmilinsky, diese Fragensammlungen wie einen wichtigen Spickzettel zu benutzen. „Diesen sollten sie immer in ihrer Schreibtischschublade haben, um sich bei jedem Fehlen Ideen zu holen; also unbedingt eine Kopie von dieser Seite machen!"
Solche Fragen erinnern eher an ein Verhör. Respekt bleibt dem Beschäftigten versagt, jegliche Rücksichtnahme gegenüber dem Erkrankten unterbleibt. Stattdessen ein Klima distanzloser Direktheit, das in dieser Sammlung von Fragen zum Ausdruck kommt. Schmilinsky, so scheint es, hat sich auf seine Fahnen geschrieben, Fehlzeiten zu mindern, koste es was es wolle. Ob er sich mit der Frage, wie legitim sein Vorgehen und seine Methoden sind, überhaupt auseinandersetzt, ist seinem Schulungskonzept nicht zu entnehmen. Dieses lässt eher die Vermutung aufkommen, dass er von einem erkrankten Beschäftigten eine klar umrissene Vorstellung hat: Sie sind Scheinkranke, Simulanten und Betrüger.
Wie ein roter Faden durchzieht diese Vorstellung Schmilinskys Konzept. „Zielsetzung eines Fehlzeitengesprächs", sagt er, „ist es, vom Mitarbeiter Gründe für sein Fehlen zu erfahren, die in der persönlichen Situation, der familiären Situation oder der betrieblichen Arbeitssituation liegen können, d.h. konkret, die Probleme des Mitarbeiters herausfinden. Dabei ist es notwendig, dass der Mitarbeiter spricht, und nicht wie bei vielen Mitarbeitergesprächen zu

beobachten, dass der Vorgesetzte selbst viel redet." Von den Vorgesetzten fordert er, sich immer Haupt- und Nebenziel dieses Gesprächs vor Augen zu führen. Hauptziel sei es einzig und allein, Beweise zu finden, Klarheit zu gewinnen, ob der Mitarbeiter wirklich krank war oder simuliert hat. Und das Nebenziel sieht er darin, „die Zunge des Mitarbeiters durch Klimapflege lange genug gelöst zu halten, bis das Hauptziel erreicht ist." Dass ein solcher Beweis manchmal nicht in einem Gespräch zu erbringen ist, weiß Schmilinsky. Deshalb empfiehlt er Vorgesetzten im ersten Schritt die Einlullstrategie: Am Tag der Rückkehr des Erkrankten mit dem Gespräch beginnen, dabei zuerst einmal den Beschäftigten in Sicherheit wiegen, in den folgenden Tagen Fragen nach seiner Erkrankung nebenbei und in anderen Worten zu wiederholen. „Einlullfestigung", heißt das im Vokabular Schmilinskys.

Wenn das nicht reicht, erfolgt der nächste Schritt: die Erkundungsphase. Sie dient dazu, die nötigen Auskünfte zu erlangen, die der Vorgesetzte für eine Einschätzung braucht, ob er es mit einem Erkrankten oder Simulanten zu tun hat. Der Vorgesetzte geht nun auf den Rückkehrer zu und überrumpelt ihn mit möglichst geschickten Fragen. Auch für diese Situation hat sich Schmilinsky eine Palette von Fragemöglichkeiten ausgedacht, beispielsweise: „Ich weiß, Sie mögen Ihren Arbeitsplatz und Ihren Kollegenkreis und würden ungern z. B. wegen gesundheitlicher Belastung versetzt werden. Um Ihnen diesen Arbeitsplatz – so wie er ist oder mit nötigen Änderungen – möglichst zu erhalten, erlaube ich mir, im Interesse Ihrer Freude an der Arbeit und Ihrer Gesundheit einige Fragen zu stellen. Da helfen sie mir doch sicher gerne?——Das finde ich chic, besten Dank.

Im Zusammenhang mit der baldigen Besetzung der tollen neuen Maschine sollten wir etwas über Ihre körperliche Belastbarkeit sprechen; es geht um Ihre Zukunft. Mir passt's Mittwoch um 11.15 Uhr. Ok?——Gut so.

Ich erwäge für Sie Qualifizierungsmaßnahmen für anspruchsvollere Verantwortungen, muss aber wegen der dadurch entstehenden Fortbildungskosten & Ihrer Belastung durch Reisen an die entfernten Kursorte nach oben rechtfertigen können, dass Sie – als der richtige Mann – diesem fordernden Stress gewachsen sein werden. Daher einige Fragen zu Ihrer Gesundheit. Das passt Ihnen – wie ich sie kenne – sicher?——Gut."

Enttarnung der Simulanten

Diesem Überfall, dem sich Beschäftigte wohl kaum entziehen können, folgt das Erkundungsgespräch. Es dient dazu, herauszufinden, ob eine echte Erkrankung und welche Diagnose vorliegt. Auch hierfür hat der Fehlzeitenberater nützliche Tipps und Hinweise. Er empfiehlt den Vorgesetzten, mit Bauernschläue vorzugehen, denn die Beschäftigten sollen möglichst nicht merken, wie ihnen mitgespielt wird: „Nicht verhörend, aushorchend und inquisitorisch wirken, da sonst zugenähter Mund. Erkundungsfragen sollten allgemein, schwammig & dümmlich wirken, also nicht nach Daten, Uhrzeiten, Fiebergraden, Häufigkeiten usw. fragen. Zeigen Sie deutlich medizinische Ignoranz."

Zur perfekten Tarnung der Absichten empfiehlt Schmilinsky den Vorgesetzten auch, keine Protokolle oder Notizen im Beisein des Beschäftigten anzufertigen. „Da die meisten Mitarbeiter Verdacht schöpfen, wenn der Chef protokolliert, machen Sie sich bitte erst nach dem Gespräch Notizen, diese aber sofort und detailliert. Diese Notizen besprechen Sie mit Ihren Helfern (zum Beispiel mit Ihrem Vorgesetzten und/oder dem Personalleiter), und Sie planen mit deren Hilfe das nächste Erkundungsgespräch; ferner erarbeiten Sie gemeinsam, welche

anderen Beweismittel wie Zeugen, Urkunden oder Sachverständige Sie sich besorgen sollten, und Sie prüfen, welche ‚anderen Saiten' Sie demnächst aufziehen sollten."

Nun folgt die Einwirkungsphase als dritter Schritt. Welche Form der Einwirkung der Beschäftigte über sich ergehen lassen muss, hängt von den Ergebnissen der Erkundungsphase
ab. Schmilinsky unterscheidet drei Fälle, wobei die Fälle 2 und 3 nochmals in sich differen-
ziert sind.

Fall 1 ist der einfachste. Das Ergebnis der Erkundung führt zu der Einschätzung, dass der
Beschäftigte tatsächlich krank war. Dann hat der Vorgesetzte die Aufgabe, für die Informationen zu danken und ihm beste Wünsche für die Zukunft zu übermitteln. Doch über soviel
Anteilnahme sollte sich sein Gesprächspartner nicht zu früh freuen. Die Sache hat nämlich
einen Haken: Ist die Erkrankung selbstverschuldet, „wenn etwa gefährliche Sportarten; Übergewicht, falsches Fahrverhalten, Missachtung der UVV [Unfallverhütungsvorschrift, H.B.]
oder Alkoholmissbrauch die Anwesenheit des Mitarbeiters gefährden", darf der Rückkehrer
eine Vereinbarung unterschreiben. In dieser Zielvereinbarung wird dann festgehalten, wie
und bis wann der Beschäftigte die Ursachen für diese selbstverschuldete Erkrankung abzu-
stellen hat.

Fall 2 ist schwieriger, weil nicht eindeutig: Das Ergebnis der Erkundung hat nicht genügend
Klarheit erbracht. Der Vorgesetzte weiß noch immer nicht genau, ob er einen Simulanten
oder Erkrankten vor sich hat. Dann hat er die Aufgabe, ihn weiter zu bearbeiten. Je nach
persönlicher Vorliebe des Vorgesetzten oder mutmaßlichem Charaktertyp des Beschäftigten
– Schmilinskys Einteilung der Beschäftigten reicht von „nett", „Sensibelchen" bis „hartge-
sotten" – kann er nun auswählen zwischen zwei Beeinflussungsvarianten. Variante 1 ist „eher
nett" gemeint:

„Mir scheint, das Vertrauen zwischen uns hat gelitten; wie sehen Sie das, und was würden Sie
an meiner Stelle tun? – Bisher habe ich Sie geschont, aber ich gefährde mich dadurch selber.
Was raten Sie mir? – Ich mag sie gern, arbeite gern mit Ihnen zusammen; aber der Direktion
gegenüber gehen mir langsam die Argumente aus. Was könnten Sie da tun, um mir zu helfen?"

Variante 2 ist eher „weniger nett" gemeint:

„Für wann planen Sie Tolpatsch die nächsten Feierschichten? – Für Leute mit dieser widerli-
chen Haltung bin ich offenbar zu nett; Sie werden sich wundern, wie brutal ich sein kann,
wenn die Lage es fordert. – Gestatten Sie eine sehr deutliche Frage : Sollte ein Vorgesetzter
mit Leuten, die sein Verhalten so schamlos missbrauchen, eher den gutmütigen Trottel spielen, oder eher scharf zuschlagen? Was raten Sie mir für Ihren Fall. – Ich bin zäh, besser jetzt
die Wahrheit sagen und damit eine Chance für Ihre Zukunft, als wenig später unser brutales
Zuschlagen. – Sagen Sie doch Ihrem Medizinmann bitte, dass er durch seine lockere und nur
für ihn profitable Gelbscheinschieberei Ihre berufliche Zukunft in den Bach haut."

Fall 3 ist wieder einfach. Die Erkundung führt zu dem Ergebnis, dass der Beschäftigte nach-
weisbar nicht krank war. Dann kann der Vorgesetzte je nach Stimmungslage oder charakter-
licher Verfassung seines Gesprächspartners entscheiden, ob er ihm die Kündigung mitteilt
oder ihm die letzte „Chance" gewährt. Gegenüber den „hartgesottenen" Beschäftigten empfiehlt Schmilinsky, die reine Mitteilungsform zu wählen: „Folgende Schritte führen zu Ihrer
Entlassung (sich daher vorher bei der Personalabteilung klug machen). Hier unsere Beweismittel und die für uns solide rechtliche Grundlage [...]."

Andere Fälle haben eine letzte Bewährungschance:

„Sie machen mir Sorgen: Die Direktion hat Sie deutlich im Visier; Sie sind schon fast gefeuert, doch will ich Ihnen gerne helfen, wenn Sie wenigstens mitmachen. – Sie gefährden Ihre Stelle und Ihre Aufstiegsmöglichkeiten; das ist schade. – Zum Thema Ihrer Arbeitslosigkeit ein persönlicher Tipp: Überzeugen Sie uns schnell, dass Sie ihr Verhalten ändern können; eine Schonfrist von drei Monaten setze ich oben für Sie durch, mehr nicht. – Machen wir einen Vertrag über drei Monate; dann kann ich der Direktion sagen: „Ich hab den Mann gerettet". Ok?——(Danach Einzelheiten wie Messbarkeit und Termine protokollieren – mit Kopie für den Mitarbeiter)."

Mit diesem Konzept zur Durchführung von Fehlzeitengesprächen erfreute er sich einer stetig wachsenden Anhängerschar in den deutschen Unternehmen. Schmilinsky war zweifellos ein gefragter Berater. Konkurrenzlos war er zwar nicht. Andere Fehlzeitenberater wie Nieder, Bitzer, Pohen waren auch im Sektor „Fehlzeitenberatung" tätig.

Eine gewisse Änderung trat 1995 ein. AVP – das Fehlzeitenkonzept der Firma Opel wurde unter dem Titel „Einer fehlt und jeder braucht Ihn!" als Buch veröffentlicht. Schnell nahm es einen ähnlichen Aufstieg wie seinerzeit Schmilinskys Konzept. Plötzlich redeten alle über AVP, das Interesse der Medien war ungeheuer groß. Auf Fehlzeitenkongressen und Seminaren in Arbeitgeberkreisen war der „Anwesenheitsverbesserungsprozess" *das* Thema. Aufmerksamkeit erregte besonders der vierstufige Aufbau des Instruments und die detaillierten Leitfäden zur Durchführung der Gespräche.

Für Schmilinsky war diese Entwicklung ein Anlass, über die geistigen Fähigkeiten seiner Kunden nachzudenken. „Wieder einmal zeigt sich", sinnierte er im Rückblick auf eine Tagung, an der er 1997 in Berlin teilnahm, „dass die ihr kluges Fehlzeitenkonzept darlegenden Redner aus namhaften Unternehmen zwar ihre globalen Krankenstandszahlen kennen, nicht aber die Frage beantworten können, was sich im einzelnen dahinter verbirgt, und welche Senkungspotentiale pro Kategorie errechnet worden sind." Er attestierte seinem Klientel Unkenntnis und sich nun „voll im Nebel" zu befinden, denn „hunderte von Firmen werden aktiv ohne zu wissen, welche spezifischen Ziele sie erreichen können und anstreben sollten, weil sie ihre Hausaufgaben nicht gemacht haben".

Denken heißt: Diffamieren

Plötzlich begann er auch, Fehlzeitengespräche zu kritisieren. Besonders AVP nahm er auf's Korn. „Solche Strategien", schimpfte er, „leiden unter undifferenziertem Schlichtdenken. Standardgespräche, ob nett, scharf oder irgendwo dazwischen, sind genauso töricht wie etwa eine Breitbandtherapie gegen Knochenbrüche, Malaria und Schuppenflechte. Firmen, die Unschuldslämmer und Gewitzte durch die gleiche und sich steigernde Beschuldigungszeremonie hetzen, senken zwar kurzfristig das Blaumachen über den Angstfaktor, vergiften aber das Betriebsklima über Jahre."

Deutet sich hier Einsicht an, wenn auch reichlich spät? Der Eindruck täuscht. Die Distanzierung von AVP dient vor allem dazu, sein neues Produkt namens „Fehlzeiten-Einzelberatung", das er inzwischen zur Anwendungsreife entwickelt hat, marketingmäßig herauszustellen. Unter der Überschrift „Kultur der Kundennähe" wirbt er seit 1997 für dieses Produkt bei seinen Kunden. Erklärung und Kritik dieses Produkts sind eigentlich überflüssig. „Denken bedeutet: Differenzieren" spricht für sich. Hier ein Auszug:[6]

„1997 schlug mir ein Hanauer Anlagenbauer vor, in Einzelberatungen mit DV (= direkte Vorgesetzte = Meister, Schichtführer, Gruppenleiter usw.) schwer einstufbare Fehlzeitkünstler analytisch aufzufächern, ferner Strategien, Maßnahmenkataloge und Gesprächspläne mit ausgefeilten Formulierungen zu entwickeln.

Direkt – dennoch effizient

Da hat es bei dem alten Marketinghasen Schmilinsky – seit 1960 im internationalen Verkauf – kräftig geklingelt: Wenn ein knackiger „hi-tec" Kunde, der mich als Persönlichkeit und als Fehlzeitentrainer gut kennt, von mir ein neuartiges Fehlzeitenberatungsprodukt wünscht, dann darf ich nicht schlummern. Bei der ersten Chance 1986 in Heidelberg ging es mir eher ums Geldliche; diesmal vor allem um das Vergnügen, mich – mit 61 Jahren und finanziell sorglos – noch einmal im Markt als Pionier zu bewähren, als Innovator neuen geistigen Reiz zu erleben. Für eine erste Übung sagte ich dem innovationsfreudigen Mittelständler den 14.05.1997 zu. Er sorgte dafür, dass jeder DV – für seine als Fehlzeiten-Problemfälle eingestuften Mitarbeiter – detaillierte An-/Abwesenheitsstatistiken der letzten fünf Jahre mitbrachte. Ich hatte, meinerseits, für diese gemeinsame Analysearbeit einen verästelten Fragenkatalog entwickelt, bei dessen Ausfüllen sich zeigte, dass in der Mehrzahl der Fälle Mischformen aus verschiedenen Elementen vorlagen, wie etwa:

A: Echte Arbeitsunfähigkeiten aufgrund von Krankheiten bzw. Unfällen privater oder betrieblicher Art. Ziele: Ursachen abstellen und Dauer verkürzen.

B: Blaumachen der Art „gekränkte zarte Seele" mit vor allem menschlichen Ursachen im Betrieb. Ziel: Ursachen abstellen durch Führungskulturschulung, mein Beruf.

C: Blaumachen der Art „Schlaumeier", der sich als durchtrieben und das Unternehmen als lasch bis trottelig einschätzt und das soziale Netz keck missbraucht; hier muss das Unternehmen lernen, dass man im Geschäftsleben nicht immer der „Geleimte" sein darf!

D: Diverse Abstufungen zwischen dem Pol „Super-Verantwortungsgefühl" mit evtl. allzu vorzeitiger Rückkehr und dem anderen Pol des „ungerechtfertigten Missbrauchs" des AU-Attests bis zum Ende – oder sogar unlauterer Verlängerung. Mittel: Oft telefonieren.

E: Komplexer werden Verknüpfungen obiger Erscheinungen durch zusätzliche Faktoren wie Suchtursachen, Persönlichkeitsschwankungen und schwer durchschaubare psychosomatische Leiden. Ich arbeite offenbar in einem arg komplexen Geschäft, doch mit viel Spaß!

Ohne mich – hilflos!

Dank der statistischen Darstellung der Jahre 1993 bis 1997 und deren gemeinsamer Analyse waren in mehreren Fällen im Zeitablauf Schwerpunktverlagerungen zwischen obigen Faktorengruppen a) bis e) zu erkennen, so dass z. B. ein Vorgesetztenverhalten, das der DV sich vor vier Jahren aus guten Gründen angewöhnt hatte, bei der inzwischen eingetretenen veränderten Situation das falsche war.

Durch beharrliches Hinterfragen zu Ursachenarten und Persönlichkeitsstruktur der Mitarbeiter und deren Wandel im Zeitablauf konnte ich in der Mehrzahl der 12 Fälle am 14.05.1997 mit den DV einen Strategiewechsel entwickeln, den sie weder alleine, noch mit Hilfe ihrer Vorgesetzten hätte finden können. Dieser Behauptung bin ich sicher! Meine Gesprächspartner waren so begeistert, dass der Kunde sofort einen zweiten Beratungstag orderte. Da war ich selbst von den Socken, wie man in Deutschland so putzig sagt.

Jetzt bin ich hellwach

Deutlich ergibt dieser erste Probelauf einer „Fehlzeiten-Einzelberatung", dass ich – aufgrund meines enormen Fehlzeitenwissens, meiner präzisen Denkweise und meines hartnäckigen

Nachbohrens – meinen Kunden, bei geringem Zeit- und Kostenaufwand, hohen Nutzen bringen kann. Als vorteilhaft mögen manche Firmen auch den Umstand einstufen, dass – im Vergleich mit den sich wie ein Lauffeuer herumsprechenden Fehlzeitenseminaren – diese Individualberatungen, sofern gewünscht, extrem diskret z. B. in einem Hotelzimmer abgehalten werden können.

Ferner wurden am 14.05.1997 diese gemeinsamen Kreativitätsgespräche mit dem dazu speziell aus Genf eingeflogenen „Freizeit-Guru" M. Schmilinsky von den DV als aufwertend empfunden; für die Geschäftsführung ist dieser Motivationsschub deutlich billiger als eine Incentive-Woche (Bonus-Reise) z. B. in Bad Kleinhungersdorf oder auf den Seychellen.

Endlich wieder Monopolist!

Ich biete Ihnen also dieses neuartige Produkt „Fehlzeiten-Einzelberatung" guten Gewissens an. Am Besten beginnen wir mit einem Probetag (DM 3.500,— einschl. Kosten für An- & Abreise; Übernachtung & Abendessen im Hotel übernehmen meine Kunden), in dem ich zwölf Fälle in jeweils 30 Minuten mit den DV durchackere. Dafür bringt der DV die detaillierten Anwesenheitsblätter der letzten fünf Jahre mit; die Teilnahme seines Vorgesetzten und/oder des Personalwesens ist willkommen.

Wo stehen wir? Ich bin meine Botschaft los; ich liege in der Sonne auf der Wiese und genieße das Leben. Sie Ärmster müssen entscheiden: „Werf ich den Schmilinsky-Vorschlag weg? Was taugt dieses unbekannte Produkt? Mit welchen Argumenten sollte/könnte ich weg? Was taugt dieses unbekannte Produkt? Mit welchen Argumenten sollte/könnte ich meine Geschäftsleitung für den ersten Tag „Fehlzeiten-Einzelberatung" gewinnen? Sie haben mein volles Vertrauen, dass ihnen die richtige Entscheidung leicht fallen wird."

Josef Pohen: „Mit System zum Erfolg"

Josef Pohen war über 30 Jahre in verantwortlichen Funktionen bei der Philips GmbH Aachen tätig, davon 10 Jahre als Personaldirektor. Bereits 1983 veröffentlichte er ein erstes Buch zum Thema Fehlzeitensenkung. Daneben war und ist er bis heute Dozent und Seminarleiter zum Thema Fehlzeiten in verschiedenen Fort- und Weiterbildungseinrichtungen. Er hat nach eigenen Angaben bereits über 800 Personalverantwortliche in Seminaren und Workshops unterrichtet. Was diese dabei alles lernen können, ist in seinem Buch „Fehlzeiten senken – Mit System zum Erfolg" (1995) nachzulesen. [7]

Das Buch macht auf den ersten Blick einen viel seriöseren Eindruck als Schmilinskys Veröffentlichungen. Pohen beansprucht für sich, redlich und genau vorzugehen. Für seine Erkenntnisse über vermuteten Missbrauch bei Krankschreibungen und den „vier wesentlichen Einflussgrößen bei Fehlzeiten" beruft er sich abwechselnd auf „Untersuchungen", mathematische „Wahrscheinlichkeitsrechnungen" oder auf „wissenschaftliche Literatur". Quellenangaben sucht der Leser aber vergeblich und manche seriös aussehende Darstellung erweist sich bei näherem Hinsehen als Kopie von Unterlagen aus dem arbeitgebernahen Institut der deutschen Wirtschaft.

Intensiv widmet er sich den Möglichkeiten zur Erfassung von Fehlzeiten. Hier spricht der Praktiker, der sich in seiner Eigenschaft als Personalleiter über Jahre ein detailliertes System zur Erfassung und Dokumentation der Fehlzeiten angeeignet hat. Akribisch sind seine Graphiken, genau seine Darstellungen für Fehlzeitenauswertungen von Betriebsbereichen und

Abteilungen. Pohen empfiehlt diese Erfassung nach Gruppenmerkmalen oder Beschäftigtengruppen vorzunehmen. Am Ende ergeben sich dann systematische Fehlzeitenprofile einzelner Beschäftigter. Diese Auswertungsraster, die den Anteil des einzelnen Arbeitnehmers an den Gesamtfehlzeiten seiner Arbeitsgruppe hieb- und stichfest belegen, können zu verschiedenen Zwecken eingesetzt werden. Wer erkrankt war, wird mit diesen Rastern im Fehlzeitengespräch konfrontiert. Hier soll ihm dann klargemacht werden, wie unkollegial sein Verhalten ist. Geweckt werden soll der „Ehrgeiz, das Fehlzeitenbild gemeinsam zu verbessern", und gesorgt werden soll dafür, dass „Nicht-Fehlen von Ihrem Mitarbeiter als ‚Wert' erkannt und akzeptiert wird".

Die zweite Verwendungsmöglichkeit fällt unter das Stichwort Personalanpassung. „Verschiedene Gründe", erklärt Pohen, „erfordern in den Betrieben Maßnahmen der Personalanpassung, d.h. in der Regel Personalreduzierung. Die verbleibende (Rest-)Belegschaft muss jedoch in der Lage sein, den häufig komplexen und qualitativ steigenden Aufgaben gerecht zu werden. Dies wiederum zwingt die Betriebe, ihre Belegschaft entsprechend zu formieren." Die Auswertungsraster fungieren dann als „Sündenkatalog", der in Notzeiten hervorgeholt wird und dazu dient, eine Art „Bestenauslese" herzustellen. Pohen wörtlich: „Mitarbeiter, bei denen in der Vergangenheit die Fehlzeiten problematisch oder kritisch waren, werden u.U. nicht im Betrieb verbleiben können. Unter Beachtung der entsprechenden gesetzlichen Bestimmungen [...] soll versucht werden, die Leistungsträger im Betrieb zu halten und die Mitarbeiter mit sehr problematischen Fehlzeiten ausscheiden zu lassen (Aufhebungsvertrag/ Kündigung)."

Anwesenheit als Tugend

Sein Blick auf die Beschäftigten ist geprägt von der Sachlichkeit und kühlen Distanz desjenigen, der aus der hierarchischen Position auf die Beschäftigten herab schaut. Verständnis bzw. ehrliche Anteilnahme für die körperliche und seelische Leidensdimensionen, die mit Krankheit verbunden sind oder sein können, existiert nicht. Immer ist der Blick auf den erkrankten Beschäftigten geprägt von der ökonomischen Sichtweise des Unternehmens. Krankheit ist und bleibt ein (Teil-)problem der Personalpolitik, das mit unterschiedlichen Personalmaßnahmen behandelt wird.

Dass es nicht um ehrliche Anteilnahme, sondern lediglich um die Demonstration von Anteilnahme geht, verdeutlicht Pohen am Beispiel von langzeiterkrankten Beschäftigten. In einer längeren Passage, die sich dieser Beschäftigtengruppe widmet, empfiehlt er den Personalleitern Folgendes:

„Widmen Sie dieser Gruppe besondere Aufmerksamkeit! Damit haben Sie Gelegenheit, allen übrigen Mitarbeitern unter Beweis zu stellen, wie verantwortungsbewusst Sie wirklich an das Fehlzeitenthema herangehen." Anteilnahme also nicht um ihrer selbst willen, sondern um die Personalleitung des Unternehmens in ein günstiges Licht zu rücken. Und Unterstützung erhält diese Gruppe nicht aus ethischen oder moralischen Gründen, sondern weil es der Glaubwürdigkeit des Unternehmens dient.

„In dem Maße", fährt Pohen fort, „in dem Sie langzeiterkrankte Mitarbeiter unterstützen, tragen Sie zur Glaubwürdigkeit ihrer sonstigen fehlzeitenorientierten Maßnahmen bei. Ihre Mitarbeiter werden Ihnen glauben, dass Sie im Falle einer wirklich ernsthaften Erkrankung von Ihnen nichts zu befürchten haben. Im Gegenteil: Sie werden verstehen, dass es Ihnen bei der Reduzierung von Fehlzeiten nicht um die ‚Jagd auf Kranke' geht, sondern um die Vermeidung des motivationsbedingten, zum Teil missbräuchlichen Absentismus." Aus den Langzeiterkrankten wird also das Objekt, an denen die Personalleitungen die Selbstdarstellung ihrer Verantwortung und ihrer guten Absichten zeigen sollen. Was Pohen den Personalleitern empfiehlt, ist, auf einen Nenner gebracht, die Inszenierung von „Humanität". Nicht auf die Äußerung tatsächlich vorhandener Gefühle, sondern auf deren Zurschaustellung kommt es an. Nicht auf unvoreingenommene und selbstlose Unterstützung von Erkrankten kommt es an, sondern auf die möglichst glaubwürdige Darstellung einer solchen.

Dass es nicht um wirkliche Humanität geht, auch nicht gegenüber Langzeiterkrankten (die am allerwenigsten des „Blaumachens" verdächtig sein können), zeigt Pohens abschließende Bemerkung. „Aber auch hier", so beendet Pohen dieses Thema, „lauern Fallstricke auf Sie. Vielleicht kennen Sie auch den einen oder anderen Mitarbeiter, der mehrmals in wenigen Jahren für einen langen Zeitraum erkrankt, eigenartigerweise aber immer wieder dann arbeitsfähig wird, wenn nach der Entgeltfortzahlung des Arbeitgebers auch das gesetzliche Krankengeld seinem Ende zustrebt. Auch wir haben uns schon einige Male gefragt, weshalb so viele langzeiterkrankte Arbeitnehmer exakt in der 78. Krankheitswoche gesund werden." Diese Sicht der Dinge veranlasst Pohen dazu, Fehlzeiten in den persönlichen Verhaltensmustern der Beschäftigten zu suchen. Als Fehlzeitengründe führt er in erster Linie „die familiäre Situation (Familienstand, Zahl der Kinder), die Wohnverhältnisse sowie die Lage der Wohnung", aber auch Geschlecht, fachliche Qualifikation und Lebensalter an. Weitere Gründe sind: „Art und Länge des Arbeitsweges, objektiv wie subjektiv empfundener Gesundheitszustand und das geänderte Freizeitverhalten, das in den letzten Jahren auch das Fehlzeitenverhalten der Mitarbeiter beeinflusst." Was immer auch das Freizeitverhalten, die Zahl der Kinder oder die Länge des Arbeitsweges mit der Abwesenheit des Arbeitsplatzes zu tun hat, bleibt unerklärt. Belege für diese Zusammenhänge finden sich nicht. Pohen vertraut offensichtlich auf die Plausibilität solcher Zusammenhänge. Und auf eine unkritische Leserschaft, die die Frage, wie viele Kinder und wie viele Kilometer Arbeitsweg fehlzeitenförderlich sind, nicht stellt.

„Warum fehlen die, die fehlen?" – dieser Frage widmet er sich genauso wie andere Fehlzeitenberater. In der Regel fällt an dieser Stelle das Schlagwort „Motivation" und die Erklärung, dass jeder Mensch sich täglich entscheidet, ob er zur Arbeit geht oder etwas anderes unternimmt. Pohen reicht diese Erklärung nicht. Er versucht darzulegen, warum Menschen nicht motiviert sind und beruft sich dabei erneut auf nicht näher definierte „Resultate wissenschaftlicher Forschung".

Sein Erklärungsversuch beginnt in der Kinderstube der Beschäftigten. Abwesenheit vom Arbeitsplatz einschließlich der krankheitsbedingten Arbeitsunfähigkeit, so seine Interpretation, sei als ein Zeichen mangelnder Verantwortung zu deuten. Verantwortung gehöre zu den persönlichen Verhaltensmustern. Diese Verhaltensmuster wiederum seien Teilelement einer „Palette verschiedenster Verhaltensdispositionen, die jeder Mensch vom Kindesalter an" erwerbe und die sein Verhalten und seine Einstellung zur Arbeit und zur Umwelt prägen. Das Gefühl für Verantwortung und die Bereitschaft, Verantwortung zu übernehmen, sei Ergebnis der Erziehung in den „prägenden Lebensphasen der Beschäftigten" und münde in eine „positive persönliche Einstellung", die den Gedanken an eine [krankheitsbedingte!, H.B.] Abwesenheit erst gar nicht aufkommen lasse. „Der Mitarbeiter wurde schon immer zur Verantwortlichkeit erzogen", erklärt Pohen das Resultat dieses geglückten Erziehungsversuchs. „Bereits in seiner Kindheit und Jugend hat er Verantwortung und Pflichtgefühl als positive

Charakterzüge erfahren können. Er sieht darin keine ‚verstaubten Tugenden von gestern‘, sondern notwendige Voraussetzung für erfolgreiches Zusammenwirken in allen Lebensbereichen."

Dieser Erklärungsversuch, der Verantwortung mit wertkonservativen Begriffen wie Pflichtgefühl und Tugend umschreibt, wird im Handumdrehen zu einem Vorwurf gegenüber erkrankten Beschäftigten und dem gesellschaftlichen Umfeld. Wer am Arbeitsplatz fehlt, beweist wie mangelhaft sein Verantwortungsgefühl ausgeprägt ist, wie sehr die Erziehung seitens der Eltern, Schule und anderer Erziehungsinstanzen versagt hat. „Viele Menschen haben im Laufe ihrer prägenden Lebensphasen gelernt, dass es für sie besser sein kann, der Verantwortung aus dem Weg zu gehen. [...] Wer vor der Verantwortung flieht, wird sich nur allzu gern in die Krankheit flüchten. Das gesetzlich sanktionierte System der Krankschreibung schützt derartige Verhaltensmuster; denn oft gehen mit der Flucht in die Krankheit auch objektiv nachprüfbare Symptome einher; ob diese immer auch eine Arbeitsunfähigkeit zwingend begründen, ist zu bezweifeln."

Krankheit ist also eine Fluchtbewegung, die Beschäftigte antreten, weil sie nicht zur Verantwortung erzogen worden sind. Auf diese Formel lässt sich Pohens Erklärung des Fehlzeitenverhaltens bringen. Schuld an der Arbeitsunfähigkeit sind den Beschäftigten zugeschriebene mangelhafte Verhaltensdispositionen. Der Mensch gerät in dieser Interpretation zu einem Produkt seiner Erziehung, dem Verantwortung als Pflicht eingeimpft ist oder aber aufgrund falscher Erziehung zur Verantwortungslosigkeit neigt. Unter diesen Vorzeichen wird Verantwortung mit einer vollständigen und inneren Identifikation mit dem Unternehmen gleichgesetzt. Dass Beschäftigte auf sich und ihren Körper Rücksicht nehmen und damit *für sich selbst* Verantwortung übernehmen, ignoriert Pohen nicht nur, sondern deutet es sogar als ein Zeichen von Verantwortungslosigkeit. Die unter Medizinern, Psychologen und Sozialwissenschaftlern verbreitete Auffassung, dass Krankheit sozusagen ein Signal darstellt, für seine Gesundheit verstärkt Verantwortung zu übernehmen, wird von Pohen also auf den Kopf gestellt.

Das ABC des Fehlzeitenmanagements

Diese Einseitigkeit ist kein Ausdruck von Phantasielosigkeit. Denn wenn es um Maßnahmevorschläge zur Senkung der Fehlzeiten geht, stellt Pohen einen unerschöpflichen Gedankenreichtum unter Beweis.

Alle Vorschläge verstehen sich als Anregung für seine Leserschaft, insbesondere für die Vorgesetzten. Diese Gruppe spricht Pohen daher auch in seinem „ABC" direkt an. Wie die Perlen an einer Kette reiht er seine Vorschläge in alphabetischer Reihenfolge auf. Die Erläuterungen zu den jeweiligen Vorschlägen seines „Maßnahmen ABCs" sind auf das Notwendigste beschränkt. Kurz und knapp, ohne Bewertung und zumeist ohne vertiefende Erläuterung. (Lediglich der Maßnahmevorschlag „Fehlzeitengespräch" ist ausführlich über mehrere Seiten erläutert!)

Insgesamt macht er 48 Vorschläge. Angefangen von „Alkoholismusbekämpfung" bis zu „Zusammenarbeit zwischen Vorgesetzten und Mitarbeiter" entwickelt Pohen Tipps und Hinweise für Personalleiter im Umgang mit erkrankten Beschäftigten. Hier wirkt sich vermutlich seine langjährige Erfahrung als Personal- und Seminarleiter aus, der den einen oder anderen Vorschlag auch in der Praxis erprobt hat. Sein Ideenreichtum, der in diesem „ABC" zum

Ausdruck kommt, unterscheidet ihn zum Beispiel von Schmilinsky, der es über den Maßnahmevorschlag Rückkehrgespräch sowie die Identifikation von „Blaumachern" per Computer nicht hinaus bringt.

Hier hören die Unterschiede auf. Bei näherem Hinsehen kreisen nämlich nahezu alle Ideen um die Vorstellung, dass das Verhalten der Beschäftigten ausschlaggebend für betriebliche Fehlzeiten sei. Nur zwei der gemachten Vorschläge passen nicht in dieses Muster. Der eine bezieht sich konkret auf eine Veränderung möglicher Ursachen arbeitsbedingter Erkrankungen, der andere zielt auf eine betriebliche Gesundheitspolitik und hebt sich damit vom üblichen Fehlzeitenmanagement wohltuend ab.

Der erste Vorschlag befindet sich unter dem Stichwort „Arbeitsplatz/Arbeitsumfeld". Pohen erkennt an, dass Ziel aller Maßnahmen sein sollte, Maschinen und Umgebung menschengerecht zu gestalten. Er fordert zu Arbeitsplatzbegehungen auf und rät den Personalleitern, ein Konzept zu erstellen, um Arbeitsplätze mit einseitigen körperlichen Belastungen zu beseitigen. Offensichtlich ahnt der Autor, wie stark die Arbeitsbedingungen sich auf die Arbeitsunfähigkeit auswirken. Ansonsten würde er hier nicht für Veränderungen plädieren. Aber mehr als eine Ahnung ist es nicht. Denn die nachfolgenden Erklärungen dieses Stichworts zeigen, wie wenig er von einer Verbesserung der Arbeitsbedingungen hält, um Erkrankungen vorzubeugen, oder wie wenig er darüber tatsächlich weiß. Denn die genaue Analyse von Arbeitsplatz und Tätigkeit – eigentlich die wichtigste Voraussetzung für zielgerichtete Verbesserungen – soll auf im Betrieb vorhandene „Problemgruppen" begrenzt werden. Die Umsetzung unvermeidlicher, notwendiger Maßnahmen solle nur dann vorgenommen werden, „wenn eine Verbesserung als notwendig erkannt" werde. Selbst bei Belastungsfaktoren, deren gesundheitsschädliches Potential mittlerweile von niemanden mehr bestritten wird, fallen seine Vorschläge nicht nur defensiv aus; sie genügen nicht einmal den gesetzlichen Anforderungen, deren Einhaltung das Arbeitsschutzrecht von den Arbeitgebern fordert. Beim Lärm zum Beispiel, ein Belastungsfaktor, der nicht nur als typischer Stressauslöser anerkannt ist, sondern auch bei den anerkannten Berufskrankheiten an erster Stelle steht, empfiehlt Pohen lediglich das Anlegen eines „Lärmkatasters, der der Beseitigung von Lärmquellen bzw. Lärmreduzierung dienen soll." Als ob der Kataster, dessen Anlegen nach der Unfallverhütungsvorschrift „Lärm" gesetzlich vorgeschrieben ist, bereits die Beseitigung oder Verminderung von Lärm beinhalten würde! (Die ebenfalls vorgeschriebene ständige Verpflichtung der Unternehmen, „nach dem Stand der Technik" für eine Lärmminderung zu sorgen, unterschlägt Pohen völlig.)

Der andere Vorschlag ist das Stichwort „Gesundheitspolitik". Pohen weist an dieser Stelle darauf hin, dass „man nur mit einer aktiven Gesundheitspolitik der Problemlösung ,Reduzierung bzw. Abbau von Fehlzeiten' näher kommen kann." Er fordert nicht nur zur Bildung eines Arbeitskreises Gesundheit und zur Einrichtung von Gesundheitszirkeln auf, sondern auch zur „systematischen Betreuung der Belegschaft durch einen betriebsärztlichen Dienst oder ein Werkärzteteam." Ein durchaus bemerkenswerter Vorschlag, weist er doch auf eine sinnvolle Alternative zur üblichen Fehlzeitenpolitik hin. Denn betriebliche Arbeitskreise und Gesundheitszirkel, die langfristig und kontinuierlich den betrieblichen Krankheitsursachen nachgehen, tragen nicht nur zur Verringerung des Krankenstandes bei; sie sind auch dazu in der Lage, das zu tun, worauf das Fehlzeitenmanagement so wenig Wert legt: vorbeugend, also präventiv zu wirken, die Arbeitsbelastungen und Befindlichkeitsstörungen zum betrieblichen Thema zu machen, ohne nach „Schuldigen" und „Blaumachern" zu suchen. Sie haben das Ziel, Lösungen im Sinne einer Verbesserung der Arbeitsbedingungen gemeinsam mit den Beschäftigten zu erarbeiten.

In diesem Zusammenhang hat auch der Hinweis auf die betriebsärztliche Betreuung seine Berechtigung. Was Pohen andeutet, ist bei näherem Hinsehen ein Skandal. Denn in vielen Betrieben gibt es keine arbeitsmedizinische Betreuung für die Beschäftigten, obwohl das entsprechende Gesetz, das Arbeitssicherheitsgesetz (ASIG), bereits seit 1972 gilt! In Klein- und selbst Mittelbetrieben, also gerade in den Problembereichen des betrieblichen Gesundheitsschutzes, findet seit mehr als 25 Jahren eine arbeitsmedizinische Versorgung faktisch nicht statt. „Zwar ist die betriebsärztliche Betreuung", erläutert der Arbeitsrechtler Michael Kittner, „aufgrund des ASIG erheblich ausgebaut worden. Es sind aber noch zu wenig Ärzte hauptberuflich in der Arbeitssicherheit tätig. Insgesamt stehen gegenwärtig ca. 14 Millionen Arbeitnehmer, knapp über die Hälfte, in betriebsärztlicher Obhut."[8]

Pohens Aufforderung an die Personalleiter ihrer gesetzlichen Verpflichtung der Betreuung der noch fehlenden Hälfte nachzukommen, ist also durchaus angebracht. Und näher zu bestimmen wäre im Sinne einer systematischen betrieblichen Gesundheitspolitik das Aufgabengebiet der Betriebsärzte: den Ursachen arbeitsbedingter Erkrankungen im Betrieb nachzugehen, so wie es das Gesetz auch vorschreibt!

Zwar machen Untersuchungen einen großen Teil der betriebsärztlichen Tätigkeit aus. Wobei aber nicht die Arbeitsbedingungen untersucht werden, sondern die Arbeitenden. Die Befürchtungen vieler Beschäftigten, die in solchen Untersuchungen den ersten Schritt zur Entlassung sehen, sind begründet. Der Einsatz von diesen Ärzten bewirkt nicht Vorsorge und Gesundheitsschutz, sondern genau das Gegenteil: Nur die Gesündesten werden eingestellt, die Kranken dagegen entlassen – die Ursachen für Krankheit und Verschleiß bestehen weiter.

Die Beschäftigten als Objekte

Ob Pohen mit dem Stichwort „Gesundheitspolitik" tatsächlich auf eine andere Ausrichtung im Umgang mit erkrankten Beschäftigten hinaus will, oder eher seiner lexikalischen Sorgfaltspflicht nachkommt, sei dahingestellt. Denn alle anderen 46 Maßnahmen laufen auf eine Sanktionierung der Beschäftigten hinaus. Pohen nimmt dabei automatisch die Perspektive des Vorgesetzten ein.

Die Fülle seiner Maßnahmen lässt sich am besten aus der Perspektive der Betroffenen darstellen, zum Beispiel einer namenlosen Montagearbeiterin der Philips GmbH:

Die Bewerberin für einen Teilzeitarbeitsplatz am Montageband der Philips GmbH muss als Erstes die Hürde der Personalauswahl nehmen. Bereits im Vorstellungsgespräch wird sie auf ihre Fehlzeiten beim vorherigen Arbeitgeber angesprochen. Mit ihrem Einverständnis erkundigt sich die Firma bei ihrem vorherigen Arbeitgeber über die Richtigkeit ihrer Angaben. Gleichzeitig wird von ihr verlangt, sich von ihrer Krankenkasse auf einem Formblatt Anzahl und Länge ihrer bisherigen Erkrankungen bescheinigen zu lassen.

Verläuft die Prüfung dieser Angaben zur Zufriedenheit ihres Arbeitgebers, erhält sie den gewünschten Arbeitsplatz. Allerdings zuerst einmal befristet, denn sie wird in den nächsten Monaten hinsichtlich ihrer Fehlzeiten genau beobachtet. An ihrem ersten Arbeitstag bekommt sie ein Merkblatt ausgehändigt. Es enthält allerlei Hinweise, die im Erkrankungsfall zu beachten sind: Sie soll sich bereits am ersten Erkrankungstag unverzüglich und telefonisch bei ihrem direkten Vorgesetzten krank melden. Sie soll einen Tag vor Beginn der erneuten Arbeitsaufnahme wiederum zum Hörer greifen und ihren Vorgesetzten über ihr Wiedererscheinen in Kenntnis setzen. Selbstverständlich, so lautet ein nützlicher Ratschlag dieses Merkblattes; dürfe sie auch ihre Arbeit früher als im Attest vorgesehen wiederaufnehmen. Denn „wenn sie sich wieder gesund fühlt, gibt es keinen vernünftigen Grund, dass sie bis zum Ende krankfeiert." Weiterhin informiert das Merkblatt, dass nach jeder Erkrankung ein Gespräch unter vier Augen mit dem Vorgesetzten erfolgt. Und schließlich erfährt sie, dass wenn ihre Fehlzeiten als „kritisch" angesehen werden („z. B. in 12 Monaten 3x und mehr krank") mit ihr ein ausführliches Fehlzeitengespräch geführt wird.

Viele kleine Begebenheiten zeigen ihr, wie wichtig der neue Arbeitgeber ihre Fehlzeiten nimmt. Am „schwarzen Brett" in ihrer Abteilung hängen ständig aktualisierte Fehlzeitenauswertungen. Auch die sechsköpfige Arbeitsgruppe, der sie angehört, findet sie in einem Tortendiagramm dargestellt. Ihr fällt gleich auf, dass das abgebildete Kuchenstück eines Kollegen viel, viel größer ist als das der anderen aus ihrer Gruppe.

Bei den Besprechungsrunden in der Abteilung, die ungefähr alle vier Wochen stattfinden, sind die Fehlzeiten natürlich ein Thema. Im Laufe der Zeit hat sie sich daran gewöhnt, dass der Meister bei der periodischen Beurteilung der Arbeit ihrer Montagegruppen dem Thema Fehlzeiten nicht aus dem Weg geht. Auch bei den 3–4 Betriebsversammlungen, die im Jahr stattfinden, wird dieses Thema immer wieder vom Personalleiter ausführlich erörtert.

Gewöhnt hat sie sich mittlerweile auch an den Anblick von Ärzten aus der näheren Umgebung der Firma. Sie kommen regelmäßig, meistens am Mittwochnachmittag, wenn die Arztpraxen geschlossen haben. Auch ihren Hausarzt hat sie dabei schon einmal wiedererkannt. In der Regel wird dann in Begleitung des Personalleiters eine kleine Ärztegruppe durch die Fabrikhallen geführt. Sie schauen sich in den Hallen und an den Montagebändern um. Später hierauf angesprochen hat ihr der Hausarzt versichert, wie froh sie sein könne über ihren Arbeitsplatz bei der Philips GmbH, eine Firma, die sich vorbildlich um das Wohl ihrer Mitarbeiter kümmere.

Wenn sie wegen auftretender Kopfschmerzen oder eines kurzfristigen Unwohlseins nicht mehr arbeiten kann, darf sie, sofern ihr Vorgesetzter einverstanden ist, 1–2 Tage zu Hause bleiben. Zur Vermeidung eines erhöhten Krankenstandes verzichtet der Betrieb im Sinne einer „unbürokratischen Lösung" auf eine Arbeitsunfähigkeitsbescheinigung. Natürlich muss sie die Zeit nacharbeiten, „eine Anrechnung als Urlaubstag oder Krankentag ist nicht möglich." In den Genuß dieser Regelung kommen die Beschäftigten allerdings nur, weil sie „in der Vergangenheit positiv beurteilt wurden, ein vernünftiges Fehlzeitenverhalten gezeigt haben und dem Betrieb schon mehrere Jahre angehören".

Die teilzeitarbeitende Kollegin freut sich, dass sie zu diesem erlauchten Kreis zählt und nach Hause gehen darf. (Dass dieser Tag auf ihrem in der Personalabteilung geführten „Abwesenheitskonto" verbucht wird, erfährt sie erst viel später nämlich bei ihrem ersten „4-Augen-Gespräch".) Gut, dass sie nur einen Tag zu Hause bleiben will! So erspart sie sich den obligatorischen Fehlzeitenbrief, in denen ihr Vorgesetzter sie wissen lässt, dass sie „aufgrund Ihrer Qualifikation nur schwer zu ersetzen ist" und „auf sie wartet".

Sie weiß, dass es anderen nicht so ergeht wie ihr. Kolleginnen, die im Verdacht stehen, „Blaumacher" zu sein, erhalten nämlich keine Lohnfortzahlung. Und wer dreimal fehlt, kann nach dem im Betrieb praktizierten Fehlzeitengespräch schon draußen sein.

Typisch für alle Vorschläge ist ihre hierarchische Perspektive. Das Personal wird als Objekt gesehen, das beschafft, eingesetzt, geführt, entwickelt wird, das Fehlzeiten und damit Kosten verursacht und deshalb zum Teil auch eingespart, gekündigt oder abgebaut wird.

Was die Montagearbeiterin im Betriebsalltag der Philips GmbH erlebt, ist eine pedantische und nahezu umfassende Reglementierung ihrer Person. Ein dichtes Netz personeller Maßnahmen mit Anweisungen, Regelungen, Verhaltensratschlägen und Sanktionen wird über sie geworfen. Sie soll sich nicht nur den Erwartungen der Personalleitung anpassen. Die Wucht dieser Mischung aus Geboten und Verboten ist gleichzeitig auch Ausdruck einer massiven Erziehung, der sie im Betrieb unterworfen wird. Erkrankt sie, wird sie bis ins kleinste Detail beobachtet, identifiziert und manipuliert. Letztendlich wie ein Kind behandelt, dem man die Fähigkeit abspricht, für sich selbst zu sorgen.

Peter Nieder: Anwesenheit als Entscheidungsproblem

Es gehört, so könnte man sagen, zu den „guten Sitten", sich nicht über die Arbeit und das Vorgehen von Kollegen aus derselben Berufsgruppe zu äußern. Das mag der Grund sein, der Peter Nieder, ein weiterer Fehlzeitenberater, veranlasst, über die Vorgehensweisen und Ideen anderer Fehlzeitenberater zu schweigen. Aber vermutlich überfällt ihn beim Studium mancher Maßnahmen, die Schmilinsky und Pohen den Unternehmen vorschlagen, bisweilen Kopfschütteln und innerliches Unbehagen.

Neben Schmilinsky zählt er zu den bekanntesten Fehlzeitenberatern in der Bundesrepublik. In der „Beraterszene" gilt er als Liberaler, der auch bei Gewerkschaften und Betriebsräten Gehör findet. Von Haus aus ist er Professor im Fachbereich Wirtschaftswissenschaften (Organisation und Personal) der Universität Bremen und Mitglied der Organisationsberatung IMAR, eine Abkürzung für Information-Motivation-Akzeptanz-Reaktion. Inzwischen arbeitet er am Institut für Personalmanagement der Universität der Bundeswehr. Wie Schmilinsky kann er inzwischen auf eine lange Beratungstätigkeit zurückblicken. Auch seine Veröffentlichungsliste zum Thema Fehlzeitensenkung ist mittlerweile sehr umfangreich. Seit Mitte bis Ende der achtziger Jahre werden von ihm verfasste Aufsätze zu Absentismus und Fehlzeiten in verschiedenen Fachzeitschriften des Personalmanagements kontinuierlich veröffentlicht. Mit seinem Kollegen aus der Schweiz teilt er nicht nur die Vorliebe für den Einsatz von Krankenrückkehrgesprächen. Auch manche Einsicht, was die Gefühls- und Motivationslage derjenigen anbelangt, die eines solchen Gespräches bedürfen, klingt Schmilinsky durchaus ähnlich. Das mehr oder minder verschleierte Misstrauen gegenüber den Beschäftigten ist auch bei Nieder vorhanden. Zum Beispiel versteht er unter Krankheit eine Entscheidung, die Ausdruck mangelnder Motivation des Beschäftigten ist. „Es geht um den Bereich, in dem sich die Mitarbeiter – mehr oder weniger bewusst – zur Abwesenheit entscheiden. An diesem Entscheidungsprozess ist anzusetzen. Es müssen Maßnahmen entwickelt werden, die diesen Entscheidungsprozess des Mitarbeiters zu dem Ergebnis führen: Ich gehe heute zur Arbeit und nicht zum Arzt. Bei der ganzen aktuellen Diskussion muss man sich immer vor Augen halten, dass der Arzt die zweite Instanz ist. Zuerst kommt der Mitarbeiter mit seinem Ergebnis ‚Ich gehe zum Arzt' und dann konsequenterweise die entsprechende Darstellung seiner ‚Befindlichkeit', weil er vom Arzt seine Arbeitsunfähigkeit attestiert haben möchte."[9]

Sein Ansatzpunkt ist die immer eifrig von Fehlzeitenberatern vorgetragene sowie von der Motivationstheorie behauptete oder beobachtete Lücke zwischen tatsächlicher und möglicher Arbeitsleistung, zwischen tatsächlicher und möglicher Anwesenheit. Während für Schmilinsky diese „Tatsache" eine willkommene Einladung ist, Erkrankte einer besonders verletzenden Form des Rückkehrgesprächs zu unterwerfen, ist seine Schlussfolgerung viel geschickter. „Das Problem", erklärt Nieder, „liegt darin, dass keine scharfe Abgrenzung zwischen den beiden Bereichen – zwischen Krankheit und Gesundheit – möglich ist. Nach der Definition der Weltgesundheitsorganisation (WHO) ist Gesundheit nicht allein die Abwesenheit von Krankheit, sondern bezieht alle äußeren und seelischen Lebensumstände mit ein. Von daher ist es auch sinnvoller, von Arbeitsfähigkeit oder -unfähigkeit zu sprechen, auch wenn das in vielen Fällen kein objektiver Sachverhalt ist: Bei einem völlig identischen Sachverhalt kann sich ein Mitarbeiter noch arbeitsfähig fühlen und ein anderer Mitarbeiter schon arbeitsunfähig. Diese ‚Entscheidung' hängt ab von der Person des Mitarbeiters, vor allem von seiner Einstellung zur Arbeit und von seiner Einstellung zur Krankheit (‚hart im Nehmen' bis ‚wehleidig')."[10]

Anwesenheit als Entscheidungsproblem

Nieder nutzt die Tatsache, dass Krankheit und Gesundheit nicht exakt voneinander abgrenzbar sind, zwischen beiden Polen sozusagen eine Grauzone existiert, in der sich die Darstellung des Erkrankten und die Krankschreibung des Arztes vollzieht, zu einer klaren Parteinahme:
Gesundheit und Krankheit haben nahezu ausschließlich verhaltensbedingte Ursachen. Sie sind Ausdruck einer sich täglich vollziehenden Entscheidung. Der Einzelne befindet darüber, arbeitsfähig zu sein und die Arbeit aufzunehmen oder sich krank zu fühlen und daher (vermeintlich) arbeitsunfähig zu sein. Er erkennt durchaus an, dass diese Entscheidung sehr stark von der Situation des Beschäftigten an seinem Arbeitsplatz beeinflusst wird. Von der Arbeitsplatzumgebung (Lärm, Zugluft, Staub, Hitze usw.), von der Tätigkeit (Über- und Unterforderung, Unfallgefahren) oder der Arbeitsorganisation (Schichtarbeit, Entlohnungssystem). Das hebt ihn gegenüber anderen Fehlzeitenberatern angenehm hervor, die auf diesem Auge geradezu blind sind. Diese Sichtweise würde ihn aber kaum dazu veranlassen, Unternehmen zu raten, Investitionen in eine Verbesserung der Arbeitsbedingungen allein deshalb zu tätigen, um möglichen Krankheitsursachen vorzubeugen. Wenn er denn den Unternehmen gesundheitliche Maßnahmen empfiehlt, dann vor allem mit der Zielrichtung, eben diese individuelle Entscheidungssituation über Gesundheit und Krankheit im unternehmerischen Sinne zu beeinflussen. Das kann im Bereich Arbeitsbedingungen sein, muss aber nicht. Entscheidend ist vielmehr, dass sich die Toleranzschwelle des Einzelnen, die Nieder zwischen „hart im Nehmen" und „wehleidig" ansiedelt, im Sinne des Unternehmens verschiebt.

Fehlzeitenmanagement durch Harmonie und...

Auch zu Pohen hat Nieder Distanz. Dessen Ansatz, über das Rückkehrgespräch hinaus mit einem möglichst dichten Netz unterschiedlicher personalpolitischer Maßnahmen den Beschäftigten gleichsam Fesseln anzulegen, teilt er nicht.
Für Nieder ist diese Maßnahmepalette Ausdruck einer traditionellen personalpolitischen und daher einseitig unternehmerischen Sichtweise. Wer Fehlzeiten lediglich als Kostenfaktor oder betrieblichen Störfaktor begreift, so seine Argumentation, wird nie etwas zu einer Reduzierung der Fehlzeiten beitragen. Manch unangenehme Wahrheit schreibt Nieder den Unternehmen in diesem Zusammenhang in ihr Stammbuch: „Mit Maßnahmen wie Einschaltung des vertrauensärztlichen Dienstes oder des Betriebsarztes, Abmahnungen und Kündigungen, Informationen der Abteilungen über aktuellen Fehlzeitenstand und Auswirkungen auf die Rentabilität wird keine nachhaltige Verbesserung des Ausmaßes der Fehlzeiten erreicht."

Vielmehr sind Fehlzeiten als Signale für unbefriedigende Arbeitssituationen zu verstehen. Daher, glaubt Nieder, sei es vor allem wichtig, sich weniger auf die typischen, „immer wieder von den Unternehmen bejammerten", aber nicht beeinflussbaren Bestimmungsfaktoren der Fehlzeiten (in erster Linie das Lohnfortzahlungsgesetz und das Ärzteverhalten) zu konzentrieren, sondern sich mit einer Analyse von Fehlzeiten im Unternehmen zu befassen und Maßnahmen zur Verbesserung der Arbeitssituation zu ergreifen.[11]

Was er seinen Klienten daher vorschlägt, geht teilweise über das hinaus, was andere Fehlzeitenberater empfehlen.

1. müsse das Unternehmen eine Projektgruppe zur Steuerung der betrieblichen Gesundheitspolitik bilden,
2. wird eine Mitarbeiterbefragung zur Analyse der vorhandenen betrieblichen Belastungsfaktoren durchgeführt, und
3. müsse dem Mitarbeiter die Bedeutung der Fehlzeitenproblematik für das Unternehmen aufgezeigt werden, was, wie nicht anders zu erwarten, auf die Durchführung von Rückkehrgesprächen hinausläuft.[12]

Mit dem ersten Vorschlag nimmt er vor allem das Management in die Pflicht. Nicht nur über Beteiligung der Beschäftigten reden, sondern auch praktizieren, lautet sein Motto. In seinem Ansatz werden daher Projektgruppen gebildet, die horizontal gegliedert sind und aus bis zu 10 Personen (Beschäftigte, Betriebsrat, Betriebsleitung, Vorgesetzte) bestehen. Hinzu kommen Moderator und Protokollant, die von Nieder gestellt werden. Aufgabe der Gruppe ist es, eine genaue Ursachenforschung der betrieblichen Fehlzeiten vorzunehmen, Änderungsvorschläge zu entwickeln und ihre betriebliche Umsetzung zu realisieren.

Helfen soll dabei, so sein zweiter Maßnahmevorschlag, eine von der Personalabteilung durchgeführte Mitarbeiterbefragung. Sie dient dazu, Aufschluss über den betrieblichen Ist-Zustand zu erhalten. Die Fragen sind breit gefächert: Sie umfassen den Arbeitsplatz, die individuelle Arbeitssituation, das soziale Klima unter den Beschäftigten sowie Fragen nach der Akzeptanz der Vorgesetzten und ihres Führungsverhaltens. Zweck dieser Befragung ist es, Ergebnisse sowohl über die Einstellungen der Beschäftigten zu „ihrem" Unternehmen als Ganzes wie auch zu Teilbereichen (Arbeitsplatz, Arbeitsgruppe, Vorgesetzter) des Betriebes zu gewinnen.

Nieders Vorschläge dienen einer Verhaltenssteuerung der Beschäftigten. Hierin unterscheidet er sich nicht oder kaum von Schmilinsky und Pohen. Aber die Vorgehensweise ist eine ganz andere:

Projektgruppen und Mitarbeiterbefragungen bilden in seinem Konzept zentrale Instrumente. Was bei Pohen nur einen von vielen, scheinbar beliebigen Vorschlägen darstellt, hat in Nieders Konzept herausragende Bedeutung: Eine betriebliche Gesundheitspolitik, die die Reduzierung des Krankenstandes durch Förderung der Identifikation der Beschäftigten mit „ihrer" Arbeit und „ihrem" Unternehmen anstrebt. Verbunden mit diesem Konzept sind Formen der Beschäftigtenbeteiligung. Diese Gesundheitspolitik versteht sich nicht nur als Maßnahmepaket zur Reduzierung des Krankenstandes, sondern auch als ein Instrument mit dem langfristige Unternehmensziele positiv beeinflusst werden können und sollen.

Was treibt Nieder dazu, eine solche Strategie, die sich viel offener als alle anderen Ideen zur Beteiligung der Beschäftigten bekennt, dem Management vorzuschlagen? Dieser Frage lohnt sich schon deshalb nachzugehen, weil bereits auf den ersten Blick erkennbar wird, wie sehr Nieder aus den Denkschablonen des Fehlzeitenmanagements, die sich immer um die Maxime Kontrolle und Disziplinierung von Erkrankten drehen, ausbricht.

Sicherlich hat ihn dazu die Erkenntnis bewogen, dass die Reduktion der Fehlzeiten eine Aufgabe ist, die nicht ohne die Anerkennung der subjektiven Wahrnehmungen der Beschäftigten und der im Arbeitsprozess liegenden Gesundheitsbelastungen zu lösen ist. Und er weiß, das Unternehmen weniger auf Zwang und Gehorsam abgerichtete Beschäftigte brauchen, sondern Menschen, die dank einer inneren Einbindung und Überzeugung ihrer Arbeit nachgehen.

Die Einbeziehung der Beschäftigten als Betroffene ist gut durchdacht. Ihr Erfahrungswissen soll mobilisiert werden. In den Projektgruppen sollen die Beschäftigten „ihren Beitrag" zur Fehlzeitenminderung leisten. Akzeptanzprobleme, die bei einer anderen Fehlzeitenpolitik, sei es beim AVP oder Schmilinskys Vorgehen zu erwarten sind, werden auf diese Weise geschickt umgangen. Durch Beteiligung an der geplanten Veränderung und der plakativen Anerkennung ihrer Bedürfnisse und ihres (gesundheitlichen) Befindens sollen Widerstände der betroffenen Beschäftigten überwunden werden. Am Ende, glaubt Nieder, machen die Beschäftigten die vom Management gesteckten Ziele und Erwartungen zu ihrer eigenen Sache.

.... Misstrauen

Dennoch ergeben sich einige Fragen. Warum bedarf es eigentlich der Durchführung von Rückkehrgesprächen, Nieders drittem Element, angesichts einer harmonischen Unternehmenskultur? Warum bleibt den Beschäftigten, die doch gleichberechtigte Partner des Managements sind, diese peinliche Befragungs- und Belehrungsprozedur nicht erspart? Wie verträgt sich die harmonische Unternehmenskultur mit einer Misstrauenskultur gegenüber erkrankten Beschäftigten?

Tatsächlich hält Nieder an dem Instrument Rückkehrgespräch eisern fest. Er betrachtet es als eine selbstverständliche Führungsaufgabe, sieht in Rückkehrgesprächen sogar „das wichtigste Führungsinstrument". Seine Stufung umfasst ein so genanntes „Spontangespräch" und ein „Einzelgespräch", das bei mehrmaligem Fehlen stattfinden soll. Bei diesen Gesprächen soll sich alles um das „Kümmern" drehen, ein Wort, das Nieder zur Charakterisierung der Zielrichtung immer wieder betont. Aufgabe des Vorgesetzten sei es, „den Eindruck zu erwecken, dass sich das Unternehmen um das Ausmaß der Fehlzeiten ‚kümmert' ".[13]

Im Denken Nieders erfüllt „Kümmern" einen doppelten Sinn, dessen Widersprüchlichkeit er an keiner Stelle ausspricht. Er versteht „Kümmern" im Sinne von „unterstützen und helfen", gleichzeitig aber auch „im Sinne von kontrollieren und disziplinarischen Maßnahmen". Diese widersprüchliche Rollenzuschreibung auszufüllen, bleibt dem Vorgesetzten überlassen. Seine fürsorgliche, erzieherische Funktion ist die eine Seite, die Anwendung hierarchischer Macht die andere Seite der Medaille. Er soll unterstützend wirken und gleichzeitig das Interesse der Firma an der Anwesenheit ihrer Beschäftigten signalisieren. Kommt der Beschäftigte nicht von sich aus zu der gewünschten Verhaltensänderung, weichen seine Krankheitszeiten weiterhin von der Erwartung des Vorgesetzten ab, gerät der Umgang mit ihm in die bereits bekannte Bahn. „Zielsetzung des Einzelgesprächs ist es, die möglichen Ursachen der Abwesenheiten aus der Sicht des Mitarbeiters zu erfassen." Wie ein Damoklesschwert schwebt über dem „Kümmern" die Anwendung hierarchischer Macht. Der Vorgesetzte ist so lange der friedliche Unterstützer und Helfer, wie sich der Untergebene einsichtig zeigt. Ist er aber widerspenstig, soll ihn der Vorgesetze auf die gewünschte Bahn bringen.

„Kümmern" verschleiert, dass das Ergebnis im Grunde vorher schon feststeht. Der Beschäftigte soll nur von selbst auf die Ziele kommen, die andere für ihn festgelegt haben.

Fazit: Die Ziele und Schwerpunktsetzungen der Fehlzeitenberater sind sich durchaus ähnlich. Alle wollen mit ihrer Beratungsdienstleistung Fehlzeiten und Krankenstände durch eine Änderung des Verhaltens bei den Beschäftigten vermindern. Nur die Wege dahin sind unterschiedlich.

Schmilinsky vertraut auf eine rigide Variante des Rückkehrgesprächs. Er setzt auf die Wirkung massiver Einschüchterung. Pohen legt den Schwerpunkt auf ein Netz formaler Regelungen, dass im täglichen Arbeitsleben zur Richtschnur des Verhaltens gerät. Es dient der Überwachung und Reglementierung des Kranken. Nieder dagegen will die Verhaltensänderung der Beschäftigten durch ihre Beteiligung erreichen. Gleichsam als Partner sollen die Beschäftigten in Harmonie und Eintracht die betriebliche Fehlzeitenpolitik mittragen und gestalten. Als Anerkennung winkt ihnen eine Verbesserung ihrer Arbeitssituation. Die Gegenleistung, die das Management für diese harmonische Zusammenarbeit erwarten kann, ist ein gesunkener Krankenstand und damit Kostensenkung. So entsteht die in vielen Managementkonzepten beschworene „Win to win"-Situation: Beide Seiten arbeiten gemeinsam an einem Ziel, weil jeder hieraus Vorteile für sich zieht.

Nieders Vision einer harmonischen Partnerschaft, in der sich unterschiedliche Interessen und Ausgangslagen zum Zweck der Fehlzeitenminderung miteinander verbinden, möchte man nicht widersprechen. Nur bleibt festzuhalten, dass die Realität in manchem Betrieb und in mancher Verwaltung eine andere ist.

Die Krankenkassen

Im „managermagazin" wurde 1996 in einer kleinen, leicht zu übersehenden Rubrik mit der Überschrift „Software für die Gesundheit" Werbung für ein kostenloses Computerprogramm gemacht. [14] Das Programm trägt den Namen „AUA" und ist eine spitzfindige Abkürzung für das Wort Arbeitsunfähigkeitsanalyse. „AUA tut nicht weh", beruhigte das Magazin seine Leserschaft und ließ die Unternehmen gleichzeitig wissen, dass „durch AUA die Unternehmen den ‚Wettbewerbsvorteil Gesundheit' noch besser nutzen können." Diese Software schlüsselt die Krankheitskosten nach Ursachen und Abteilung auf. Dann lässt sich anhand der von der Kasse gelieferten und vom Betrieb einzugebenden Daten feststellen, in welchem Zeitraum wie viele Beschäftigte weshalb krank waren, und was das den Betrieb gekostet hat. Der Programmteil „Erfassung der Arbeitsunfähigkeit" fragt nach Personalnummer(!), Abteilung und Geschlecht, außerdem nach dem Krankheitszeitraum und nach dem Fehlzustand (also nach Karenztag, Krankheit oder Unfall). „Bei solchen Fragen tappen Personalchefs bislang im dunkeln", beschrieb das „managermagazin" die Vorfreude seines Klientels. [15] Tatsächlich kann das Programm weit mehr als nur Krankheitsdaten erfassen. Denn nach Meinung unabhängiger Experten stellt „AUA" geradezu eine Herausforderung für Softwarebastler dar, erfasste Daten auch in nicht-anonymisierter Form aufzuschlüsseln. Der Betrieb verfügt dann über die persönlichen Krankheitsdaten jedes Beschäftigten. [16]

Hersteller dieses Programms ist die Hanseatische Krankenkasse (HEK) aus Hamburg, die dieses Programm Arbeitgebern als Kundenservice zur Verfügung stellt. Der Service dieser kleinen Kasse ist nur ein Beispiel für die zunehmende Bereitschaft unter den Krankenkassen, Firmen ihre Unterstützung beim Management betrieblicher Fehlzeiten anzubieten.

Sie verstehen sich als Partner der Unternehmen und haben mittlerweile ihre Angebotspalette den Bedürfnislagen der Betriebe angepasst. Den langfristig denkenden und an der Gesundheit ihrer Beschäftigten interessierten Unternehmen bieten die Kassen sinnvolle Programme betrieblicher Gesundheitsförderung mit Arbeitskreisen und Beschäftigtenzirkeln (s. Kap. 1). Betriebe, die eher Imagepflege betrieben oder dem „Lifestyle"- bzw. „Wellness"-Gedanken anhängen, werden mit Rückenschulen, Stressbewältigung, neuerdings auch mit Seminaren zum Thema Zeitmanagement für Führungskräfte bedient.

Gegenüber der Öffentlichkeit legitimiert wird diese Politik mit dem Aufgabenkatalog des Paragraphen 20 „Krankheitsverhütung, Gesundheitsförderung", der trotz verschiedener gesetzlicher Änderungen weiterhin als Grundlage dieser Politik bemüht wird. Im engeren Sinn lassen sich nur die von den Kassen durchgeführten Projekte betrieblicher Gesundheitsförderung mit ihrem gesetzlichen Auftrag vorbehaltlos legitimieren. Vieles andere, was die Kassen in den Betrieben tun, nutzt eher ihrem Einfluss, als der Gesundheit ihrer in den Betrieben beschäftigten Mitglieder.

„Gesunde Gespräche"

Über ihre Aktivitäten in Sachen Rückkehrgespräche und Fehlzeitenmanagement reden die Krankenkassen in der Öffentlichkeit nicht gern. Das ist verständlich, denn mit ihrem gesetzlichen Auftrag sind diese Aktivitäten wohl kaum in Einklang zu bringen. Hinzu kommt die Befürchtung, dass manches Mitglied möglicherweise einen Kassenwechsel erwägen würde, wenn es erfährt, dass „seine" Krankenkasse das Know-how für die Gespräche zur Verfügung stellt, zu denen es nach Rückkehr aus der Erkrankung eingeladen wird. Genug Gründe also, die Krankenkassen zu veranlassen, ihre Aktivitäten in Sachen Rückkehrgespräche in der Öffentlichkeit nicht herauszustellen. Dennoch arbeitet seit 1996 manche Kasse in diesem Bereich und bietet den Betrieben Gesprächskonzepte an.

Zum Beispiel die AOK. Einige Landesverbände dieser Kasse, wie Rheinland und Niedersachsen, bieten Unternehmen ihre Konzepte an. Andere Landesverbände tun sich damit schwer. Denn innerhalb der Kasse sind Rückkehrgespräche umstritten. Weil sie Erkrankte bestrafen, statt die Gesundheit der Beschäftigten zu fördern, werden sie von vielen Beratern der AOK, die Projekte der Gesundheitsförderung in den Betrieben begleiten, mit Argwohn betrachtet. Manche Landesverbände verzichten daher darauf, von sich aus in diesem Bereich aktiv zu werden. Mit besonderem Nachdruck haben auch die beiden angesprochenen Landesverbände diese Entwicklung nicht vorangetrieben. Darauf deutet hin, dass Konzepte zur Durchführung von Rückkehrgesprächen, wie etwa beim Landesverband Niedersachsen, erst 1997/98 entstanden. Eher, so scheint es, fühlen sie sich dazu gedrängt. Das hat mehrere Gründe. Zum einen glauben sie, sich dem Ruf der Betriebe nach Fehlzeitenmanagement und Hilfen zur Einführung solcher Gespräche nicht entziehen zu können. Zum anderen wollen sie verhindern, dass eine allzu rigide Fehlzeitenpolitik die Oberhand gewinnt. Ihre Vorschläge verstehen sie also eher als Alternative zum Opelverfahren und zu Schmilinskys Ideen.

Geprägt sind ihre Konzepte von Begriffen wie Partnerschaft, Fürsorglichkeit, Dialog und Vertrauenskultur. Beim Studium der Ideen aus dem Hause AOK gewinnt man den Eindruck, dass es in den Betrieben und Verwaltungen nicht nur sehr harmonisch zugeht, sondern auch alle Beteiligten immerzu das Beste wollen. Heinz Kowalski (Direktor des Instituts für betriebliche Gesundheitsförderung der AOK Rheinland in Köln) und Rolf Täubert (Institut für Management und Organisation, Ruhr Universität Bochum) zum Beispiel beschreiben Rückkehrgespräche als einen partnerschaftlichen Dialog.

„Hohe Fehlzeiten", so heißt es in ihrem Beitrag, „haben häufig arbeitsbedingte Ursachen.

Sollen diese erkannt und beseitigt werden, darf nicht mit Repression auf krankheitsbedingte Abwesenheit reagiert werden", lautet ihre richtige Schlussfolgerung. „Vielmehr ist ein partnerschaftlicher Dialog zwischen dem Mitarbeiter und dem Vorgesetzten erforderlich[...]. Dieser Dialog umfasst zum einen ein Rückkehrgespräch, in dem auch nach möglichen betrieblichen Ursachen der Krankheit gefragt wird. Zum anderen lässt sich die Abwesenheitsrate aber auch durch fürsorgliche Vorkehrgespräche reduzieren [...]." Rückkehrgespräche werden als wünschenswerter Beitrag zur besseren innerbetrieblichen Kommunikation bezeichnet, auf die Beschäftigte geradezu ein Recht hätten.[17]

Den Eindruck, als Berater der Firmenleitungen bei der Sanktionierung erkrankter Beschäftigter tätig zu sein, versucht die AOK Rheinland dennoch tunlichst zu vermeiden. Ihre Aktivitäten laufen „hausintern" ab. In ihrem Institut für betriebliche Gesundheitsförderung bietet sie eine Reihe von Seminaren und Workshops an. Zielgruppe dieses Seminarprogramms sind Führungskräfte. Der Titel des Programmheftes, in dem diese Seminare und die Teilnahmebedingungen dargestellt werden, deutet an, dass es weniger um Gesundheit und Wohlbefinden am Arbeitsplatz geht, als vielmehr um ein „Fitsein" zur Erbringung von Arbeitsleistung. Es trägt den Titel: „Top Fit – Job Fit."[18]

Im Mittelpunkt dieses Programms steht das Seminar „Gesunde Gespräche", das in sieben verschiedenen Variationen durchgeführt wird. Die Seminarinhalte, die hier vermittelt werden, enthalten alle Techniken, die zu erlernen für die Durchführung von Rückkehrgesprächen unentbehrlich sind. Themen sind u.a. „Eigenes Gesprächsverhalten und Wahrnehmung des Gesprächspartners", „motivierende und überzeugende Gespräche führen", „Steuerung von Gesprächen, Besprechungen, Diskussionen" sowie „die Rolle des Meisters als Gesundheitsfaktor im Betrieb". Dass es sich bei diesem Seminartyp um eine gezielte Schulung der Führungskräfte zur Durchführung von Rückkehrgesprächen handelt, streitet die AOK ab. Sie bezeichnet ihr Produkt in der Öffentlichkeit als Angebot zum Erlernen der Durchführung eines Mitarbeitergesprächs. Verschwiegen wird dabei beharrlich, dass „hausintern" bereits seit einigen Jahren ein Seminarleitfaden „Rückkehrgespräche – Vom richtigen Umgang mit kranken Mitarbeitern" existiert.[19]

Betriebsräte eines Kölner Arbeitskreises der IG Metall ließen sich davon nicht beirren. In einer Stellungnahme vom Januar 1999 griffen sie die „Gesunden Gespräche" auf und nahmen sie zum Anlass, die einseitige Parteinahme der AOK Rheinland zu Gunsten des Fehlzeitenmanagements zu kritisieren. „Die Krankenkasse", so ihre Einschätzung, „orientiert sich [...] am Interesse der Unternehmen, die den Bereich Gesundheit/Krankheit einseitig als Kostenfaktor begreifen und Krankheitsursachen u.a. durch Einzelgespräche in Form von Krankenrückkehrgesprächen individualisieren. Der Einzelne bleibt hierbei übrig und ist 'schuld' an seinen Erkrankungen. [...] Abgesehen von Krankenrückkehrgesprächen richtet sich das Konzept der AOK [...] auch darüber hinaus einseitig an Unternehmerinteressen aus. Angebote, Maßnahmen, Schulungen, Materialien usw. zielen in erster Linie auf Unternehmensleitungen und Vorgesetzte und nur am Rande auf Betriebsräte und fast gar nicht auf die Versicherten bzw. die Beschäftigten selbst."[20]

Das „ganzheitliche" Fehlzeitenmanagement

In einem Beitrag für eine AOK-interne Zeitschrift, stellen Dr. Friczewski und Dr. Drupp das Konzept des Landesverbandes Niedersachsen vor. Sie begreifen das Instrument Rückkehrgespräche als Beitrag zu einem „ganzheitlichen Fehlzeitenmanagement" und plädieren für die Entwicklung eines solchen Angebots von Seiten der AOK.[21]

Dass Rückkehrgespräche keine „Patentlösung" darstellen und in vielen Betrieben für einer „Jagd auf Kranke" eingesetzt werden, wissen die Autoren. Im Unterschied zu anderen Fehlzeitenberatern verschweigen Friczewski/Drupp auch nicht die negativen Wirkungen dieses Instruments: „Die betriebliche Vertrauenskultur wird so eher zerstört als entwickelt", Beschäftigte verzichten aufgrund des innerbetrieblichen Drucks sowie aus Sorge um ihren Arbeitsplatz auf die Inanspruchnahme einer Arbeitsunfähigkeit, und die Gespräche selbst erzeugen Angst bei Vorgesetzten und Beschäftigten.

Trotz dieser eindeutigen Bewertungen lehnen die Autoren Krankenrückkehrgespräche nicht ab. Sie glauben, dass solche Gespräche weder positiv noch negativ zu bewerten sind. „Entscheidend ist vielmehr, in welchem konzeptionellen Rahmen und mit welcher Zielsetzung dieses Instrument in der alltäglichen Praxis eingesetzt wird." Wenn Rückkehrgespräche „richtig" geführt werden, können sie Firmen dazu verhelfen, „ihre Humanressourcen besser zu entfalten" und „das Unternehmensziel des eigenverantwortlichen, motivierten und gesunden Mitarbeiters zu realisieren".

Eingebettet in einen Managementprozess, für den die Firmenleitungen verantwortlich sind, skizzieren die Autoren dann Aufbau und Wirkungsweise eines AOK-Konzeptes zur Durchführung von Rückkehrgesprächen. Es soll dazu beitragen, dass der Mitarbeiter sich beachtet fühlt, dass der Betrieb von den „(Un)-Zufriedenmachern" erfährt sowie „lernt, wo Verbesserungspotentiale liegen." Und schließlich soll das Gespräch, „zum Abbau von unsichtbaren Schranken und Vorurteilen zwischen Mitarbeitern und Vorgesetzten" beitragen.

Im Mittelpunkt steht der Vorgesetzte, dem die Autoren besondere persönliche und charakterliche Eigenschaften zuweisen. Er soll lernen,

- „auch gegenüber seinen eigenen Vorgesetzten selbstbewusst aufzutreten"
- genügend Rückrat aufweisen zur Weiterleitung von Erkenntnissen aus den Rückkehrgesprächen, auch „wenn sie vielleicht ‚oben' nicht unbedingt gleich auf offene Ohren stoßen",
- „von Mitarbeitern auch Anerkennung und Kritik entgegenzunehmen und darüber hinaus Kritikverhalten sogar aktiv zu fördern"
- hinzunehmen, dass „im Rückkehrgespräch als eine Ursache für Fehlzeiten eventuell auch sein eigenes Verhalten" angesprochen wird.

Gegen eine solche Beschreibung der Funktionen des Rückkehrgesprächs und der Rolle des Vorgesetzten lassen sich auf der konzeptionellen Ebene kaum Einwände erheben. Aber gemessen an der auch von den Autoren eingeforderten konkreten alltäglichen Praxis in den Betrieben entspringt dieses Konzept einem Wunschdenken. Konstruiert wird hier der Idealtypus eines Rückkehrgesprächs, in dem die Beteiligten harmonisch und konfliktfrei miteinander kommunizieren. Dem Vorgesetzten wird die bereitwillige Annahme der „Sandwich-Position" in der betrieblichen Hierarchie zugedacht: Zwischen allen Stühlen, nach oben hin standhaft und nach unten hin verständnisvoll! Die Beschäftigten profitieren nur von der Durchführung solcher Gespräche: Sie werden jetzt beachtet, dürfen ihre Unzufriedenheit gegenüber Unternehmensleitung und Vorgesetzten kundtun und werden in ihrem Kritikverhalten obendrein sogar noch aktiv gefördert. Verstört fragt man sich an dieser Stelle: Warum fordern die Beschäftigten nicht von sich aus die Einführung eines solchen Instruments, warum bedarf es einer langwierigen Einführung dieses Konzepts von Seiten des Managements und der AOK?

Man muss den Autoren ja nicht unterstellen, dass sie andere als die von ihnen genannten Absichten und Ziele mit ihrem Konzept verfolgen. Aber die grundlegenden Vorstellungen ihres Konzeptes, wonach

* die Realisierung des eigenverantwortlichen, motivierten und gesunden Mitarbeiters zu den vorrangigen Unternehmenszielen gehört,
* alle betrieblichen Akteure zum Wohle der Beschäftigten nur das Beste wollen und es daher
* nur auf eine „richtige" Anwendung von Rückkehrgesprächen ankomme, damit sich die betriebliche „Vertrauenskultur" einstellt,

haben mit der Realität wenig zu tun. (Ausnahmen bestätigen hier eher die Regel.)

Ablaufplan zur Einführung von Rückkehrgesprächen

MITARBEITER Firmenleitung Betriebs-/ Personalrat Personalabteilung — Strategie Workshop — Auftrag — Regelmäßiger Kontakt der Leitungsebene mit der Arbeitsgruppe

ARBEITSGRUPPE Fehlzeiten — Gründung AG Fehlzeiten — Entwickelt Konzept und stimmt es ab — • Kontinuierliche Analyse der Fehlzeitendaten • Abarbeitung der Ergebnisse der Rückkehrgespräche • Anregung zusätzlicher Maßnahmen • Kontinuierliche Überprüfung und Verbesserung

VORGESETZTE als Fehlzeitenmanager vor Ort — Informationen und Kommunikation des Konzepts

Schulung Seminar — • Rückmeldung der Ergebnisse der Rückkehrgespräche • Unterstützungsstruktur (Reflexion der Praxis) - Gruppencoaching / Supervision - 1 Tag Nachschulung (nach ca. 6 Monaten)

MITARBEITER — Informationen und Kommunikation des Konzepts — Beginn Rückkehrgespräche

Modell des Fehlzeitenmanagements der AOK Niedersachsen
QUELLE: FRICZEWSKI/DRUPP, 1997

1 Schmilinsky M.: „Vor gelben Scheinen bitte nicht resignieren", in: PERSONAL, 6/1989

2 Bitzer B., Bürger K. H.: „Fehlzeitenreduzierung durch intelligente Menschenführung", in: PERSONAL, Heft 8/1997, S. 426 ff.

3 vgl. Hoerner R./Vitinus K., a.a.O., S. 11ff.

4 „Perfekte Gauner", Interview mit dem Managementtrainer Michael Schmilinsky über den richtigen Umgang mit kranken Mitarbeitern und Blaumachern, in: Der Spiegel, 5.8.1996, Heft 32/1996 sowie M.S.M. Michael Schmilinsky Management Genf-Schweiz, interne Veröffentlichung, Juni 1997

5 im Folgenden alle Zitate aus M.S.M. Michael Schmilinsky Management Genf-Schweiz, interne Veröffentlichung M. Schmilinskys von Seminarunterlagen und Zeitschriftenartikeln, Genf, Juni 1997

6 „Kultur der Kundennähe", interne Veröffentlichung von Schmilinsky M.

7 Alle Zitate in diesem Abschnitt, soweit nicht anders angegeben, stammen aus: Pohen J./Esser: a.a.O.

8 Michael Kittner: Arbeits- und Sozialordnung. Ausgewählte und eingeleitete Texte, 1993,18. Auflage, S.360

9 Peter Nieder: Neue Wege zur Reduzierung der Fehlzeiten; interne Veröffentlichung der Organisationsberatung für Information Motivation Akzeptanz Reaktion, ohne Jahresangabe, S. 2

10 ebenda: S. 2

11 ebenda: S. 2

12 vgl. Peter Nieder: „Fehlzeiten-Ursache Nr. 1: Die schwache Arbeitsmotivation", in: arbeitgeber, Bundesvereinigung der Deutschen Arbeitgeberverbände 5/1991, S. 161-164

13 Peter Nieder: Absentismus – eine Herausforderung, Redemanuskript anlässlich der Tagung „Gesundheitsförderung als Wettbewerbsfaktor" des Bundesverbandes der Betriebskrankenkassen 1997

14 managermagazin: Fehlzeitenanalyse, Software für die Gesundheit, März 1996

15 HEK Betriebliche Prävention: Die Hanseatische Krankenkasse informiert: Bei hohem Krankenstand – Ursachenforschung per Computerprogramm, Kundenservice für Arbeitgeber, ohne Jahresangabe

16 vgl.: Arbeit & Ökologie Briefe: Krankenstands-Analyse-Programm mit Tücken, Heft 2 und 8/98, AiB Verlag Köln

17 AOK Rheinland: Rückkehrgespräche als partnerschaftlicher Dialog, in: Arbeit & Ökologie Briefe, Heft 22/1998, S. 5

18 AOK Rheinland: TOP FIT JOB FIT, Fit & Fair im Team für ein gesundes Arbeitsklima. Das Seminarprogramm für Führungskräfte, ohne Jahresangabe

19 AOK, Institut für Betriebliche Gesundheitsförderung: TOP FIT JOB FIT, Führungskräfteseminar; Rückkehrgespräche – Vom richtigen Umgang mit kranken Mitarbeitern, ohne Jahresangabe

20 vgl. hierzu IG Metall Arbeitskreis Arbeits- und Gesundheitsschutz: „Gegen Krankengespräche, für Gesundheitsförderung", in: Arbeit & Ökologie Briefe, Heft 4/99, S.9-10

21 im Folgenden alle Zitate nach Friczewski F./Drupp M.: „Betriebliche Gesundheitsförderung: Fehlzeitenmanagement durch Rückkehrgespräche", AOK-Angebot für Firmenkunden, in: doc, internes Mitteilungsblatt der AOK, Heft 23-24/97 S. 747- 751

Kapitel 3

3. Maßnahmen des Fehlzeitenmanagements

Vorladung zum Medizinischen Dienst der Krankenkassen

Kündigung und Abmahnung

Telefonischer Kontakt

Fehlzeitenbriefe

Der Krankenbesuch

Zahlung von Anwesenheitsprämien

Einsatz von Privatdetektiven

Bemerkungen zum „Blaumachen"

3. Maßnahmen des Fehlzeitenmanagements

Rückkehrgespräche treten nicht isoliert auf, sondern werden mit einer Reihe anderer Maßnahmen verknüpft. Welche Maßnahmen sind das?

Bereits 1991 führte das Instituts der deutschen Wirtschaft eine Befragung durch. Die Frage lautete, welche Maßnahmen zur Fehlzeitensenkung angewendet werden. Das Ergebnis der Umfrage, an der sich 380 Unternehmen mit insgesamt 3,6 Millionen Beschäftigten beteiligten, sah folgendermaßen aus:

- 30 % der Betriebe führten Mitarbeitergespräche, meist in Form von Krankenrückkehrgesprächen
- 16 % der Unternehmen setzen auf eine stärkere Kontrolle erkrankter Beschäftigter durch Vertrauensärzte
- Jede neunte Firma versucht, über eine Veränderung des Führungsstils der Vorgesetzten an der Fehlzeitenschraube zu drehen. Dahinter steht die Erkenntnis, dass ungerechte Arbeitsverteilung, gehäufte Kritik, schlechter Führungsstil und fehlende Anerkennung oft zur Verärgerung und Enttäuschung der Mitarbeiter führen, mit der Folge von Störungen der Befindlichkeit
- 10 % der Betriebe führen regelmäßige Gesundheitsprüfungen durch
- 7 % der Betriebe schreiben oder rufen zum Anfang einer Erkrankung an
- 4 % führen Krankenbesuche durch
- 3 % sprechen Abmahnungen und Kündigungen aus[1]

Zwei Drittel der Befragten gaben an, Anhaltspunkte für Missbrauch bei der Krankschreibung ihrer Beschäftigten zu erkennen. Den Umfang dieses Missbrauchs schätzten 12 % sehr gering, 55 % gering und nur ein Drittel der Unternehmen erheblich ein.

1995 führte das Institut erneut eine Umfrage zum gleichen Thema durch. Diesmal beteiligten sich 541 Unternehmen aus der Privatwirtschaft. Sie beschäftigten insgesamt 1,5 Millionen Mitarbeiter, die Unternehmensgröße reichte von 5 bis über 100000 Beschäftigte. Bei der Beantwortung der Frage nach den im Betrieb praktizierten Maßnahmen machten viele der Befragten auch Angaben, die in der ersten Umfrage nicht erfasst worden waren. Sie gaben Maßnahmen wie Einführung einer Erfolgsbeteiligung, Umfragen zu Betriebsklima, Gesundheitsvorsorge, verstärkte Unfallverhütung, detaillierte Fehlzeitenerfassung und -analyse an. 80 % der Betriebe erklärten, gezielte Maßnahmen gegen Fehlzeiten zu ergreifen. Nun

- führten 94 % der befragten Betriebe Gespräche mit auffälligen Mitarbeitern durch, 34 % gaben an, nach jeder Fehlzeit ein Rückkehrgespräch zu führen
- 63 % schalteten über die Krankenkassen Vertrauensärzte ein
- 53 % führten Vorgesetztenschulungen zum Thema Fehlzeiten durch
- 44 % führten regelmäßige Gesundheitsprüfungen durch den Betriebsarzt durch
- 9 % nahmen zum Beschäftigten Kontakt per Brief oder Telefon auf

- 37 % führten Krankenbesuche durch
- 58 % griffen zum Mittel Kündigung oder zur Abmahnung (57 %)
- 10 % der Betriebe zahlen mittlerweile Anwesenheitsprämien[2]

Einige Unternehmen schalten inzwischen auch Privatdetektive zur Überprüfung von Erkrankten ein (siehe Abschnitt: Einsatz von Privatdetektiven).

Unterschiede in Repräsentativität (der befragten Unternehmen) und jeweiligen Antwortmöglichkeiten ermöglichen keinen direkten Vergleich beider Umfragen. Einige Rückschlüsse über Tendenzen und Ausmaße des Fehlzeitenmanagements sind dennoch möglich:

Zunächst einmal ist zu erkennen, dass der Einsatz von Maßnahmen deutlich zugenommen hat. Nicht nur das Mitarbeitergespräch, auch die Anwendung anderer Maßnahmen hat sich in den letzten Jahren erheblich verstärkt.

Erkennbar ist auch, dass das Spektrum der angewendeten Maßnahmen breiter geworden ist. Wurden in der ersten Befragung nahezu ausschließlich Maßnahmen genannt, die sich direkt auf den Erkrankten beziehen, zeigten die Antworten der zweiten Befragung ein viel breiteres Spektrum. Neben den Maßnahmen, die sich direkt auf Erkrankte beziehen, werden auch andere genannt, die in der ersten Umfrage nicht auftauchten. Inwieweit sich hier Trendverschiebungen andeuten, lässt sich zurzeit nicht sagen. Nach wie vor stehen die Maßnahmen, die auf die erkrankten Beschäftigten angewendet werden, im Zentrum des Fehlzeitenmanagements. In diesem Bereich – das zeigt der Vergleich der Prozentzahlen beider Befragungen – gibt es einen eindeutigen Trend: Sie werden immer häufiger und intensiver eingesetzt.

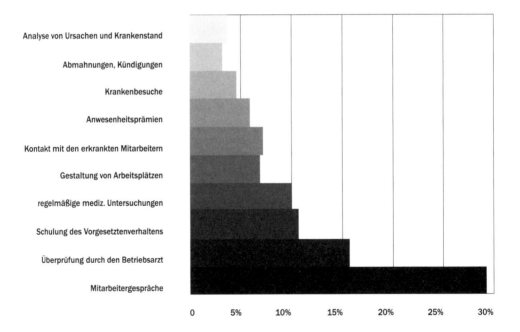

Häufigkeit der eingesetzten Maßnahmen in %
QUELLE: INSTITUT DER DEUTSCHEN WIRTSCHAFT, IN: SPIES/BEIGEL, 1996

Auffallend wenige Unternehmen versuchen, Ursachen von Krankenständen zu analysieren. Bei der ersten Befragung gaben nur 3 % der Betriebe an, eine solche Ursachenanalyse durchzuführen. In der Mitte der neunziger Jahre durchgeführten Befragung taucht der Begriff Ursachenanalyse im Zusammenhang mit Krankenständen überhaupt nicht mehr auf. Hier ist lediglich vom Erfassen und Analysieren von Fehlzeiten die Rede.

Das ist um so überraschender, weil bereits seit Ende der achtziger Jahre Instrumente für eine betriebliche Ursachenanalyse existieren und auch ausreichend erprobt sind. Dazu gehören eine Gesundheitsbefragung und die Arbeitsunfähigkeitsanalyse, abgekürzt AU-Analyse. Beide Instrumente bieten unter anderem die größeren Krankenkassen wie AOK und BKK den Betrieben und Verwaltungen an, in der Regel sogar kostenfrei.

Doch die Unternehmen greifen anscheinend auf diese Angebote nicht zurück. Sie betreiben entweder gar keine oder eine mangelhafte Ursachenforschung. Auch betriebsinterne Möglichkeiten wie Befragungen werden viel zu wenig genutzt. Um so eifriger das Bemühen, Maßnahmen gegen hohe Krankenstände und Fehlzeiten in die Wege zu leiten. Mit anderen Worten: Es wird gehandelt, ohne den Ursachen von Erkrankungen (genauer) nachzugehen!

In beiden Befragungen stehen Maßnahmen gegenüber den erkrankten Beschäftigten an vorderster Stelle. Das deutet auf eine eindeutige Zielrichtung des Fehlzeitenmanagements hin. Offensichtlich glauben die meisten Unternehmensleitungen, dass der Krankenstand verhaltensbedingt ist, Arbeitsunfähigkeit sozusagen vom guten oder schlechten Willen ihrer Beschäftigten abhängt. Deutlich wird, dass hinter diesen Maßnahmen, die im Folgenden vorgestellt werden, ein ähnliches Denkmuster, ein Menschenbild steht, das bereits in den verschiedenen Konzepten von Rückkehrgesprächen auftaucht: Der Beschäftigte entzieht sich nur zu gern seiner Arbeit, flüchtet in die Arbeitsunfähigkeit, verletzt also seine arbeitsvertraglichen Pflichten.

Vorladung zum Medizinischen Dienst der Krankenkassen

Die Medizinischen Dienste der Krankenversicherung (MDK) sind aufgrund der Gesetzeslage mächtig. Sie beraten Krankenkassen in Fragen der Wirtschaftlichkeit und Qualitätssicherung. Sie überprüfen, ob verordnete Hilfsmittel wie Hörgeräte, Kontaktlinsen oder orthopädische Schuhe erforderlich sind. Sie bewerten die Notwendigkeit von Kuren und Rehabilitationsmaßnahmen. Und sie untersuchen Menschen. Ob jemand „erheblich" oder „schwerstpflege-bedürftig" ist und entsprechende finanzielle Leistungen erhält, entscheidet der MDK.

Einen immer größeren Raum nehmen „Begutachtungen bei Zweifeln an der Arbeitsunfähigkeit (AU)" ein. 1992 waren es über eine Million Untersuchungen. Laut Umfrage des Arbeitgeberverbandes schalten 63 % der deutschen Unternehmen die Krankenkasse bzw. den MDK ein. Zwar stellten nach Informationen der „TAZ" noch 1992 leitende Ärzte des MDK fest, „vermehrte AU-Kontrollen führen eher zu einem Anstieg als zu einem Abbau der Krankenstände". Doch die Politik scheint dies anders zu sehen. 1995 wurde das Sozialgesetzbuch (SGB 5) so reformiert, dass Misstrauen geradezu provoziert wird. Seitdem sind Deutschlands Arbeitgeber nicht mehr verpflichtet, „Zweifel an der Arbeitsunfähigkeit" ihres Personals durch konkrete Tatsachen zu begründen.

Wenn ein Unternehmen bei der Krankenkasse eine Kontrolle geltend macht, muss diese eine

„gutachterliche Stellungnahme" beim Medizinischen Dienst einholen. Von dieser Neuregelung machen die Betriebe inzwischen regen Gebrauch. In Niedersachsen hat sich die Zahl der durch die Arbeitgeber veranlassten Untersuchungen seit 1995 nahezu verdoppelt. Nach der neuen Gesetzeslage sind Zweifel an der Arbeitsunfähigkeit insbesondere dann anzunehmen, wenn

- Beschäftigte auffällig häufig oder auffällig häufig nur für kurze Dauer arbeitsunfähig sind oder der Beginn der Arbeitsunfähigkeit häufig auf einen Arbeitstag am Beginn oder am Ende einer Woche fällt oder
- die Arbeitsunfähigkeit von einem Arzt festgestellt worden ist, „der durch die Häufigkeit der von ihm ausgestellten Bescheinigungen über Arbeitsunfähigkeit auffällig geworden ist".

Dass Beschäftigte krank feiern, vorzugsweise montags und freitags, konnte eine Studie des MDK Niedersachen nicht bestätigen. In einem Zeitraum von sechs Wochen wertete der MDK Niedersachsen sämtliche Gutachten zu „Zweifeln an der Arbeitsunfähigkeit Beschäftigter" aus, die seine 44 Dienststellen auf Verlangen niedersächsischer Arbeitgeber im Sommer 1995 erstellt hatten. Insgesamt bescheinigten die niedersächsischen Gutachter 65 % der Patienten, sie seien weiterhin nicht arbeitsfähig. Die übrigen 35 % wurden zwar aufgefordert, ihren Arbeitsplatz binnen drei Tagen wieder aufzusuchen; Krankfeierei konnte dieser Gruppe aber keineswegs unterstellt werden. „Eine Vielzahl", so die Studie, „sei in den Tagen oder Wochen vor der Begutachtung tatsächlich arbeitsunfähig gewesen." Weitere Ergebnisse der Studie: „Vor und nach Wochenenden bzw. Feiertagen ist keine vermehrte missbräuchliche Inanspruchnahme der Arbeitsunfähigkeit festzustellen." Unzutreffend sei „die häufig in Laienkreisen anzutreffende Behauptung, besonders Frauen würden gerne in eine unberechtigte Arbeitsunfähigkeit flüchten". Den behandelnden Ärzten stellt die Studie ein tadelloses Zeugnis aus: „Nahezu vollkommen stimmten die Diagnosen von MDK-GutachterInnen und HausärztInnen überein, bloße Gefälligkeitsatteste seien nicht ausfindig gemacht worden."[3]

Kündigung und Abmahnung

Nach Umfrage des Arbeitgeberverbandes wenden 58 % der befragten Betriebe die krankheitsbedingte Kündigung als Maßnahme zur Fehlzeitensenkung an. Arbeitsrechtlich betrachtet ist die krankheitsbedingte Kündigung ein Teilbereich der personenbedingten Kündigung. Der Arbeitsrechtler Wolfgang Däubler schätzt den Anteil der krankheitsbedingten an den personenbedingten Kündigungen auf etwa ein Drittel.

Diese Art der Kündigung ist (entgegen einer unter den Beschäftigten weit verbreiteten Meinung, wonach wegen einer Erkrankung nicht gekündigt werden könne) in vielen Bereichen anwendbar. Sie ist möglich aufgrund einer Langzeiterkrankung, wie auch aufgrund häufiger Kurzerkrankungen. Der Rechtsanwalt P. Hantel beschreibt die Voraussetzungen für eine Kündigung folgendermaßen.

1. Es muss eine lang anhaltende oder häufige Erkrankung mit einer negativen Zukunftsprognose vorliegen.
2. Auch zukünftig ist eine unzumutbare wirtschaftliche Belastung oder Störung des Betriebsablaufs für den Arbeitgeber zu erwarten. Beides muss mit unzumutbaren Gegen-

maßnahmen für den Arbeitgeber verbunden sein, z. B. wenn ein Arbeitsplatz auf Dauer nicht unterbesetzt bleiben kann.

3. Eine durchzuführende Interessensabwägung muss für die Kündigung des Beschäftigten und gegen die wirtschaftliche Belastung des Arbeitgebers sprechen. Zu beachten ist die Dauer der Betriebszugehörigkeit. Hier werden durch die Rechtsprechung strenge Anforderungen gestellt, da kranke oder zur Krankheit neigende Beschäftigte besonders schwer einen neuen Arbeitsplatz finden (BAG, NZA 1985, 89).

Unter diesen Voraussetzungen ist auch die Kündigung langzeiterkrankter Beschäftigter möglich. Eine entscheidende Rolle spielt dabei vor Gericht die Beurteilung der bereits angesprochenen negativen Zukunftsprognose. Hierzu werden ärztliche Gutachten herangezogen. Kann der Arbeitgeber vor Gericht den Beweis für eine negative Zukunftsprognose nicht erbringen, gilt eine Kündigung als sozial ungerechtfertigt, denn sie würde nur eine vergangene Erkrankung bestrafen. Bei Kurzerkrankungen gelten zusätzliche Voraussetzungen für eine Kündigung:

1. Der Arbeitgeber muss alle Fehlzeiten der vergangene Jahre darlegen und sie zu der betrieblichen Krankheitsquote in Beziehung setzen.

2. Die notwendige Negativprognose erfordert neben den Erkrankungen in der Vergangenheit den Nachweis baldiger Genesung – allerdings durch den Beschäftigten (!). „Es ist nunmehr Aufgabe des Beschäftigten", erklärt Hantel, „darzulegen, weshalb mit baldiger Genesung zu rechnen ist. In der Regel reichen bei unzureichender Aufklärung oder Kenntnis ein Bestreiten der Arbeitgeberbehauptung und die Entbindung von der ärztlichen Schweigepflicht aus. In diesem Fall ist die negative Zukunftsprognose durch einen sachverständigen Dritten, in der Regel durch einen Arzt, zu treffen."

3. Der Nachweis einer unzumutbaren wirtschaftlichen Belastung muss gegeben sein.

4. Die Interessensabwägung muss ähnlich wie im Fall einer Langzeiterkrankung erfolgen.[4]

Arbeitgeber beklagen seit Jahren die Rechtsprechung, weil die an eine Kündigung aus Krankheitsgründen gestellten Bedingungen zu unzumutbaren Prozessrisiken führe. Zu einer anderen Einschätzung kommt Michael Kittner. Seiner Meinung nach ist eine seit Jahren veränderte Rechtsprechung des Bundesarbeitsgerichts zu krankheitsbedingten Kündigungen zu beobachten. Sie mache deutlich, dass sich letztlich Rentabilitätserwägungen gegen soziale Schutzbedürfnisse durchsetzen. Die gängige Gerichtspraxis führe dazu, dass als „unprofitabel" eingestufte Arbeitnehmer auf diese Weise ihren Arbeitsplatz verlieren. „In diesen Fällen wirken sich jedoch die rechtliche Gestaltung ebenso wie das praktische Verfahren eines Kündigungsschutzprozesses dahin aus, dass ein solcher Arbeitnehmer selbst beim Gewinn eines Kündigungsschutzprozesses an seinen Arbeitsplatz nicht mehr zurückkehren kann. Zum einen führt die fehlende Weiterbeschäftigung während des Prozesses dazu, dass der Arbeitnehmer faktisch aus dem Betrieb ausgegliedert wird. Zum andern eröffnet § 9 (des Kündigungsschutzgesetzes, H.B.) dem unterlegenen Arbeitgeber die Möglichkeit, das Arbeitsverhältnis gegen Zahlung einer Abfindung auflösen zu lassen. Der erforderliche Grund – eine ‚den Betriebszwecken dienliche weitere Zusammenarbeit zwischen Arbeitgeber und Arbeitnehmer' ist nicht mehr zu erwarten – kann notfalls durch einen entsprechend scharf geführten Prozess produziert werden, so dass ein Arbeitgeber praktisch nur vor der Ungewißheit steht, welche finanziellen Aufwendungen eine Kündigung verursacht."[5]

Eine Tendenz zur Aufweichung der Rechtsprechung zum Nachteil erkrankter Beschäftigter erkennt auch M. Wompel und zwar hinsichtlich der dem Arbeitgeber zumutbaren Fehlzeitenhöhe. Danach wird ein Anteil von 25–30 Prozent der Fehlzeiten an der vertraglich zu leistenden Arbeitszeit als ausreichend für eine Kündigung gehalten. In einer 1994 bestätigten Kündigung reichten in vier Jahren hintereinander 30, 35, 74 und 103 Krankheitstage aus, da „häufige und wechselnde Ausfallzeiten zu erheblichen Schwierigkeiten im Betriebsablauf führten". 1989 ging das Bundesarbeitsgericht von einer Mindestgrenze von sechs Wochen aus. 30 Fehltage seien dem Arbeitgeber demnach zuzumuten. Spies/Beigel sprechen inzwischen von „zumutbaren" 15 % Fehlzeiten und 30 % Fehlzeiten, die für eine Kündigung „ausreichen".

Nach Meinung von Spies/Beigel kann bei Kurzerkrankungen eine Abwesenheitsrate von 14 % für einen Zeitraum von ungefähr drei Jahren schon ausreichend für eine Auflösung des Arbeitsverhältnisses sein.

Abmahnungen im Zusammenhang mit einer Fehlzeit sprachen zu Beginn der 90er Jahre 3 % der Betriebe, 1995 bereits 57 % aus. Eine Abmahnung liegt vor, wenn der Arbeitgeber gegenüber dem Arbeitnehmer deutlich und ernsthaft vertragswidriges Verhalten beanstandet und damit den Hinweis verbindet, dass im Wiederholungsfalle Inhalt und Bestand des Arbeitsverhältnisses gefährdet sind. In vielen Rückkehrgesprächen taucht sie in der dritten Stufe des Verfahrens auf. Sie kann aber auch als gesonderte Maßnahme stattfinden.

Mit ihr will der Arbeitgeber nach Meinung von G. Reinecke, Richter am Bundesarbeitsgericht, die Voraussetzung für eine spätere Kündigung schaffen. Danach ist eine Kündigung wegen Leistungsmängeln nur dann wirksam, wenn der Arbeitgeber vorher eine vergebliche Abmahnung ausgesprochen hat.

Bei der Kündigung wegen Krankheit handelt es sich aber nicht um eine verhaltensbedingte Kündigung (wegen Leistungsmängeln), sondern um eine personenbedingte Kündigung. Eine Kündigung wegen Krankheit setzt keine Abmahnung voraus. Denn eine Abmahnung ist nur dann sinnvoll, wenn das Verhalten steuerbar ist, der Beschäftigte sich also anders verhalten kann. Das ist aber bei Krankheit nach Auffassung der Rechtsprechung nicht der Fall. Dann wären Rückkehrgespräche, in denen die Kündigung angedroht wird, unangemessen.

„Doch keine Regel ohne Ausnahme", erklärt der Richter: „Die Rechtsprechung der Arbeitsgerichte betrachtet nicht jede Krankheit als unbeeinflussbaren Schicksalsschlag, der den Arbeitnehmer unvorbereitet trifft. Ähnlich wie das Fehlzeitenmanagement machen sich die Arbeitsgerichte die Auffassung zu eigen, dass Willenselemente eine wichtige Rolle spielen. Insbesondere bei leichten Erkrankungen, aber auch bei Verletzungen, die sich der Arbeitnehmer immer wieder beim Fußball oder einer anderen Sportart zuzieht. Von daher könnte der Hinweis auf mögliche Konsequenzen weiterer krankheitsbedingter Fehlzeiten im Einzelfall doch einen Sinn haben."[6]

Telefonischer Kontakt

8:50 Uhr im Münchener VW Audi Vertriebszentrum in der Schatzbogenstraße. Aus seinem Glaskasten heraus schaut der Abteilungsleiter Herr Müller über die Schar seiner Mitarbeiter. *„Nanu, der Meier ist ja noch nicht da"*, fällt ihm auf. *„Der wird doch nicht etwa heute..."*

Das Telefon klingelt.
Müller (lächelt): *„Guten Morgen, Müller am Apparat, was kann ich für Sie tun?"*
Pause: Das Lächeln stirbt.
Müller: *„Schön, dass Sie sich bei mir melden, Herr Meier. Sie sind also krank bzw. wollen*

erst mal zum Arzt gehen. Ja, da hab ich Verständnis für, da will ich Ihnen gar keine Vorwürfe machen. Können Sie mir denn sagen, wo es weh tut oder woran Sie erkrankt sind?"
Pause: Herr Müller murmelt bisweilen Zustimmung in den Hörer.
Müller: *„Das hört sich ja gar nicht so schlimm an. Ich denke, wir vereinbaren Folgendes miteinander: Sie gehen jetzt zum Arzt und melden sich anschließend wieder bei mir. Dann besprechen wir, was wir morgen machen. Ich gehe davon aus, dass Sie uns dann wieder zur Verfügung stehen."*
Pause: Was immer auch Herr Meier jetzt sagt, antworten wird ihm
Herr Müller: *„Das wird schon, Herr Meier, glauben Sie mir. Ich wünsche ihnen jedenfalls baldige Genesung. Sie sind bestimmt so schnell wie möglich wieder hier. Da bin ich ganz zuversichtlich. Und übrigens: Falls Sie auch schon auf die Idee gekommen sind, trotz Krankschreibung in die Firma zu kommen, hätte ich eine gute Aufgabe für Sie. Das kriegen Sie bestimmt hin, da seh' ich gar keine Probleme. Also, bis nachher, Herr Meier. Sie rufen mich ja noch mal an. Tschüß, Herr Meier!"*

Nein, keine Satire. Was Herr Müller hier seinem Untergebenen telefonisch auf den Weg gibt, ist Teil eines Leitfadens „für Führungskräfte zur erfolgreichen Wahrnehmung der Führungsaufgabe", der im VW Audi Vertriebszentrum Südbayern KG mit Sitz in München entwickelt worden ist.
Detailliert werden hier Verhaltensempfehlungen für die Vorgesetzten aufgelistet, die im Falle einer telefonischen Mitteilung des Beschäftigten eingesetzt werden sollen. Die reichen vom Zeitpunkt des Telefongesprächs über die Vorteile des direkten telefonischen Kontakts ("aus erster Hand erfahren, was mit dem Mitarbeiter los ist") bis zum Umgang mit einer „beauftragten Person".
Die Zielrichtung ist eindeutig: Den Beschäftigten so zu beeinflussen, dass er auf eine Krankschreibung verzichtet bzw. ihn dazu zu bringen, die Krankheitsdauer so kurz wie möglich zu halten. Die telefonische Fürsorge des Meisters entpuppt sich als ein geschicktes Sammelsurium von verklausulierten Forderungen ("nach Arztbesuch wieder melden", „bereits am folgenden Tag wieder zur Verfügung zu stehen") hintergründiger Schnüffelei ("dem Mitarbeiter Gelegenheit geben, die Gründe für seine Arbeitsverhinderung zu erläutern") und oberflächlicher Freundlichkeit ("baldige Genesung wünschen").
Damit diese Maßnahme funktioniert, muss sichergestellt sein, dass der Mitarbeiter sich tatsächlich beim Vorgesetzten meldet und nicht den Pförtner oder einen x-beliebigen Sachbearbeiter von seinem geplanten Arztbesuch informiert. Auch da weiß der Leitfäden Rat und Argumente.

„Für die fernmündliche Abmeldung eines MA beim Vorgesetzten im Falle der Arbeitsverhinderung sprechen folgende Argumente:
a) Der Vorgesetzte wird früher über Ausfälle informiert und kann bezüglich seiner Arbeitsorganisation zeitig reagieren.
b) Der Vorgesetzte erfährt 'aus erster Hand', was mit dem Mitarbeiter los ist.
c) Die Hemmschwelle des Mitarbeiters sich krankzumelden, wird durch den persönlichen Kontakt mit dem Vorgesetzten heraufgesetzt."
Als Aufruf zur Verschleierung der eigentlichen Absichten ist der Hinweis des Leitfadens für die Vorgesetzten zu verstehen: „Als Vorgesetzter sollten Sie, unter Verwendung der Argumente a) und b) die Mitarbeiter der unterstellten OE [Organisationseinheit, H.B.] von den

Vorteilen einer fernmündlichen Meldung der Arbeitsverhinderung beim Vorgesetzten überzeugen.“[7]

Fehlzeitenbriefe

Neben dem Telefongespräch ist das Verfassen von Fehlzeitenbriefen eine weitere Form des Kontaktes zu erkrankten Beschäftigten. Nach der Umfrage des Arbeitgeberverbandes von 1996 machen 9 % der Betriebe von dieser Möglichkeit Gebrauch. Dazu gehören insbesondere größere Betriebe, die über die entsprechende Infrastruktur in der Personalabteilung verfügen.

Das Dortmunder Gebäudereinigungsunternehmen Spodeck schickte ihren erkrankten Beschäftigten Drohbriefe ins Haus, die zur Eigenkündigung auffordern. Unter Berufung auf die Fürsorge des Unternehmens heißt es in dem Brief: *„Bei der Vielzahl und Häufigkeit Ihrer Ausfalltage sowie unter Berücksichtigung der Fürsorgepflicht unseren Mitarbeitern gegenüber stellt sich für uns die Frage, ob Ihnen auf Dauer eine Weiterbeschäftigung in unserem Unternehmen überhaupt zuzumuten ist. Möglicherweise sind Sie auch mit der von Ihnen erwarteten Arbeitsleistung überfordert und nehmen daher Schaden an Ihrer Gesundheit. Dies möchten wir natürlich vermeiden“*, versichert der vom Niederlassungsleiter des Unternehmens unterschriebene Brief und kündigt den Beschäftigten an *„daher die in Frage kommenden Institutionen aufzufordern, Sie auf ihre Arbeitsfähigkeit in unserem Unternehmen zu untersuchen.“* Im Folgenden weist der Brief darauf hin, dass durch häufige Erkrankungen der Bestand des Unternehmens *„in einem nicht unerheblichen Maße“* gefährdet sei, *„was letztlich zum Auftragsverlust und damit auch zu ihrem Arbeitsplatzverlust führen kann“*. Mit dem Appell an den gesunden Menschenverstand heißt es am Ende: *„wir möchten Sie daher bitten, Ihre Situation im oben angeführten Sinne zu überprüfen. Sollten Sie zu dem Entschluss gelangen, Ihre Beschäftigung bei uns aufzugeben, werden wir sicherlich eine einvernehmliche Regelung zur Auflösung ihres Arbeitsplatzes finden. Bitte geben Sie uns hierzu eine entsprechende Nachricht.“*[8]

Für das Abfassen solcher Fehlzeitenbriefe besteht inzwischen ein großes Angebot von Musterbriefen, aus denen Personalabteilungen schöpfen können. Der Fehlzeitenberater Pohen empfiehlt solche Brief, damit dem Beschäftigten klar wird, dass man „seine Fehlzeiten bemerkt hat“. Sein Musterbrief hat folgenden Wortlaut:

„Sehr geehrter,

leider sind Sie seit dem.................. arbeitsunfähig/ krank. Sie sind für uns aufgrund Ihrer Qualifikaktion ein Mitarbeiter, der nur schwer zu ersetzen ist.
Bitte teilen Sie uns telefonisch mit, wann wir voraussichtlich mit Ihrer Arbeitsaufnahme rechnen können. Sie erreichen uns in der Abteilung unter der Telefonnummer................... .

Wir warten auf Sie, wünschen Ihnen gute Genesung und
verbleiben mit freundlichen Grüßen

....
Unterschrift Vorgesetzter“

Die Firma ContiTech GmbH aus Hannover hat ein gestuftes System von Fehlzeitenbriefen entwickelt. Charakter und Atmosphäre erinnern an die gestuften Rückkehrgespräche. Im Musterbrief 1, der dem von Pohen gleicht, wird dem Beschäftigten Anerkennung und Lob ausgesprochen.

Musterbrief 2 wird nicht mehr vom Vorgesetzten geschrieben sondern bereits von der Personalabteilung. Nicht mehr die Anteilnahme an der Erkrankung sondern ihre betriebswirtschaftliche Seite steht nun im Vordergrund. Hier heißt es deshalb:

„Sehr geehrter,

seit Wochen steigt der Anteil der durch Krankheit ausgefallenen Mitarbeiter. Was könnten die Ursachen sein? Bitte helfen Sie uns bei der Lösung des Problems. Trotz Sondermaßnahmen wie z. B. Ausleihen von Mitarbeitern aus anderen Bereichen können die benötigten Mengen nicht geschafft werden. Besonders kritisch wird die Situation dadurch, dass erhöhte Auftragseingänge unverzüglich abgewickelt werden müssen."

Erneut folgt die Aufforderung, sich telefonisch zu melden, diesmal allerdings bei der Personalabteilung. Der Brief endet mit der Bitte um Verständnis und wünscht eine gute Besserung. Musterbrief 3 macht Kontrolle und Disziplinierung des Erkrankten deutlich. Hier wird dem Erkrankten angekündigt, dass *„wir die Entwicklung Ihrer Fehlzeiten weiterhin beobachten und uns spätestens in ..... erneut zusammensetzen"*. Die Erwartung, dass der Beschäftigte zukünftig weniger krank ist, drückt sich in dem schönen Satz aus: *„Wir hoffen, mit Ihnen dann über ein positives Ergebnis sprechen zu können."* Und schließlich folgt der Hinweis, *„dass sich von dem beiliegenden Gesprächsbeleg und Fehlzeitenblatt Kopien in ihrer Personalakte befinden"*.

Musterbrief 4 gilt all denjenigen Beschäftigten, die sich erwartungsgemäß verhalten und auf weitere Krankheiten verzichtet haben. In diesem Brief wird den Beschäftigten mitgeteilt, dass der bisherige Vermerk „Fehlzeitengespräch" auf dem Personaldatenblatt gelöscht wurde.

Der Brief endet mit dem Wunsch, auch *„zukünftig auf eine erfolgreiche und störungsfreie Zusammenarbeit"* zwischen den Beteiligten.[9]

Der Krankenbesuch

Eine weitere Maßnahme des Fehlzeitenmanagements stellt der Besuch des Erkrankten dar. Auch diese Maßnahme erfordert durch den damit verbundenen personellen Aufwand eine gewisse Infrastruktur des Betriebes. Daher setzten vor allem größere Unternehmen dieses Instrument zur Fehlzeitensenkung ein. Laut Umfrage des Arbeitgeberverbandes führten 1991 4 % der Betriebe, 1995 37 % der Betriebe Krankenbesuche durch.

Bei VW gibt es nicht nur das „fürsorgliche Rückkehrgespräch", sondern auch den „fürsorglichen Hausbesuch". So wurde der Krankenbesuch in einer ZDF-Ausstrahlung des „Wiso-Magazins" Anfang April 1996 bezeichnet. Im Originalton heißt es: „Hausbesuche bei VW-Mitarbeiterinnen, die aufgrund einer Arbeitsunfähigkeitsbescheinigung fehlen, sind ein weiteres Instrument zur Beeinflussung des Krankenstandes; das vorrangig verfolgte Ziel ist dabei, den besuchten Werksangehörigen zu dokumentieren, dass einerseits ihr Fehlen am Arbeitsplatz bemerkt wird, andererseits aber auch um konkrete Hilfsangebote zu unterbreiten." Der Besuch bei krank gemeldeten Beamten und anderen Mitarbeiten des Bundes war auch einer von mehreren Vorschlägen einer Kabinettsvorlage vom Januar 1997, mit denen der damalige Innenminister Kanther den Krankenstand im öffentlichen Dienst senken wollte. „Kanther würde am liebsten kranken Beamten Kontrolleure ins Haus schicken. Die sollen überprüfen, ob ein auffallend oft erkrankter Staatsdiener fiebernd im Bett liegt oder fidel sein Dachgeschoß ausbaut", erklärte „Der Spiegel" seiner Leserschaft die damit verbundenen Absichten.[10]

Wie der Besuch abläuft, scheint tatsächlich davon abzuhängen, mit welcher Art von Erkrankten es der besuchende Meister, Chef oder Mitarbeiter der Personalabteilung meint zu tun zu haben: Handelt es sich bei dem Beschäftigten um einen tatsächlich Erkrankten oder um einen Simulanten? Von der Beantwortung dieser Frage hängt nämlich der Charakter und Zielrichtung des Besuchs ab.

Spies/Beigel empfehlen daher solche Besuche eher als „letztes Instrument" zur Kontaktaufnahme mit dem Erkrankten zu verwenden, weil die Beantwortung der Frage „großes Fingerspitzengefühl" erfordere. Sie mahnen an, die Vorgesetzten bei solchen Entscheidungen nicht allein zu lassen und fordern die Mitwirkung der Personalabteilungen ein. „Das hilft auch, eine einheitliche Vorgehensweise des Unternehmens in einer solchen Situation sicherzustellen."

Handelt es sich um einen Erkrankten, soll der Besuch „die wirkliche Sorge des Arbeitgebers zum Ausdruck bringen, die dieser um die Genesung seines Mitarbeiters hat."

Handelt es sich dagegen um einen Beschäftigten, „der versucht, die krankheitsbedingte Abwesenheit auszunutzen", hat der Krankenbesuch „das Ziel, eindeutige Signale [...] zu senden. Ihm muss deutlich werden, dass sein Verhalten aufmerksam beobachtet wird". Der Hinweis, den Besuch gleichzeitig zur Erforschung des Privatlebens des Erkrankten zu nutzen, bleibt nicht aus. Spies/Beigel weisen nachdrücklich darauf hin, dass es „dadurch möglich ist zu überprüfen, ob der Erkrankte sich beispielsweise auch wirklich zu Hause aufhält und nicht etwa einer anderen Beschäftigung nachgeht. Gerade durch den Kontakt mit dem Abwesenden lässt sich die Gesamtsituation der entstandenen Fehlzeit am besten einschätzen"[11].

Das angemahnte Fingerspitzengefühl ließen die Personalbetreuer des Daimler-Chrysler-Konzerns vermissen. „Mercedes spioniert Kranke aus", berichtete die „Bildzeitung" im Herbst 1999. Im Bremer Werk von Daimler-Chrysler sorgten unangemeldete Kontrollbesuche bei krank gemeldeten Beschäftigten für Ärger. In das Visier der Personalbetreuer gerieten Beschäftigte, die mehr als einmal pro Jahr erkrankten. Beschäftigte hatten von solchen Besuchen berichtet. Der Betriebsrat zeigte sich in einem offenen Schreiben empört, dass Beschäftigte während ihrer Krankheit von ihrem Vorgesetzten unangemeldet zu Hause aufgesucht wurden.

Zahlung von Anwesenheitsprämien

Eine zunehmend größere Zahl von Betrieben zahlt zur Minderung von Fehlzeiten Anwesenheitsprämien. Laut Umfrage des Arbeitgeberverbandes waren dies 1996 bereits 10 % der Betriebe und Verwaltungen. Der Autozulieferer Webasto AG aus München macht die Gewinnbeteiligung vom Krankenstand abhängig. Ein variabler Bonus ist hier abhängig vom Geschäftsergebnis nach Steuern, vom individuellen Monatsverdienst und von den persönlichen Fehlzeiten. „Nach einer festen Formel, die für den Angestelltenbereich anders ist als in der Produktion", erklärt M. Wompel dieses Verfahren, „reduziert sich der Bonus bei 30 Fehltagen (Angestellte) bzw. vierzig (Produktion) gegen Null."

Die Adam Opel AG vereinbarte in einer Gesamtbetriebsvereinbarung „Standortsicherung" vom November 1993, dass die Weihnachtsgratifikation ab 1995 nur dann zu 100 % ausgezahlt werde, wenn im vorausgehenden Jahr eine bestimmte Fehlzeitenrate nicht überschritten wird. In einer Anlage wurde für das Jahr 1994 7 % Krankenstand festgelegt. Weitere Verlängerungen dieser Vereinbarung erfolgten in den folgenden Jahren. Der dabei jeweils festgelegte Krankenstand fiel.[12]

Die Durchführung von Rückkehrgesprächen bei gleichzeitiger Anbindung der Weihnachtsgratifikation an einer festgelegten Krankenstandshöhe kritisieren R. Taubert, R. Piorr und U. Wilkesmann, drei Wissenschaftler von der Universität Bochum. „Die Auszahlung des Weihnachtsgeldes hängt in ihrer Höhe von dem kollektiven, betriebsweiten Krankenstand ab. Hierüber werden Betriebsvereinbarungen getroffen. Der Krankenstand wird im Rahmen des AVP [Abwesenheitsverbesserungsprozess, H.B.] kontinuierlich monatlich visualisiert, so dass den Mitarbeitern jederzeit die Entwicklung ihres Weihnachtsgeldes transparent wird." Die Darstellung der Opel-Personalverantwortlichen, dass Rückkehrgespräch könne den Krankenstand positiv beeinflussen, zweifeln sie an. Nicht die Rückkehrgespräche sondern die Anbindung der Zahlung des Weihnachtsgeldes an den Krankenstand sei der entscheidende Einflussfaktor, warum der Krankenstand bei der Adam Opel AG gesunken sei. „Durch die Verknüpfung mit dem Weihnachtsgeld", so lautet ihre These, „wird der Anreiz verbliebener, mit Mehrarbeit zusätzlich belasteter Mitarbeiter gestärkt, sozialsanktionierend auf die erkrankten Mitarbeiter einzuwirken. Die Mitarbeiter, die durch eine höhere Arbeitsbelastung die Produktion aufrechterhalten, werden durch die Abwesenheit ihrer Kollegen noch finanziell bestraft. Der Anreiz, innerhalb der Gruppe tatsächlich die private Seite der Krankheit aufzubrechen und die Krankheit in Bezug auf Abwesenheit in Verbindung mit Mehrarbeit und vermindertem Weihnachtsgeld zu thematisieren, steigt. Der Erfolg des AVP beruht also nicht auf den Rückkehrgesprächen, sondern auf den strukturellen Nebenbedingungen."[13]

Der Unternehmensberater R. Sprenger betrachtet Anwesenheitsprämien als Anreizsysteme zur Motivierung der Beschäftigten. Er vergleicht sie mit dem Einsatz von Doping im Sport. „Motivierung", so seine These, „ist wie Doping im Sport: man spürt den Schmerz nicht mehr." Seine grundsätzliche Kritik daran macht auf die mit dieser Maßnahme langfristig verbundenen gesundheitlichen Folgewirkungen aufmerksam. Er hinterfragt, ob „das stetige Anreizen zu überschwelliger Belastung durch Prämien, Incentives oder Bonus, ob die [...] Beanspruchung und Arbeit ‚im roten Bereich' sich für das Unternehmen auszahlt. Denn niemand macht das ungestraft lange mit. Gespanntheit und Gelöstheit sind die zwei Pole jedes lebendigen Ganzen. Das Antreiben drängt aber nicht zur Spannung, sondern zur Verspannung, zur Verkrampfung, und die war noch niemals leistungsfördernd"[14].

Einsatz von Privatdetektiven

Wie viele Betriebe ihre erkrankten Beschäftigten mit Detektiven überwachen lassen, ist nicht bekannt. Der Bundesverband Deutscher Detektive meldet, dass inzwischen 15 bis 20 Prozent aller an die Detektivbüros erteilten Aufträge der Observierung häufig fehlender Beschäftigter dienen.

Unauffällig auf der Spur der Blaumacher

Detektive werden häufiger von Arbeitgebern auf Mitarbeiter angesetzt / Spürnasen müssen geduldig sein

Von unserer Mitarbeiterin
Imke Zimmermann

Wenn Thomas P. richtig hart arbeitet, dann bedeutet das die meiste Zeit: nichts tun. Sein Geschäft ist das Warten darauf, dass etwas geschieht, und das Rüstzeug für seinen Job ist die Geduld. Der 39-Jährige ist einer von 1000 deutschen Privat- und Wirtschaftsdetektiven. Wenn er mit besonderer Ausdauer die Hände in den Schoß legt, hat er oft Menschen im Visier, die gänzlich anderes im Sinn haben: Arbeitnehmer, die krank feiern oder Nebenjobs nachgehen.

An diesem Morgen führt sein Auftrag Thomas P. in den Bremer Stadtteil Osterholz. Seine „Zielperson" ist eine Krankenschwester, die in einer privaten „sozialen Einrichtung" arbeite, viel darf er gegenüber Journalisten nicht preisgeben. „Die Frau ist bemerkenswert häufig krank geschrieben", berichtet der große blonde Mann im Holzfällerhemd. Der Arbeitgeber vermute, seine Angestellte arbeite für andere, während sie angeblich zu Hause darnieder liege. Deshalb habe er nun eine Detektei eingeschaltet.

7.30 Uhr. Thomas P. rollt mit seinem kleinen, unauffälligen Wagen in die stille Seitenstraße. Ein Blick auf die Fenster der fraglichen Wohnung zeigt ihm: Die Jalousien sind heruntergelassen. Schläft die Krankenschwester noch? Ist sie schon aus dem Haus? Er parkt 50 Meter vom Haus entfernt, so dass er ihr rotes Auto im Rückspiegel sehen kann. „Das macht man gern so – wenn sie aus dem Haus kommt und sieht den Wagen, kann sie nur die Nackenstützen erkennen, nicht gleich, das jemand darin sitzt", erklärt er.

Detektiv-Handwerk. Wie auch, dass sich Kollegen von P. am Vortag schon mal in der Nachbarschaft umhörten. „Ich bin Versicherungsvertreter und hoffte, Frau X zu treffen. Wissen Sie, wann sie üblicherweise zu Hause ist?" haben sie dann vielleicht gefragt. Tricksen gehört zum Gewerbe. Und die Damen und Herren in der Branche sind gut trainiert.

Thomas P. ist früher Polizist gewesen, ging dann zur Kripo Schleswig-Holstein und später ins Bundeskriminalamt – eine durchaus typische Karriere. Aus gesundheitlichen Gründen schied er vor zwölf Jahren aus dem Dienst. Nun ist er selbstständiger Detektiv, arbeitet für große Detekteien und meistens für die bundesweit operierende „Detek", die ihm auch den aktuellen Fall übertrug. Natürlich, es gibt Spektakuläreres. P. hat schon Kindesentführung erlebt, Erpressung, Betrug im großen Stil. Vor einigen Jahren puzzelte er mit Kollegen 20 Tage lange Papierschnipsel zusammen, bis man ein entscheidendes Schriftstück fand. Dann war ein Konkurrent des Optiker-Königs Günther Fielmann der Verleumdung überführt.

Solche Fälle sind nicht die Regel – das Blaumacher- oder Schwarzarbeiter-Problem ist bei vielen Agenturen der Stoff, aus dem der Alltag ist. Nach einer aktuellen Statistik des Bundesverbands Deutscher Detektive kommen 68 Prozent der Auftraggeber aus Wirtschaft, Industrie und Handwerk. In 34 Prozent der Fälle geht es um Arbeitnehmerdelikte. Und das Krankfeiern wurme Arbeitgeber zusehends, sagen Detektive. P.: „Daran kann man sehen, wie es der Wirtschaft geht. Wenn's schlechter läuft, zieht man schwarze Schafe nicht so mit durch wie in guten Zeiten." Und dafür hat er Verständnis. „Manchmal geht's wirklich um die Existenz." In kleinen Unternehmen seien Kranke oft schwer zu ersetzen. Und wenn die dann womöglich noch für die unmittelbare Konkurrenz arbeiten – bitter.

9 Uhr in Osterholz. Noch immer steht das rote Auto am Straßenrand. P. parkt dafür nun seinen Wagen um. Man will ja den Nachbarn nicht auffallen. „Wenn sich bis 10.30 Uhr nichts tut, rufe ich unter einem Vorwand in der Wohnung an. Mal sehen, ob jemand an den Apparat geht." Was würde das bedeuten? „Die Mitarbeiterin könnte tatsächlich krank sein. Oder sie hat Schichtdienst, muss erst abends zu ihrer zweiten Arbeitsstelle. Oder sie hat heute frei." Also heißt es: ausharren.

Schnelle Erfolge sind in dem Geschäft Glückssache. Eindrucksvolle Erlebnisse auch, selbst wenn jeder in der Branche natürlich auch solche Geschichten zu erzählen weiß. „Kürzlich überführten wir jemanden, der auf 40 bis 60 Fehltage pro Jahr kam", hat P. erlebt. Ein Kollege der Detektei „Condor" erinnert sich gern an die Bauarbeiterkolonne, die während der offiziellen Arbeitszeit auf einer anderen Baustelle schwarz arbeitete. Bei „Adjuvat" weiß man von Mechanikern zu berichten, die Werkzeuge des Arbeitgebers für Nebenaufträge benutzten.

In Osterholz dehnt sich derweil die Zeit. P. hat den Wagen erneut umgeparkt, seinen Proviant verzehrt, Radio gehört, auch mal telefoniert und kurz nachgesehen, ob die Jalousien noch immer unten sind. Um 16.50 Uhr kommt wenigstens minimale Bewegung in die Sache. Die „Zielperson"

tritt nicht etwa aus dem Haus, sie kehrt heim, und zwar zu Fuß. Hat sie also schon vor 7.30 Uhr, als P. dort anlangte, das Haus verlassen? War sie so lange fort, weil sie tatsächlich woanders arbeitete? Kann sein, muss aber nicht.

Werden Mitarbeiter überführt, endet das manchmal mit einem Prozess. Noch viel häufiger benutzen Arbeitgeber das Beweismaterial – Fotos, Videos oder Zeugenaussagen der Detektive –, um sich im Stillen von dem schwarzen Schaf zu trennen. Das mag auch der Osterholzer Krankenschwester blühen. P. hat um 18 Uhr seinen Einsatz abgebrochen. Am Morgen danach ist aber ein Kollege angerückt, noch deutlich vor 7.30 Uhr diesmal. Dann trat die Frau aus dem Haus, er folgte ihr, fand den zweiten Arbeitgeber – Fall erledigt.

QUELLE: *Weser-Kurier, 7.11.2000, S. 11*

Einen so genannten „Krankenbesuch-Service" bietet eine Detektivgesellschaft in Berlin Arbeitgebern an. In einem Werbeschreiben an Behörden, Industrie, Handel und Handwerk verspricht die Detektei, durch „gerichtsverwertbare Beweisführungen gegen krankfeiernde Mitarbeiter und Mitarbeiterinnen" auf die Beschäftigten „positiv-motivationssteigernd" einzuwirken und in Zukunft für deren baldige Arbeitswiederaufnahme und zukünftig geringere Fehlzeiten zu sorgen. Vor allem will die Detektei „die oft peinlichen und unliebsamen Besuche von Kollegen und/oder Vorgesetzten" übernehmen. Das sei ein „humanistisch vertretbares wie notwendiges und effektives Instrument"[15].

Ein Sicherheitsunternehmen aus Ostwestfalen verschickt ein Schreiben an 30 Firmen aus der näheren Umgebung. Darin bietet es ohne Umschweife an, „das häusliche Umfeld des Mitarbeiters diskret und unauffällig" zu observieren, „wenn es sein muss, rund um die Uhr". Und es bietet noch mehr: „Wir stellen fest und protokollieren im Detail, ob ein Mitarbeiter gegen das Betriebsverfassungsgesetz, den Arbeitsvertrag oder die Bestimmungen der Krankenkasse verstoßen hat", formuliert das Unternehmen und beruhigt den potentiellen Auftraggeber auch gleich beim Gedanken an den zweiten Schritt: „Selbstverständlich sichern wir bei derartigen Verstößen entsprechende Beweise und stehen bei eventuellen Verhandlungen vor dem Arbeitsgericht als Zeugen zur Verfügung."[16]

92

Bemerkungen zum „Blaumachen"

Der Krankenstand in den Betrieben und Verwaltungen rechtfertigt weder den Aufwand und schon gar nicht die Vorgehensweisen des Fehlzeitenmanagements, die in diesem Buch dargestellt werden. Die These, jeder erkrankte Beschäftigte ist ein potentieller „Blaumacher" und bedarf daher der Kontrolle und Fürsorge, stellt eine maßlose Übertreibung dar. Lässt sich daraus gleichsam im Umkehrschluss die Schlussfolgerung ziehen, in den Betrieben und Verwaltungen existieren keine „Blaumacher"? Sind die Beschäftigten lediglich Opfer von Managementstrategien? Und ist das Aufspüren von Simulanten oder „Drückebergern" daher pure Zeitverschwendung?

Wer das Phänomen „Blaumachen" bestreitet, muss sich zu Recht mangelnden Realitätssinn vorwerfen lassen. Dass Menschen aus vielerlei Gründen manchmal lieber zu Hause bleiben, als zur Arbeit zu erscheinen, ist nicht zu bestreiten. Der „Blaumacher" ist keine Erfindung böswilliger Führungskräfte. Er existiert, allerdings nicht in der Verbreitung und dem Ausmaß, wie uns das Stichwort vom „Volkssport Krankfeiern" glauben lässt.

Was aber nicht existiert, ist eine sachliche und vorurteilsfreie Diskussion dieses Phänomens. In den Betrieben und Verwaltungen gleicht die Diskussion über das „Blaumachen" einem ermüdenden und unfruchtbaren Stellungskrieg. Arbeitgeber, die das „Blaumachen" als alltägliche Praxis ihrer Beschäftigten anprangern, setzten sich dem Vorwurf aus, das Betriebsklima zu vergiften und scheitern an einer Wand des Schweigens. Betriebs- und Personalräte nehmen, sobald der Vorwurf des „Blaumachens" erhoben wird, ihre gewohnte Verteidigungsstellung ein und versuchen das Phänomen mit der durchaus richtigen, aber pauschalen Feststellung „Wer krank ist, ist krank!" aus der Welt zu reden. Und die Beschäftigten selbst, die von Zeit zu Zeit das „Blaumachen" praktizieren, verurteilen in der Öffentlichkeit ihr Tun als unmoralisch, unkollegial und damit verwerflich. Ihnen bleibt keine andere Wahl, denn wer sich im Betrieb zum „Blaumachen" bekennt, kann sich ganz schnell einen neuen Arbeitgeber suchen. Unter diesen Vorzeichen endet jede Diskussion dieses Phänomens in einer Sackgasse.

Erkenntnisfortschritt lässt sich nur gewinnen, wenn die moralische Verdammung des „Blaumachens" aus dem Spiel bleibt. Die nachfolgenden Bemerkungen zu diesem Thema sind der Versuch, dieses Phänomen jenseits von Moral und Verurteilung zu begreifen.

1. Das „Blaumachen" hat eine lange Tradition.
Das „Blaumachen" wird von Historikern als Bestandteil des Arbeitsprozesses in der vorindustriellen Handwerksproduktion verstanden. Demnach gehört das „Blaumachen" zur natürlichen Arbeitskultur der mittelalterlichen Färbergesellen. Wichtigster Farbstoff zum Färben war der aus Indien stammende Indigo oder der etwas weniger intensive Färberwaid. Zur Herstellung des Farbstoffes wurden die Blätter des Färberwaids in Kübeln mit menschlichem Urin vergärt. Durch die Zugabe von Alkohol wurde der Gärungsprozess verstärkt. Da Alkohol teuer war, tranken die Färber viel Alkohol, der dann im Urin angereichert war. Zum Färben der Stoffe wurden diese meist sonntags für mindestens 12 Stunden in das Färbebad eingetaucht. Die blaue Farbe in den Textilien zeigte sich jedoch erst, wenn diese längere Zeit in die Luft gehängt wurden. Immer wenn die Färbergesellen betrunken daneben lagen, um auf das Ergebnis zu warten, wusste jeder, dass blau gefärbt wurde. Die Färber waren „blau" und machten „blau". Auch der Begriff „blauer Montag" findet hier seinen Ursprung (siehe Kap. 4). In der mittelalterlichen Gesellschaft ist der „blaue Montag" Bestandteil einer bäuer-

lichen und städtischen Festtagskultur, zu der auch Jahrmärkte und traditionelle Feiertage zählten. Bis zu Beginn der Industriellen Revolution folgten die arbeitenden Menschen immer noch dem Zeitrythmus der Feudalgesellschaft. Zyklen harter Arbeit und schmaler Kost wechselten sich mit regelmässigen Festtagen und Jahrmärkten ab. An diesen Tagen, zu denen auch der „blaue Montag" zählte, wurde ausgiebig gegessen und getrunken, getanzt und gefeiert. Erst die kapitalistische Arbeitsorganisation mit Fabrikglocke und -uhr zwang die Menschen in einen neuen Zeit- und Arbeitsrythmus. An Stelle des „unwirtschaftlichen" Rhythmus der Feudalgesellschaft traten allmählich die Zeitstrukturen kapitalistischer Fabrikdisziplin und die moralische Verurteilung des „Blaumachens" sowie des „blauen Montags".[17]

2. Das „Blaumachen" ist Element einer betrieblichen Arbeits- bzw. Belegschaftskultur.
Unter Arbeitskultur sind Wertvorstellungen und Normen zu verstehen, die Beschäftigte selbst in ihrem jeweiligen Arbeitsmilieu pflegen. Diese nicht mehr hinterfragten Wertvorstellungen schließen auch Vorstellungen darüber, was als gute Arbeit und kollegiales Verhalten gilt, ein. Nicht nur das „Blaumachen", sondern auch andere Phänomene lassen sich mit dem Begriff Arbeitskultur beschreiben: „offiziell" die Arbeitszeit abstempeln und anschließend weiterarbeiten, Arbeit mit nach Hause nehmen, der „Dienst nach Vorschrift", widerspenstiges Verhalten gegenüber Vorgesetzten, Bummelei, der offizielle und inoffizielle Umgang mit Alkohol, oder das in Büros und Verwaltungen zurzeit so beliebte „Moorhuhn jagen". Das „Blaumachen" unterscheidet sich von anderen Verhaltensweisen der Arbeitskultur vor allem durch seine gesellschaftliche und betriebliche Stigmatisierung.
Schon seit einigen Jahren wird daher darauf hingewiesen, dass das „Blaumachen" Ausdruck eines Gesundheitsverhaltens der Beschäftigten in der Arbeitskultur sein kann.[18] Krankfeiern stellt in diesem Sinne eine Verhaltensweise der Beschäftigten im Umgang mit ihrer Arbeit dar. Sie erleben – entgegen der in der Managementliteratur weit verbreiteten Botschaft, wonach Arbeit gleichzusetzen ist mit Ausleben von Kreativität, Erleben von Lustgefühlen und Karrieremöglichkeiten – ihre Arbeit als Herausforderung und Zumutung gleichermaßen. Als Herausforderung an die Entwicklung eigener Fähigkeiten, Fertigkeiten und Bedürfnisse ebenso wie als Zumutung im Sinne einer Einengung der Persönlichkeitsentfaltung und des Erlebens von Arbeitsleid. Arbeitskultur umschreibt die tägliche Auseinandersetzung der Beschäftigten mit ihrer Arbeit im Spannungsfeld von Herausforderung und Zumutung. „Jeder einzelne muss im Arbeitsalltag laufend irgendwelche mehr oder weniger bewussten aber nichtsdestotrotz unmittelbar praktischen Entscheidungen fällen, die seine Gesundheit betreffen. Die dabei stattfindende Gewichtung zwischen verschiedenen, häufig sogar ausschließenden Bedürfnissen greift dabei jeweils auf bewährte Verhaltensmuster zurück, die im kulturellen Selbstverständnis wurzeln."[19]
Der Begriff Arbeitskultur ist nicht deckungsgleich mit der Unternehmenskultur. Dieser Begriff, der sich seit einiger Zeit eingebürgert hat, meint ein gemeinsames Wertesystem im Sinne einer „corporate identy" und strebt die Herstellung eines „Wir-Gefühls" von oben nach unten an. Die in vielen Betrieben und Verwaltungen verbreiteten Ansätze, eine Unternehmenskultur zu gründen oder zu verbessern, konzentrieren sich, im festen Glauben, dass das Führungspersonal der Kultur den entscheidenden Stempel aufsetzt, auf die Gruppe der Mächtigen im Betrieb. Angelegt ist in dieser Perspektive ein konfliktfreier, harmonisierender und differenzloser Blick auf die Beschäftigten. Arbeitskultur hingegen bezeichnet Verhaltensweisen, die Beschäftigte für sich und untereinander im Umgang mit ihrer Arbeit pflegen. Auf diesen Unterschied weisen in jüngster Zeit Fallstudien hin, die die Arbeitskultur von Be-

schäftigten in einem süddeutschen Computerkonzern untersuchen. Demnach gehören zur Arbeits- bzw. Belegschaftskultur alle Dinge, die sich der Mensch als Glied der Gesellschaft aneignet, um mit seinen Alltagsproblemen fertig zu werden. Das „Blaumachen" ist in diesem Sinne Element einer Belegschaftskultur, die aus der Summe all dessen besteht, was sich die Beschäftigten als Mitglieder eines Betriebes angeeignet haben, um ihren Arbeitsalltag zu bewältigen.[20]

3. Das „Blaumachen" kann krankheitsvorbeugend sein.
Schon seit einigen Jahren weisen Arbeitsmediziner auf die krankheitsvorbeugende Wirkung des „Blaumachens" hin. In Schweden erklären Arbeitsmediziner das Phänomen mit der „coping-Theorie" (nach dem englischen Begriff coping – aushalten, ertragen). Danach setzt sich insbesondere in Phasen steigender Nachfrage und Konjunktur jeder im Betrieb persönlich ein. Das geht einige Monate gut, dann lässt auch bei denen, die im engeren medizinischen Sinne gesund sind, die Spannkraft nach. Man hält noch einige Zeit durch, später wird es für alle kritisch. Manche spannen aus und nehmen sich einige Krankheitstage. Die Arbeitnehmer achten verstärkt auf die Signale ihres Körpers und bleiben kurze Zeit vom Arbeitsplatz weg, um vorzubeugen. Wer das tut, handelt nach Meinung der schwedischen Forscher genau richtig. Denn Vorbeugen ist besser als Heilen – ein fundamentaler Grundsatz der Medizin. Bei der Untersuchung sehr vieler Krankengeschichten konnte festgestellt werden, dass die Kurzzeiterkrankten nur selten später „langzeitkrank" werden. Offensichtlich funktioniert diese Art der Vorbeugung. Sie sind – von manchen Vorgesetzten noch immer als „Drückeberger" und „Nicht-richtig-Kranke" angesehen – in Wirklichkeit diejenigen, die das Krankengeld einsparen helfen. Teurer wird es, wenn langwierigere Krankheiten zu kurieren sind. Wer häufiger auf die „innere Stimme seines Körpers" hört, ist gesundheitsbewusst und treibt nicht Raubbau an seinen Kräften und mit seiner Gesundheit.[21]

4. Die Entscheidung für oder wider das „Blaumachen" ist von mehreren, teilweise widersprüchlichen Einflüssen und Bedingungen abhängig.
Für das „Blaumachen" gibt es unendlich viele Gründe. Unterscheiden lassen sich zwei Gruppen:
1. Gründe, die sich auf den privaten Lebensbereich beziehen, und
2. Gründe, die sich auf die konkrete Arbeitssituation des „Blaumachers" beziehen.
Kennzeichnend für die erste Gruppe ist das dringende Bedürfnis nach zusätzlicher Zeit. Anforderungen und Motive aus dem privaten Lebensbereich werden zeitweise und vorübergehend so wichtig, dass sie jenseits der Arbeitswelt die ganze Kraft und Aufmerksamkeit erfordern. Menschen erleben unter diesen Umständen die in der Arbeit verbrauchte Zeit und die Anforderung der privaten Lebenssituation als einen Konflikt, der durch das „Blaumachen" auf Krankenschein gelöst bzw. vorübergehend gemindert werden kann. So vielschichtig wie das Leben, so zahlreich sind auch die Anlässe für solche Konfliktsituationen. Sie reichen von selbst bestimmten Zielen und Motivationen (Wohnungsrenovierung, Hausbau, Nebenerwerb, usw.) bis zu Anforderungen und Situationen, denen man sich nicht entziehen kann (persönliche Lebenskrise, Krisen mit Ehepartnern und/oder Kindern, Krankheit bzw. Pflege von Angehörigen, außerplanmäßige Reparaturen an Auto oder Haus, usw.).
Die mit der Arbeitssituation zusammenhängenden Motive für das „Krankfeiern" entstehen insbesondere:
• bei extremer Über- und Unterforderung,

- bei Tätigkeiten, die als besonders belastend oder stressig empfunden werden,
- bei Arbeitsaufgaben, deren Sinn nicht einsehbar ist oder die man persönlich nicht verantworten möchte,
- bei Abforderung extremer Mehrarbeit,
- bei persönlichen Konflikten zwischen Kollegen und Vorgesetzten.

Arbeit unter diesen Bedingungen wird als eine extreme Zumutung verstanden, der man sich nur durch „Krankfeiern" entziehen kann. Diese Reaktion kann man als eine Form des Selbstschutzes oder aber als eine individuelle und private Form der Rebellion gegen unzumutbare Arbeitsbedingungen definieren. Das „Blaumachen" (mit Krankenschein) bietet dem Beschäftigten einen (geschützten) Raum, in den er sich zurückziehen kann, um den an ihn gestellten unzumutbaren Anforderungen der Arbeit zu entgehen.

5. *Das „Blaumachen" ist eine Fähigkeit, die zu erlernen für manche*
   Beschäftigte von Vorteil sein könnte.

Nicht nur Gewerkschafter und Sozialforscher, sondern auch Arbeitsmediziner widmen sich in jüngster Zeit einem (neuen) Phänomen: Psychische Belastungen und Beanspruchungen in der Arbeitswelt insbesondere in qualifizierten Angestelltenbereichen nehmen in gravierendem Ausmaß zu. Dieser Trend ist mittlerweile auch zum Thema in der Presse geworden: „Hilfe, ich schaffe meinen Job nicht mehr. Jeder 5. fühlt sich überfordert" (Bild, 12.7.99), „Neue Arbeitsabläufe erhöhen den psychischen Druck – viele Arbeitnehmer geben diesen an Kollegen weiter" (Berliner Morgenpost, 8.5.00), „Stress im Job – Immer weniger arbeiten immer mehr" (Die Woche, 17.12.00). Am deutlichsten zeichnet sich diese Entwicklung insbesondere in der IT-Branche und der „new economy" ab. Geprägt sind diese Bereiche von flexiblen Arbeits- und Beschäftigungsformen und (positiv zu bewertenden) Arbeitsanforderungen wie Selbständigkeit und Wahrnehmung eigener Handlungsspielräume.

Die Diskussion über die Folgen dieser Entwicklung schwankt zwischen Euphorie und Ablehnung: IT-Manager und manche Unternehmensberater begrüßen diese Entwicklung als Meilenstein zu mehr Selbstverwirklichung und Ausleben von Kreativität im Arbeitsleben. Kritiker warnen dagegen vor einem Arbeiten ohne Ende und einer zunehmenden Tendenz zur (Selbst-)Ausbeutung der in diesen Branchen Beschäftigten.

Diese Beschäftigten zeichnet ein hohes Maß an zeitlicher Verfügbarkeit, Eigeninitiative, Selbstorganisation und insbesondere Leistungsbereitschaft sowie Belastbarkeit aus. Sie empfinden ihre Arbeit als persönliche Herausforderung und entwickeln zeitweise einen regelrechten Lustgewinn (Fun) in der Arbeit, in dem sich der Stolz im Arbeitsprozess und zugleich der berufliche Erfolg ausdrücken. Ihre interessante Tätigkeit und das damit verbundene Sozialprestige lässt sie unter Umständen auch dann noch zur Arbeit gehen, wenn sie wirklich krank sind und sich eigentlich auskurieren müssten. Arbeit gerät unter diesen Umständen zu einer Leidenschaft und bestimmt das Leben auf eine Weise, die im wahrsten Sinne des Wortes „Leiden schafft". Die Fähigkeit „blauzumachen", wäre für solche Menschen eine durchaus gesundheitsfördernde Alternative und trüge dazu bei, ihrer Arbeit wieder ein gesundes Maß zu geben.

6. *„Blaumachen" ist eine von mehreren Formen der Abwesenheit von der Arbeit.*
   Es macht keinen Sinn, gerade diese Form der Abwesenheit zu verdammen.

Die betriebliche Diskussion der motivationsbedingten Fehlzeiten ist fixiert auf die Konstellation, dass Menschen gesund sind, aber ihrem Arbeitsplatz fernbleiben. In der schwedischen

Literatur gibt es die mit der Abwesenheit vom Arbeitsplatz negativ besetzten Etiketten nicht. Auch im angelsächsischen Sprachraum wird der Begriff „absenteeism" schlicht im Sinne von Abwesenheit gebraucht und schließt alle Formen der Abwesenheit vom Arbeitsplatz ein. Dies berücksichtigt, dass eine genaue Unterscheidung zwischen „objektiv krankheitsbedingten" und „Krankheit vortäuschenden" Fehlzeiten nicht möglich ist. Vor allem soll aber mit dieser Definition auch die psychische Abwesenheit erfasst werden: Der Beschäftigte ist an seinem Arbeitsplatz anwesend, aber psychisch entweder nicht leistungsfähig oder nicht leistungswillig. Auch diese Konstellation ist eine Art von Absentismus. Unter dem Stichwort „innere Kündigung" oder „Burnout-Syndrom" wird diese Form der Abwesenheit nicht nur in der Arbeitspsychologie, sondern auch in den Betrieben und Verwaltungen ernsthaft und im Unterschied zum „Blaumachen" vergleichsweise sachlich diskutiert. Tatsächlich sind psychische Formen der Abwesenheit während der Arbeit, zu denen auch Resignation und reduziertes Engagement im Arbeitsalltag zählen können, möglicherweise viel bedeutender (und für die Unternehmen teurer!) als die physische Abwesenheit in Form des „Blaumachens".

Daher ergibt die moralische Verurteilung des „Blaumachens" keinen Sinn, denn der Unterschied zwischen beiden Konstellationen besteht lediglich darin, dass die eine im Betrieb, die andere außerhalb des Betriebes stattfindet. Ist es deshalb nicht sinnvoller, das „Blaumachen" mit anderen Formen der Abwesenheit gleichzustellen und im Betrieb auch so zu diskutieren? Ein solches Verständnis des „Blaumachens" könnte dazu beitragen, die negative Stigmatisierung dieses Phänomens zu beenden und die betriebliche Diskussion um Fehlzeiten zu versachlichen.

1 Schnabel, C.: „Bestimmungsfaktoren des Krankenstandes", in: w-trends 4/1991, Informationsdienst des Instituts der deutschen Wirtschaft, Köln 1991

2 vgl.: „Dem Frust auf der Spur. IW-Umfrage bei 541 Unternehmen im Sommer 1996", in: Handelsblatt vom 26.11.1997 sowie Institut der Deutschen Wirtschaft: „Betriebliche Fehlzeiten in der deutschen Wirtschaft", in: w-trends, Quartalshefte zur empirischen Wirtschaftsforschung, 23. JG/4/1996, S.24-35

3 „Den Blaumachern auf der Spur", in: Die Tageszeitung, 20.5.1996

4 Hantel P.: Ultima ratio: Arbeitsrechtliche Konsequenzen von krankheitsbedingten Fehlzeiten, in: Marr R. (Hg.): Absentismus. Der schleichende Verlust an Wettbewerbspotential, Göttingen 1996, S. 151 ff.

5 Kittner M.: Arbeits- und Sozialordnung, Ausgewählte und eingeleitete Texte, Köln 1997, 22. Auflage, S. 894-895

6 Reinecke G.: Begriff der Arbeitsunfähigkeit – Gespräch mit dem Arbeitnehmer über seine Arbeitsunfähigkeit, in: Beseler/Böhnke/Bopp/Broich: Krankheit im Arbeitsverhältnis, Münster 1994, S.47

7 VW Audi Vertriebszentrum Südbayern: Vermeiden von Fehlzeiten: Ein Leitfaden für Führungskräfte zur erfolgreichen Wahrnehmung der Führungsaufgabe, interne Veröffentlichung, ohne Jahresangabe, S. 4

8 „Drohbrief bei Krankheit", in: Der Grundstein, Mitgliederzeitschrift der IG Bauen-Agrar-Umwelt, Heft 4/2000, S. 4

9 Meier U.: Fehlzeitenreduzierung als Führungsaufgabe, in: Marr, R. (Hg.): Absentismus. Der schleichende Verlust an Wettbewerbspotential, a.a.O., S. 73 ff.

10 „Da muß etwas passieren. Wie krank sind Deutschlands Staatsdiener?", in: Der Spiegel 3/97, S. 26

11 Spies St., Beigel H.: Einer fehlt und jeder braucht ihn – Wie Opel die Abwesenheit senkt, Wien 1996, S. 55

12 Wompel M.: Jagd auf Kranke. Rückkehrgespräche auf dem Vormarsch, S. 29

13 Taubert R./Piorr, R./ Wilkesmann U.: Rückkehrgespräche: Anlaß zum organisationalen Lernen?, in: Clermont A./Scmeisser W. (Hg.): Betriebliche Personal- und Sozialpolitik, München 1998, S. 505

14 Sprenger R. K.: Mythos Motivation. Wege aus einer Sackgasse, Frankfurt/New York 1997, S. 114

15 vgl. Arbeit & Ökologie Briefe, a.a.O., Heft 1/97, S. 5

16 „Detektei bespitzelt Kranke", in: Neue Westfälische, 14. September 1996

17 vgl. zur Geschichte des „Blaumachens": E. P. Thompson: Die Entstehung der englischen Arbeiterklasse, Frankfurt am Main 1987, S. 434 ff.

18 Eine ausführliche Diskussion des „Blaumachens" in der Arbeitskultur findet sich bei Czock H./ Göbel E./Guthke B. (Hrgs.): Man darf nicht wehleidig sein! Lesebuch zu Arbeit und Gesundheit, Berlin 1990. Die in diesem Lesebuch angestellten Überlegungen zum „Blaumachen" bilden die Grundlagen für die Bemerkungen zu diesem Phänomen am Schluss dieses Kapitels.

19 Czock H./Göbel E./Guthke B. (Hrgs.), a.a.O., S. 116

20 vgl. hierzu Wittel A.: Belegschaftskultur im Schatten der Firmenideologie. Eine ethnographische Fallstudie, Berlin 1996, S. 130 ff.

21 Froemer F.: Gesünder durch „Krankfeiern"? „Coping" Kurzzeiterkrankungen als „Sicherheitsventil" für die Gesundheit, in: Soziale Sicherheit, Heft 1/1991, S. 20/21

KAPITEL 4

4. „Volkssport Krankfeiern"

Der internationale Vergleich oder „Äpfel mit Birnen"

Kurzzeiterkrankungen oder „mit Kanonen auf Spatzen"

Der blaue Montag

Der Krankenstand geht mit der Konjunktur – eine Milchmädchenrechnung

Die Ausländer?

Die Beamten: Krank geredet

Argumentationen, Menschenbilder, Ziele

4. „Volkssport Krankfeiern"

Die Debatte um den Krankenstand gleicht einer Schlacht, in der sich die Kontrahenten mit scheinbar gleichen Waffen bekämpfen. Diese Waffen bestehen aus Daten und Zahlen. In der Regel handelt es sich um Prozentzahlen. Fehlzeiten und Krankenstand werden ebenso prozentual angegeben wie Vergleiche unterschiedlicher Branchen, Betriebe und Beschäftigtengruppen. Diese Zahlen vermitteln den Eindruck, dass die Kontrahenten über glasklare, harte Fakten mit dem Anschein der Unbestechlichkeit und Unfehlbarkeit verfügen.

Dieser Eindruck täuscht. Nicht nur die Zahlen auch die Vergleichspunkte und Begriffe variieren von Kontrahent zu Kontrahent. Da werden Begriffe wie Fehlzeiten, Abwesenheit und Krankenstand in einen Topf geworfen als seien diese alles dasselbe. Da werden Daten einer einzelnen Krankenkasse zum Maßstab genommen ohne Berücksichtigung vergleichbarer Daten anderer Kassen. Da werden betriebliche Fehlzeiten auf Basis der Arbeitstage ermittelt und dabei außer Acht gelassen, dass Beschäftigte auch am Wochenende erkranken können. Das führt dazu, dass ein jeder zu unterschiedlichen Zahlen und Aussagen kommt. „Vergessen wird bei all diesen Vergleichen", schreibt die Gesellschaft für Arbeitsmedizin (GFA), „dass Fehlzeitenquotienten bei identischen Verhältnissen völlig unterschiedlich ausfallen können, d. h. bis zu 30 % variieren, je nach dem zugrunde liegenden Berechnungsverfahren."[1]

Ebenso groß ist die Verwirrung bei den Begriffen. Was eine Fehlzeit, was ein Krankenstand ist und wie diese berechnet werden, scheint sich der Kenntnis mancher Fehlzeitenberater und Personalmanager zu entziehen. Denn häufig fehlen klare Begriffsdefinitionen und genaue Angaben über die Berechnungsgrundlagen des Krankenstandes.

Bei Opel spricht man in erster Linie von „Abwesenheitsraten", bisweilen aber auch von „Fehlzeiten" und „Krankheitsraten". Das lässt vermuten, dass unter Krankenstand, Abwesenheit und Fehlzeit das Gleiche zu verstehen ist. Exakte Begriffsdefinitionen sucht man vergebens. Zwar beschäftigen sich Spies/Beigel intensiv mit Faktoren und Indizien hoher Abwesenheit, machen aber keine Angaben über Berechnungsformel und Zusammensetzung der Abwesenheitsrate.

Ähnliche Lücken haben auch andere Konzepte der Fehlzeitenminderung. Es gibt keine Angaben darüber, wie der „Gesundheitsstand" bei VW errechnet wird. Auch Fehlzeitenberater tun sich bei diesem Problem schwer. Pohen bietet mal diese, mal jene Definition des Begriffs Fehlzeiten an. Mal definiert er sie pauschal als „Bruttosollzeit in %", was der Einbeziehung von Kuren oder Bildungsurlaubstagen in die Fehlzeitenberechnung nicht ausschließt. An anderer Stelle heißt es umständlich: „Fehlzeiten sind, bezogen auf die durch Einzelarbeitsvertrag, tarifliche Regelung und Betriebsvereinbarung begründete Anwesenheitsverpflichtung, alle in Tagen, Schichten und Stunden gemessene Abwesenheit vom Unternehmen." Demnach wären gesetzlich geregelte Freistellung von der Arbeit (z. B.: Wehrübungen, ehrenamtliche Tätigkeiten als Beisitzer bei Arbeits- und Sozialgerichten) einer Fehlzeit gleichgestellt. Mal versteht er unter dem gleichen Begriff unscharf und einfach, aber dem typischen Denken des Fehlzeitenmanagements verhaftet, „alle Zeiten, in denen der Arbeitnehmer aus persönlichen Gründen seinen Verpflichtungen nicht nachkommen kann".

Für das Institut für Arbeitsmarkt und Berufsforschung (IAB) der Bundesanstalt für Arbeit, das die Fehlzeiten seit Jahren untersucht, sind krankheitsbedingte Abwesenheiten vom Arbeitsplatz, also Krankenstände, Fehlzeiten im engeren Sinn. Im weiteren Sinne zählt das Nürnberger Institut unentschuldigtes Fehlen und Freistellungen für Behördengänge oder Familienangelegenheiten dazu, im weitesten Sinne auch Kuren, Mutterschutz- und Bildungsurlaub.

Unter dem Begriff Fehlzeit wird also ganz Unterschiedliches verstanden. Dahinter können sich sehr unterschiedliche Gründe für Abwesenheit von Beschäftigten verbergen: z. B. Urlaub, gesetzliche Feiertage, Brauchtumstage, Sonderurlaub, Kuren, Arbeitsunfähigkeit, Beschäftigungsverbot für Schwangere. Je nach Zutaten, die in den Fehlzeitentopf geworfen werden, variiert das Ergebnis. H. Salowsky vom Arbeitgeber-"Institut der deutschen Wirtschaft" (IW) kam in den 80er Jahren in der verarbeitenden Industrie auf Fehlzeitenquoten um die 8 % – Spitzenwert 9,8 % im Jahre 1980; das IAB errechnete für das gleiche Jahr nur 6,9 %. Grund für den Unterschied: Während das IAB nur Krankenstände ermittelte, flossen bei Salowsky auch Sonderurlaube, Weiterbildung und andere bezahlte Freistellungen in die Rechnung ein.[2]

Viel eindeutiger ist der Begriff Krankenstand. Er gibt die Zahl aller Fehlzeiten an, für die eine Arbeitsunfähigkeitsbescheinigung (AU-Bescheinigung) vorliegt, bezogen auf 100 Versichertenjahre und geteilt durch die Anzahl der Kalendertage, also 365. Die wichtigsten Kennziffern des Krankenstandes sind die AU-Fälle und die AU-Tage. Weil alle Krankenkassen den Krankenstand nach der gleichen Berechnungsformel ermitteln, erlaubt der Begriff Krankenstand auch einen Vergleich zwischen Betrieben, Branchen und Beschäftigtengruppen. Vergleiche auf Basis des Krankenstandes sind daher seriöser als Fehlzeitenvergleiche.

Allerdings: Auch bei den Krankenständen gibt es keine einheitlichen Zahlen. Um die These vom ständig steigenden Krankenstand in der Bundesrepublik Deutschland zu belegen, benutzt das IW vorzugsweise die Daten der Betriebskrankenkasse, weil die aufgrund der Beschäftigtenstruktur höher sind als die aller Kassen (1995: 5,8 % gegenüber 5,1 %).

Und bisweilen wird auch der Krankenstand ähnlich willkürlich berechnet wie Fehlzeiten: Zu Beginn des Jahres 1997 hatte der damalige Bundesinnenminister M. Kanther das Kabinett mit „sehr genauen Zahlen" über den Krankenstand der Bundesbehörden informiert. Er liege „mit knapp 17 Arbeitstagen über den vergleichbaren Zahlen der Wirtschaft", hieß es in Kanthers Bericht. In dieser Statistik des Bundesinnenministeriums wurde für die rund 40000 BGS-Beschäftigten der Krankenstand mit durchschnittlich 15,9 Fehltagen errechnet.

Erst ein halbes Jahr später stellte sich heraus, dass die Bundespolizisten im ersten Halbjahr 1997 durchschnittlich nur 6,4 Tage krank waren. Damit lagen die Fehltage sogar unter denen der freien Wirtschaft. Später gab das Innenministerium zu, in der ersten Statistik „Kalendertage anstatt Arbeitstage" berechnet zu haben. Auch Freischichten und Wochenenden seien in die Berechnung einbezogen worden. Nach Recherchen des Vorsitzenden der Gewerkschaft der Polizei D. Wimmer wurden die Krankenzahlen beim Zoll und anderen Bundesbehörden „genauso falsch erhoben". Zahlen hin, Zahlen her: Die falsche Statistik war Grundlage für ein Programm, krank gemeldete Beschäftigte zu Hause zu kontrollieren und Krankenrückkehrgespräche in den Bundesbehörden einzuführen.[3]

Der internationale Vergleich oder „Äpfel mit Birnen"

In der Diskussion um den „Standort Deutschland" wird eine Behauptung zu einer Gefahr aufgeblasen, die die ganze Nation bedrohen soll: Der Standort Deutschland an sich sei in

Gefahr, die Attraktivität des Landes für Investitionen der Unternehmer lasse nach. Zwar weisen die Bilanzergebnisse vieler Firmen nach oben, zwar hat sich die Ertragslage vieler Unternehmen in den letzten Jahren verbessert. Doch die Diskussion in Wirtschaft und Politik wird von den angeblich unhaltbaren Sozialstandards, von zu hohen Lohnnebenkosten und im internationalen Vergleich unattraktiven Standortbedingungen bestimmt.

Zum Repertoire beim Aufzählen unattraktiver Standortbedingungen gehört der Krankenstand in der Bundesrepublik Deutschland, der im Vergleich zu anderen Ländern viel zu hoch sei. Diese Behauptung hat inzwischen eine lange Tradition.

Bereits 1983 beobachtete B. Scharf: „In der Arbeitgeber-Denkschrift zur 'Sozialen Sicherung der Zukunft' klingt es zumindest an; [...] das Lambsdorf-Papier und Genschers Wendebrief behaupten es mit aller Deutlichkeit: Die gegenüber den USA mehr als doppelt so hohe (3,5 %), gegenüber Japan vierfach höhere (1,95 %) Fehlzeitenquote müßten im Zusammenhang mit dem weltweiten Wettbewerb gesehen werden. Sozialkonservative Krankenstandskritiker sehen also durch Krankenstand und Lohnfortzahlung die Wettbewerbsposition der deutschen Wirtschaft auf dem Weltmarkt zumindest erschwert."[4]

Was 1983 nur anklingt, war einige Jahre später schon eine Gewissheit. In einem Interview macht sich der damalige FDP-Chef Graf Lambsdorf Sorgen um die Attraktivität des Industriestandorts Deutschlands. Er kommt zu dem Schluss, dass die Attraktivität Deutschlands als Standort gefährdet sei, weil die Belastungen der Wirtschaft insgesamt viel zu hoch seien. Als Kosten verursachende Faktoren nannte er hierbei im Einzelnen zu kurze Maschinenlaufzeiten, zu hohe Steuern, die Umweltschutzanforderungen, die kurze Arbeitszeit und den Krankenstand der Arbeitnehmer. „Wir haben ein Kostenniveau auf der Lohnseite, ein Maß an Inflexibilität bei Arbeitszeiten, ein Maß an Urlaub, an Freistellungen während des Produktionsprozesses, wie es das woanders nicht gibt."[5]

Manche Medien übernehmen diese Aussagen. So schrieb „Der Spiegel" (18/91) ohne Quellenangabe: „Bei den Fehlzeiten, die zu vier Fünfteln durch wirkliche oder vorgeschobene Krankheit zusammenkommen, liegen die Westdeutschen im vorderen Feld der Industrienationen. Angaben aus den neuen Ostländern sind noch nicht zu haben. Letztes Jahr blieben die werktätigen Bundesbürger 8,5 von 100 Arbeitstagen zu Hause, deutlich übertroffen nur von den Schweden und Norwegern. Die geringsten Fehlzeiten leisten sich die Japaner [...]."[6]

Als 1996 die politische und soziale Diskussion um die Lohnfortzahlung stattfand, widmete ihr „Die Woche" (15/96) eine Extraseite zum Thema Krankenstand. Mit einer Graphik, die keinen anderen Schluss zulässt: Tatsächlich gehört Deutschland zu den wenigen Ländern, in denen es keine Karenztage gibt. [...] Gleichzeitig melden sich in Deutschland mehr Arbeitnehmer krank als in den meisten Nachbarstaaten, der Krankenstand liegt bei 5,5 %."[7]

Tatsächlich? Zwar wiederholt das IW-Institut des Arbeitgeberverbandes ständig die These vom hohen Krankenstand, muss aber gleichzeitig zugeben, dass internationale Vergleiche von Krankenständen „hinken". Denn Unterschiede in der Bevölkerungs- und Wirtschaftsstruktur, in der statistischen Erfassung und in der Definition krankheitsbedingter Fehlzeiten erlauben keinen seriösen Vergleich.

Das zeigt ein Blick in die Herkunft der jeweiligen Zahlen: Die Zahlen von Großbritannien, Irland und Italien sind das Ergebnis von Betriebsbefragungen der jeweiligen nationalen Arbeitgeberverbände, und bei den belgischen 4,4 % handelt es sich um eine Kombination von Krankenkassenstatistiken mit Betriebsdaten. Nur bei der österreichischen Zahl handelt es sich um eine amtliche Statistik. Eine solches Zahlengemisch erlaubt nur eine Schlussfolgerung: Hier werden Äpfel mit Birnen verglichen!

Großbritannien	3,2	
Irland	3,5	
Italien	3,9	
Finnland	4,4	
Belgien	4,4	
Österreich	4,8	
Schweden	5,3	
Deutschland	5,5	
Niederlande	6,4	

Krankenstand in %
QUELLE: „DIE WOCHE" 15/96

Und die 5,5 % Krankenstand in der Bundesrepublik Deutschland? Auch hier hilft ein kleiner Trick, um die Fakten zu dramatisieren. Statt den Durchschnitt aller Krankenkassen anzugeben, beziehen sich die Arbeitgeber ausschließlich auf die Angaben der Betriebskrankenkassen, die tatsächlich einen höheren Krankenstand aufgrund ihrer Betriebsstruktur aufweisen. Würde man die Statistiken aller Krankenkassen, bspw. auch der AOK, deren Zahlen aufgrund größerer Mitgliedschaft aussagekräftiger sind, hinzuziehen, ergibt sich ein anderes Bild: Der Krankenstand läge bei 4,9 % und die Bundesrepublik Deutschland beim internationalen Vergleich im Mittelfeld.

Kurzzeiterkrankungen oder „mit Kanonen auf Spatzen"

Kaum etwas erregt mehr Aufmerksamkeit in der Krankenstandsdiskussion als das Phänomen der Kurzzeiterkrankungen. Gemeint sind damit in der Regel Erkrankungen von ein- bis dreitägiger Dauer, mit oder ohne Bescheinigung der Arbeitsunfähigkeit.
Sie gelten als Warnsignal schlechthin: als Anzeichen für schlechte bis sinkende Arbeitsmoral, als Beweis für Absentismus und Blaumacherei, als Ausdruck mangelnder Motivation und Arbeitsfreude bei den Beschäftigten. Ein Schnupfen oder eine Erkältung, die einen Beschäftigten zwei oder drei Tage von der Arbeit fernhält, wird unter diesem Vorzeichen zu einer Bagatellerkrankung. Und wer aufgrund einer Erkrankung nur ein bis drei Tage im Betrieb fehlt, muss sich nicht wundern, wenn er als zu „sensibel" bzw. zu „wehleidig" (Schmilinsky) eingestuft wird.
„Diese Kurzerkrankungen nehmen unter den Deutschen ohnehin stetig zu", weiß „Der Spiegel" (18/91). „Rund die Hälfte aller Arbeitsunfähigkeiten dauert höchstens eine Woche, 72 % aller Erkrankungen sind spätestens nach 14 Tagen erledigt. Nur 6 Prozent aller Arbeitnehmer sind länger als sechs Wochen krank geschrieben – und fallen finanziell dann den Kassen zu Last."

Fällt das Wort Kurzzeiterkrankungen, fehlt die moralische Entrüstung nicht. Laut „Spiegel" rechnet der Fehlzeitenberater P. Nieder „mit einem Anteil an Kurzsimulanten von 15 bis 35% je Unternehmen, und diese spontane Arbeitsunfähigkeit breitet sich aus". „Es sei zu vermuten", fährt er fort, dass besonders „zur Gruppe der häufig und kurz Fehlenden" diejenigen gehören, „bei denen keine zwingende medizinische Notwendigkeit vorliegt." Doch gute Gründe haben Absentisten schon auch. „Wer ist denn schon so blöd", fragt einige Zeilen weiter Michael Grunwald, Personalleiter bei den Berliner Verkehrs-Betrieben, „und renoviert seine Wohnung an Wochenenden und im Urlaub? Und immer wieder verlassen Scheinkranke sogar die schützenden vier Wände."

Tatsächlich ist die Zahl der Kurzzeiterkrankten an der Gesamtheit der Arbeitsunfähigkeitsfälle (AU-Fälle) hoch. Das „Krankfeier"-Argument scheint also nicht aus der Luft gegriffen zu sein. Die Bundesvereinigung der deutschen Arbeitgeber (BDA) beziffert den Anteil der Kurzzeiterkrankungen an der gesamten Arbeitsunfähigkeit auf gut 21 %. Auch die Daten und Statistiken der Krankenkassen widersprechen dieser Aussage nicht. „Hier liegen sogar die Prozentzahlen mit 22 Prozent bis 23 Prozent leicht über dem von der BDA angegebenen Wert", bestätigt Erika Zoike vom Bundesverband der BKK.[8]

In einer Graphik — hier dargestellt auf Basis von Zahlen der AOK — sieht das folgendermaßen aus:

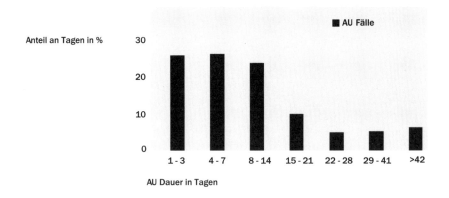

AU-Fälle

Dass Betriebe sich über Kurzzeiterkrankungen ärgern, hat seine Gründe: Terminplanungen können nicht eingehalten werden, weil Arbeitskräfte unvorhersehbar fehlen. Dies trifft besonders die Betriebe, die die Philosophie der „Lean Production" in ihrer Personalplanung so konsequent umgesetzt haben, dass für die Besetzung von Maschinen und Abteilungen nur noch minimalste Personalbemessungen vorgesehen sind.

Dennoch trifft die Aufregung über die Kurzzeiterkrankungen nicht den Kern des Problems. Sie gleicht eher dem Versuch mit Kanonen auf Spatzen zu schießen. Nicht die Anzahl, sondern der Anteil der Kurzerkrankungen an dem gesamten Umfang von Arbeitsunfähigkeit, gemessen in Arbeitsunfähigkeitstagen (AU-Tagen), ist für die Beurteilung des Krankenstands wichtig. Denn nach Daten der Betriebskrankenkassen machen Kurzerkrankungen nur 2,9 % des gesamten AU-Volumens aus. Rechnet man nicht gemeldete Fälle hinzu erhöht sich der Anteil der Kurzerkrankungen auf höchstens 6 % der gesamten Arbeitsunfähigkeit.

Das vermeintliche Problem Kurzerkrankungen relativiert sich, wenn man die Erkrankungsdauer der AU-Fälle betrachtet: Fast jeder vierte AU-Fall ist nach drei Tagen abgeschlossen;
nahezu die Hälfte der Fälle endet innerhalb einer Woche, fast drei Viertel innerhalb von zwei
Wochen. „Nach 6 Wochen", setzt K. Priester fort, „mit dem Ende der vom Arbeitgeber zu
tragenden Lohnfortzahlung, sind zwar 94 % der AU-Fälle, aber nur 60 % der AU-Tage abgeschlossen. Länger als 6 Wochen andauernde Arbeitsunfähigkeiten betreffen also nur 6 % der
Fälle, machen aber immerhin 40 % der AU-Tage aus."[9]
Die AU-Fälle teilen sich also in zwei Gruppen auf: Die eine Gruppe umfasst die wenige Tage
dauernden Krankschreibungen, die aber insgesamt wenig Ausfalltage auslösen. Zu der anderen Gruppe gehört eine kleine Zahl von langfristigen AU-Fällen, die eine hohe Zahl von AU-
Tagen aufweisen. Nach Angaben der BKK entfallen allein 14 % der Fälle auf Erkrankungen
mit einer Dauer von mehr als einem Jahr. Die Graphik ergibt dann ein ganz anderes Bild:

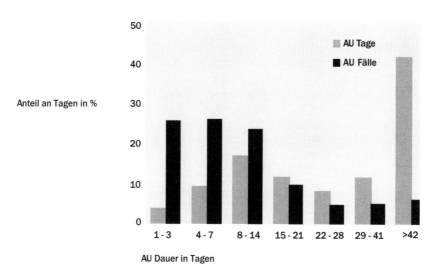

AU-Dauer in Tagen

Das Hauptproblem im Bereich der Arbeitsunfähigkeit sind also die Langzeiterkrankungen.
Dass sich hinter dieser Gruppe die von Arbeitgebern, Politik und Medien immer wieder be-
hauptete „Krankfeier-" oder „Freizeitmentalität" der Arbeitenden verbirgt, ist absurd. Viel
wichtiger sind – neben dem Leid und dem Schmerz der Betroffenen – die Kosten, die diese
Erkrankungen verursachen: in den ersten 6 Wochen den Betrieben, danach dem Sozialversi-
cherungssystem.
Auch aus betriebswirtschaftlichen Gründen macht die Fixierung auf Kurzerkrankungen wenig
Sinn. Sie fallen bei den Krankheitskosten der Betriebe nämlich kaum ins Gewicht. „Wieviel
Geld", so J. Kuhn in einer Modellrechnung, „kann man [...] einsparen, wenn man alle ‚Blaumacher', die mal an einem Montag oder an einem Brückentag zwischen zwei Feiertagen fehlen,
erwischen würde und für sie die Lohnfortzahlung verweigern könnte? Gäbe es überhaupt keine
1–3 Tage-Erkrankungen [...], würde sich der Krankenstand in der Wirtschaft um maximal 4 %
verringern. Bei einem durchschnittlichen Krankenstand von 5 % also auf 4,8 %. Genauso groß
wären die eingesparten Lohnfortzahlungskosten: 0,2 % der Lohnkosten."[10]

Der blaue Montag

Als häufig genannte Anhaltspunkte für Missbrauch werden auffallende Häufungen der Krankmeldungen an Montagen und Freitagen angeführt. Im Konzept „Reduzierung beeinflussbarer Fehlzeiten in mitbestimmten Unternehmen" gelten Erkrankungen an diesen beiden Tagen als mögliches Anzeichen für eine negative Einstellung der Beschäftigten gegenüber ihrer Arbeitstätigkeit. Nach Meinung von Spies/Beigel „können Freitags- und Montagserkrankungen ein Wochenende deutlich verlängern helfen".

Besonders die Klage über den ersten Wochentag hat eine jahrhundertelange Tradition. E. Zinke weist daraufhin, dass der „blaue Montag" keine Erfindung der Neuzeit ist, sondern aus der Kultur der mittelalterlichen handwerklichen Gesellschaft stammt. Unter der Bezeichnung des „guten Montags" verbergen sich demnach Zusammenkünfte der unterschiedlichsten Art wie Sitzungen von Innungen und Zünften, Baderitualen, Kirchenfeiern zur Eröffnung der Fastenzeit usw. Erst die aufkommende Industrialisierung im 18. und 19. Jahrhundert hat dieser Tradition ein Ende bereitet, und der Montag wurde mit dem negativen Etikett des „Blaumachens" behaftet.

Was früher nur für den Montag galt, gilt inzwischen auch für den letzten Arbeitstag der Woche. Umfragen des Arbeitgeberverbandes zeigen, „dass die betrieblichen Fehlzeiten, die vorwiegend krankheitsbedingt sind, innerhalb der Arbeitswoche einen klar u-förmigen Verlauf aufweisen: Montags und freitags wird am häufigsten, mittwochs am wenigsten gefehlt"[11].

Übersehen wird hierbei, dass Krankschreibungen am Montag auch die Ereignisse des vorangegangenen Wochenendes mit erfassen, also hierin das Geschehen von insgesamt 2 bis 3 Tagen enthalten ist.

„Es ist einwandfrei erkennbar", erläutert E. Zoike vom Bundesverband der Betriebskrankenkassen, „dass die höheren Fallbeginn-Zahlen am Montag auch beginnende Erkrankungen des Wochenendes enthalten. Entgegen verbreiteter Auffassungen sind von Betriebskrankenkassen erfasste Neuerkrankungen am Freitag seltener als an anderen Wochentagen. Auch die durchschnittlichen Falldauern, die sowohl montags wie stärker noch freitags höher liegen als diejenigen mit Fallbeginn an anderen Wochentagen, erhärten nicht unbedingt die Vermutung, dass es sich überdurchschnittlich häufig um so genannte Kurzzeit-Erkrankungen handelt."[12]

Zu ähnlichen Erkenntnissen kommt die AOK. Braun/Kühn/Reiners zufolge belegt eine Studie des Wissenschaftlichen Instituts der Ortskrankenkassen zwar, „dass am Montag eindeutig die meisten Krankschreibungen erfolgen. Sie geht jedoch zu Recht davon aus, dass die Wahrscheinlichkeit, krank und damit arbeitsunfähig zu werden, an jedem Tag, also auch am Wochenende, gleich groß ist. Führt man eine Wochenendbereinigung der AU-Fälle des Montags durch, entfallen auf ihn nur noch 12 % der Fälle. Damit steht der Montag im Vergleich zu den anderen Tagen vor dem Freitag (10 Prozent) an vorletzter Stelle"[13].

Der Krankenstand geht mit der Konjunktur – eine Milchmädchenrechnung

Dass Krankenstand und Wirtschaftskonjunktur etwas miteinander zu tun haben, ist ein weiterer Diskussionspunkt in der Debatte. Die landläufige These, die sich hieran knüpft, lautet folgendermaßen:

In konjunkturell guten Zeiten wird die Arbeitsunfähigkeit von den Beschäftigten als eine Art zusätzliche Freizeit genutzt, weil dann keine Entlassungen drohen. Geht es dagegen dem Arbeitsmarkt bzw. der Wirtschaft schlecht, sinkt der Krankenstand.

Die Arbeitgeberverbände verbreiten seit Jahren diese These:„Die Ursachen für die sehr unterschiedlichen Krankenstände", so das Institut des Verbandes, „sind vielschichtig. Es gibt zwar eine Vielzahl medizinischer, soziologischer und ökonomischer Erklärungsansätze, aber kaum einfache und eindeutige Erklärungen. Aus der ökonomischen Theorie lassen sich zwei Thesen ableiten:

Der Krankenstand sinkt mit steigendem und steigt mit sinkendem Arbeitsplatzrisiko.

Der Krankenstand ist um so höher, je geringer die Einkommenseinbußen im Krankheitsfall sind."[14]

Diese These hat eine gewisse Plausibilität. Denn die Angst vor Verlust des Arbeitsplatzes lässt auch Kranke zur Arbeit gehen und wenn Personal abgebaut wird, trifft dies in der Regel die Leistungsgeminderten oder die auffällig häufig Erkrankten.

In dieser These steckt aber noch eine andere. Es ist die These von der schlechten Arbeitsmoral. Denn die Aussage unterstellt ja, dass der Krankenstand nicht durch Erkrankungen, sondern durch die Arbeitsmoral der Beschäftigten bestimmt wird. Diese ist demnach in guten Konjunkturzeiten schlecht, was zu einem „unechten Krankenstand" führt. Und schwache Konjunkturzeiten – so der Umkehrschluss – dienen einer verbesserten Arbeitsmoral. Die Folge ist ein Krankenstand, der auf eine unveränderbare Restgröße geschrumpft ist. „Aus dieser Sicht", erläutert J. Kuhn die Moral, die hinter dieser These steckt, „wird der Krankenstand zum Barometer der Bequemlichkeit, Wehleidigkeit oder gar Dreistigkeit der Beschäftigten, mit der sie sich ihren Arbeitspflichten entziehen."[15]

Die These von der Konjunkturabhängigkeit des Krankenstandes zeichnet also ein düsteres, aber fragwürdiges Bild einer Arbeitswelt, in der die Arbeitsmoral und in ihrem Gefolge Leistungsethik und Werte immer mehr an Boden verlieren. Anzeichen für den Verlust von Moral und Ethik werden mal in der Freizeitorientierung, Individualisierung, mal in der grassierenden Wohlfahrtsmentalität der Beschäftigten gesehen.

Ein Blick auf die Graphik zeigt, dass so unmittelbar Konjunktur und Arbeitsmoral nicht zusammenhängen können. Die Zahl der Arbeitslosen schwankt viel stärker als der Krankenstand, der sich recht stabil um die 5 % hält.

Betrachtet man die Entwicklung des Krankenstandes von 1960 bis 1992, so wird aus der amtlichen Statistik des Bundesministeriums für Arbeit und Sozialordnung deutlich, dass er sich auf dem gleichen Niveau befindet wie vor 30 Jahren. Wie aus der Graphik hervorgeht, ist der Krankenstand zu Beginn der 90er Jahre mit etwas über 5 % so hoch wie Anfang der 60er Jahre. Im Zeitverlauf lag der Krankenstand in den 70er Jahren erheblich über der 5 %-Marke, in den 80er Jahren meist deutlich darunter.

A. Oppholzer kommt daher zu folgender Schlussfolgerung: „Halten wir fest: In der Bundesrepublik stagniert der Krankenstand seit Jahren auf einem allenfalls mittleren Niveau, in der Tendenz ist künftig eher ein Rückgang als ein Anstieg des Krankenstandes zu erwarten. Die Entwicklung des Krankenstandes ist keineswegs derart dramatisch, dass von daher drastische Maßnahmen [...] geboten wären."[16]

Gegen die These, dass der Krankenstand mit der Konjunktur steigt oder fällt, spricht auch eine Erfahrung, die die Graphik nicht wiedergeben kann: In Krisenzeiten oder bei Entlassungen werden in der Regel zunächst einmal die gesundheitlich geschädigten Arbeitnehmer entlassen. Dass der Krankenstand dann sinkt, ist eine Folge davon, und hat mit verbesserter Arbeitsmoral nichts zu tun.

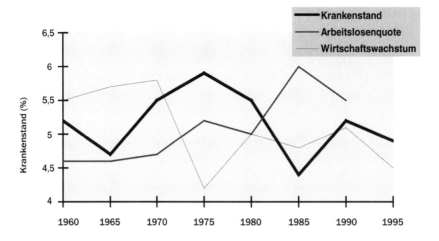

Krankenstand und Konjunktur
QUELLE: ARBEIT & ÖKOLOGIE BRIEFE 17/95

Die Ausländer?

Ob bei der Debatte um die Asylpolitik, um das Anwachsen der „organisierten Kriminalität",
ob in der Debatte um die Drogenpolitik – in vielen sozialpolitischen Debatten spielen „die
Ausländer" eine wichtige Rolle. Der Verweis auf sie dient der Politik bisweilen dazu, ein-
schneidende Veränderungen in der Sozialpolitik, des Strafrechts, ja sogar des Grundgesetzes
zu legitimieren. Die Politik kann sich dabei auf teils offene, teils stumme Zustimmung in
Teilen der Öffentlichkeit verlassen.

Es verwundert daher nicht, wenn Ausländer auch in der Krankenstandsdebatte eine Rolle
spielen. Eine allgemein formulierte These über den Zusammenhang von Krankenstand und
Ausländern existiert nicht. Die Personalmanager von Opel, VW und des öffentlichen Dienstes sowie die Fehlzeitenberater lehnen dies ausdrücklich ab.

Das lässt sich für die Medien generell nicht sagen. „Der Spiegel" (18/91) schildert einen Einzelfall. Einzelne Beobachtungen werden verallgemeinert, vorsichtig werden Andeutungen gestreut,
und unhinterfragt Zahlen eines (Provinz-)Arbeitgeberverbandes übernommen. Das alles kann
den Leser (nur) zu einem Schluss drängen: Die Ausländer tragen zum hohen Krankenstand bei!

Die folgende Passage und die Interpretation der einzelnen Abschnitte zeigt, wie geschickt
das Nachrichtenmagazin dem Leser die These vom hohen Krankenstand durch Ausländer
geradezu aufdrängt:

„Leichter haben es die Fehlzeitenfahnder mit den ausländischen Arbeitnehmern [...]. Bis
Ende der sechziger Jahre fehlten die Zugereisten nicht häufiger als ihre deutschen Kollegen.
Doch mit dem Beginn der allgemeinen Lohnfortzahlung im Jahre 1970 warf es sie haufen-
weise um, und derzeit liegen die Krankenstände bei den Ausländern um ein glattes Drittel
höher als bei den Einheimischen."

Die Ausländer nutzen also das soziale Netz in weit höherem Maße aus als die Deutschen,
obwohl sie hier nur „Zugereiste" sind – so lautet die Botschaft des ersten Abschnitts für den
Leser. Im zweiten Abschnitt heißt es dann:

„Besonders anfällig sind freilich nicht, wie manch einer denken mag, die Türken. Die kommen – so eine Erhebung des baden-württembergischen Verbandes der Metallindustrie, bestätigt durch andere Studien – erst an dritter Stelle, deutlich hinter den Italienern und den Jugoslawen, deren Befinden miserabel sein muss."

Das Unterscheiden einzelner Nationalitäten dient nicht der Sachlichkeit. „Die Türken" werden vom Verdacht des Krankfeierns „frei" gesprochen, „den Italienern" um so mehr schlechte Arbeitsmoral und Faulheit unterstellt.

Der dritte Abschnitt: „Doch es ist keine Frage, dass die Lebensverhältnisse von Gastarbeitern, die Defizite an Integration auf der einen Seite und an Heimat auf der anderen, den gesundheitlichen Zustand berühren. „Ausländer", verweist Peter Kirch von der Frankfurter IG Metall auf eine weitere Belastung, „müssen immer die dreckigsten und schwersten Arbeiten machen."

Dem wird der Leser unwidersprochen zustimmen. Die Tatsache, dass ausländische Arbeitnehmer und Arbeitnehmerinnen besonders schwere Arbeit haben und deswegen möglicherweise krank werden, ist einsichtig. Genau diese Einsicht wird im folgenden Abschnitt wieder in Frage gestellt. Hier heißt es:

„Nachdenklich stimmt es dennoch, dass ausländische Arbeitnehmer geradezu massenhaft während ihres Urlaubs von einer Krankheit erwischt werden. Nach einer Umfrage des Arbeitgeberverbandes Emscher-Lippe beispielsweise trifft 11,9 % aller Gastarbeiter dieses Geschick, hingegen nur 2,6 Prozent der Deutschen. Von den Italienern meldete sich gar ein Viertel aus dem Heimaturlaub krank, meist kurz vor dessem Ende."

Ausländer erkranken also nicht durch die Arbeit, sondern im Urlaub, so die Schlussfolgerung des Lesers. Die Aussage des vorherigen Abschnitts wird dadurch entkräftet. Bekräftigt wird stattdessen die Legende von der Unzuverlässigkeit der „Italiener".

Der letzte Abschnitt rundet die Botschaft vom hohen Krankenstand durch Ausländer ab. „Sehenswerte Krankheitsbilder lassen sich allerdings auch hierzulande entwickeln. So erschien eine Türkin, 25, während der rein theoretischen Arbeitsdauer von 21 Monaten nur an 62 Tagen in ihrer Pforzheimer Firma. Fünf verschiedene Ärzte hatten sie 22-mal krank geschrieben. Nach ihrem Ausscheiden, das dann doch unvermeidlich war, hatte die Frau einen Anspruch auf 312 Tage Arbeitslosenhilfe. Ihr leidvolles Schicksal verliert sich im Dunkeln, doch wenn sie alle Möglichkeiten ausgeschöpft hat, war sie mit ihren 62 Arbeitstagen für drei Jahre finanziell abgesichert."

Die Beamten: Krank geredet

In den Medien wird immer wieder behauptet, dass die Beschäftigten des öffentlichen Dienstes hinsichtlich der Fehlzeiten wegen Arbeitsunfähigkeit im Vergleich zu allen Branchen an der Spitze liegen.

Besondere Aufmerksamkeit kann sich bei diesen Vergleichen die Berufsgruppe der Beamten sicher sein. „Was ist mit den Beamten los", zitiert der „Spiegel" das „Hamburger Abendblatt" und fährt fort: „Die Zeitung weiß auch nicht, warum die praktisch unkündbaren Arbeitnehmer so oft im Bett liegen. Sind Beamte empfindsamer als Angestellte in der Industrie? Ist es der höllische Stress, wie beispielsweise die Lehrer klagen? Oder neigt der Staatsdiener dazu, Befindlichkeitsstörungen mit ein- bis mehrtägigen Ruhepausen zu bekämpfen?"[17] Das Magazin zitiert eine Erhebung des Bundesinnenministeriums, wonach Beamte der Bundesverwaltung 25,8 % mehr Fehltage aufweisen als Mitglieder der gesetzlichen Krankenversicherung. Je höher die Position und damit die Verantwortung der Beamten ist, desto geringer der Krankenstand. Denn laut Bundesministerium werden Beamte des höheren Dienstes (z. B. Ministerialrat) durchschnittlich 8,1 Tage pro Jahr krank, der gehobene Dienst (z. B. Amtsrat) 12,4, der mittlere Dienst (z. B. Inspektor) 15,8 und der einfache Dienst (z. B. Oberamtsgehilfe) 23 Tage pro Jahr krank. „Der Spiegel" kommt zu der Schlussfolgerung: „So malade sind die Beamten, dass nur noch eine kleine Minderheit bis zum 65. Lebensjahr durchhält."

Der Beleg für die These vom hohen Krankenstand des öffentlichen Dienstes und der Beamten, auf die sich die verschiedenen Medien berufen, ist eine Statistik des Bundesverbandes der Betriebskrankenkassen (BKK) aus dem Jahre 1993. In dem betreffenden Gutachten des Bundesverbandes heißt es zwar ausdrücklich, dass die Ergebnisse dieser Erhebung nicht als repräsentativ für die Gesamtbevölkerung der Bundesrepublik Deutschland angenommen werden können, aber das hat offenbar bislang niemand zur Kenntnis genommen. Von den insgesamt rund 5,36 Millionen Beschäftigten im öffentlichen Dienst (ohne die Bereiche Post und Bahn) sind lediglich 282000, also 5,3 % bei Betriebskrankenkassen versichert. Dabei handelt es sich weit überwiegend um Beschäftigte im Kommunaldienst und zwar insbesondere um Arbeiter. Der hohe Krankenstand der Verwaltungen ist laut BKK daher „keineswegs den typischen Büro- und Angestelltentätigkeiten geschuldet, sondern konzentriert sich vielmehr auf städtische Betriebe mit oftmals belastenden Arbeitsbedingungen, wie Müllabfuhr, Straßenreiniger, Gärtnereien, Kanalarbeiter etc."

Außer dieser-nicht repräsentativen-Erhebung-gibt es keine anderweitigen, branchenübergreifenden Untersuchungen über Fehlzeiten wegen Arbeitsunfähigkeit. Es existieren auch keine statistischen Erhebungen für den Gesamtbereich des öffentlichen Dienstes.

Das Fazit liegt auf der Hand: Die aus der Veröffentlichung des BKK-Bundesverbandes abgeleitete These, dass der öffentliche Dienst hinsichtlich der Krankheitsfehltage „an der Spitze liegt", bleibt eine unbewiesene Behauptung. Aber sie passt in das schiefe Bild von den sicheren Arbeitsplätzen in diesem Bereich und vom „faulen Beamten", das manche Medien verbreiten und von Teilen der Bevölkerung übernommen wird.[18]

Argumentationen, Menschenbilder, Ziele

Wenn es allein darum ginge, Krankheitskosten zu senken – ein Motiv, dem keiner der Beteiligten widerspricht – wären die Aufregungen der Debatte und manche Beständigkeit in der Argumentation nicht nachzuvollziehen. Es geht um mehr, um viel mehr.

Hinter den Thesen-Argumenten vom Blaumachen, der massenhaften Inanspruchnahme einer Kurzerkrankung oder des Ausnutzens der Lohnfortzahlung verbergen sich Menschenbilder und Ziele. Und schließlich ist die Debatte um den Krankenstand auch als gesellschaftlicher „Diskurs" zu verstehen. Als Verständigung über Tugenden wie Arbeitsmoral und „richtiger" Arbeitseinstellung in einer Gesellschaft, die ihre Identität aus der Arbeit herleitet und in der Krankheit immer auch als eine Gefährdung dieser Arbeitstugenden angesehen wird. Dabei lassen sich vier Argumentationsmuster unterscheiden.[19]

1. Die Individualisierung der Erkrankung

In der Argumentation der Arbeitgeber wird ein Zusammenhang von dem Problem Krankheit mit seiner Verteilung in der Bevölkerung und seiner Entstehung im Arbeits- und Lebenszusammenhang der Beschäftigten vermieden. Der Krankenstand wird als individuelles Phänomen gedeutet, gesteuert von Verhalten und Motivation des Beschäftigten. Wahlweise führt die „sinkende Leistungsbereitschaft" der Arbeitnehmer, die individuelle „Begehrlichkeit", die mangelnde Eigenverantwortung oder die „fehlende Solidarität" mit der Versichertengemeinschaft zum „Missbrauch" sozialer Leistungen wie Lohnfortzahlung und Krankengeld. Die Auflösung dieses Zusammenhangs von Arbeit und Erkrankung wird vom Fehlzeitenmanagement auch sprachschöpferisch vorangetrieben. Statt von Arbeitsunfähigkeit spricht man von Fehlzeit, in der das Wort „Fehler" schon den Schuldvorwurf gegenüber dem Erkrankten andeutet. Statt Krankenstand spricht man von „Abwesenheit" oder von der „Gesundheitsquote".

Der Ausgangspunkt für die Argumentation der überwiegenden Verhaltensbedingtheit des Krankenstandes liegt darin, dass tatsächlich weder Krankheit noch Arbeitsunfähigkeit objektiv, sondern nur in vagen Umrissen feststellbar sind, da eine Grenzziehung zwischen Krankheit und Gesundheit für den Arzt schwierig bzw. unmöglich ist. Hinzu kommt, dass das Zustandekommen der konkreten Entscheidung darüber, was als Arbeitsunfähigkeit zu gelten hat, in einem gewissen Umfang als individueller und gesellschaftlicher Definitions- und Aushandlungsprozess zu bezeichnen ist.

In der Krankenstandsdebatte wird die Arbeitsunfähigkeit in erster Linie als individuelles Entscheidungs- und Verhaltensphänomen gedeutet, dem immer dann verstärkt Aufmerksamkeit gewidmet wird, wenn betriebliche Produktionsabläufe gefährdet sind. Thematisiert wird dies nicht aus der Perspektive der darunter körperlich und psychisch leidenden Menschen. Krankheit erscheint vielmehr ein Störfaktor zu sein, der „von außen" auf den Betrieb einwirkt und Personalorganisation und Ertragslage des Unternehmens gefährdet.

2. Der Missbrauch

Der Vorwurf, dass die Arbeitsunfähigkeit missbräuchlich beansprucht wird, ist das zweite Argumentationsmuster der Krankenstandsdebatte. Dieser Vorwurf richtet sich nicht nur an die Beschäftigten. Er gilt auch dem System der sozialen Sicherung und den Ärzten, die über eine Arbeitsunfähigkeit zu entscheiden haben. Vorgehalten wird ihnen, Missbrauchsverhalten zu verursachen bzw. zu fördern.

Im *System der sozialen Sicherung* werden sachliche Konstruktionsmängel entdeckt, die eine Verhaltenssteuerung bzw. -änderung der Beschäftigten hinsichtlich ihrer Arbeitsunfähigkeit förmlich nach sich ziehen. Demnach gehen Fehlanreize von der 100 %igen Lohngarantie bei Nichtleistung von Arbeit aus. Die Gleichsetzung von Arbeit und arbeitsfreier Lebensführung bei Arbeitsunfähigkeit müsse Mitnahmeeffekte und Anspruchsdenken bei den Arbeitnehmern auslösen. Oder noch zugespitzter: Die Sozialversicherung schaffe teilweise die Risiken selbst, die sie abzufangen beabsichtigte.

Dieser Vorwurf gegen das soziale Sicherungssystem unterliegt dem gleichen Menschenbild wie das Motivationsgespräch im Fehlzeitenmanagement. Der Mensch hat eine angeborene Abneigung gegen Arbeit. Er geht ihr aus dem Weg, so gut er kann. Er sucht nach Lust ohne Anstrengung, nach Entspannung statt (beruflicher) Anspannung.

Den *Beschäftigten* wird unterstellt, dass sie aus vielerlei Gründen zum Arzt gehen, auch wenn sie gar nicht krank sind ("unechter Krankenstand") oder wenn Befindlichkeitsstörungen zwar bestehen, aber diese die Leistungsfähigkeit nicht erheblich einschränken ("Bagatellerkrankungen").

Als Beleg für die Richtigkeit dieser These dienen sämtliche Schwankungen in der Höhe des Krankenstandes. Immer wird dabei davon ausgegangen, dass eine Gleichverteilung von Gesundheit und Krankheit im Zeitverlauf und über alle Beschäftigtengruppen hinweg existiere. Die statistische Normalverteilung wird somit zur Messlatte der gesamten Diskussion. Neben den schon genannten konjunkturellen Schwankungen und Veränderungen der Krankenstandszahlen bei gesetzlichen Neuregelungen werden auch alle weiteren zeitlichen Änderungen, wie etwa im Wochenverlauf ("Blauer Montag") oder saisonale Schwankungen ins Feld geführt.

Ähnliches gilt für vermeintliche „Problemgruppen": Beim Krankenstand der Frauen, Ausländer, der Beschäftigten des öffentlichen Dienstes heißt es, dass es sich hierbei nur um ein verstärktes Anspruchsdenken und Fehlverhalten – aufgrund geringerer Leistungsbereitschaft, geringer Bindung an den Betrieb oder schwacher beruflicher Integration – handele. Unterschiede zwischen diesen Gruppen in den Arbeits- und Lebensbedingungen und damit verbundenen Erkrankungsrisiken werden nicht ernsthaft akzeptiert. Mit der Unterstellung einer Gleichverteilung bezogen auf die Gesamtbevölkerung macht sich dann jedes Individuum oder jede Teilgruppe, die von einem nicht näher definierten „Normalkrankenstand" abweicht, des Missbrauchs verdächtig.

Und schließlich *die Ärzte*, die ebenfalls beim Missbrauch sozialer Leistungen in die Kritik geraten. Entscheiden zwar die Patienten in erster Linie, ob sie einen Arzt aufsuchen, so haben aber letztere zu entscheiden, ob es sich hierbei um eine Krankheit handelt und eine Arbeitsunfähigkeit nach sich zieht. Hier liegt tatsächlich ein gewisser Handlungsspielraum für die Arztentscheidung, denn ob es sich um eine Erkrankung mit Arbeitsunfähigkeit als Folge handelt, ist in manchen Fällen nicht eindeutig zu definieren. In der Krankenstandsdebatte wird diese Definitionsschwierigkeit zugunsten von Vorwürfen gegen diesen Berufstand massiv genutzt. Die Ärzte schrieben leichtfertig krank, stellen „Gefälligkeitsgutachten" aus und leisten damit der ungerechtfertigten Beanspruchung einer Arbeitsunfähigkeit Vorschub, wird argumentiert. Motive für ihr Handeln werden im zunehmenden Konkurrenzdruck ("Ärzteschwemme") gesehen. Sie seien gezwungen, Bescheinigungen auch ohne zwingende Notwendigkeit auszustellen oder zu lange, in der Regel im Wochenrhythmus, krank zu schreiben, um das Abwandern ihrer Patienten zu verhindern.

3. „Moral hazard" und „homo oeconomicus"

Die Kritik am Krankenstand und an der Beanspruchung einer Arbeitsunfähigkeit fußt auf einem Verhaltensmuster, das als zutiefst menschlich charakterisiert und aufgrund seiner scheinbaren Logik und Rationalität eine Naturgesetzlichkeit zugesprochen wird. Im dritten Argumentationsmuster geht es um das Menschenbild der Krankenstandsdebatte.

Mit dem Begriff „moral hazard", moralisches Risiko, wird ein menschliches Verhaltensmuster bezeichnet. Der Begriff stammt aus dem Versicherungswesen und beschreibt das Verhalten bei einer Geltendmachung von Versicherungsleistungen. Dieses Verhalten trete immer dann auf, wenn der Anspruchsberechtigte überwiegend selbst Art und Häufigkeit von Leistungen bestimmen kann. Jeder Versicherte werde demnach danach streben, so viel Leistungen wie möglich zu erlangen, zumal der Umfang der beanspruchten Leistung, wie etwa im Krankheitsfall, keinen Einfluss auf die Höhe des zu zahlenden Beitrags habe. Frage der Versicherte dagegen nur in bescheidenem Ausmaß nach, drohe er sogar übervorteilt zu werden, da sich andere aus seinen Beitragszahlungen bedienen. Das Beanspruchen umfangreicher Leistungen, so die Schlussfolgerung, sei daher nicht nur logisch und nützlich, es entspreche auch der Rationalität wirtschaftlichen Handelns und der Mentalität des „homo oeconomicus". Dieser Begriff, der seit dem 19. Jahrhundert in der Ökonomie verwendet wird und Grundlage aller Lehrsätze dieser Wissenschaft ist, erklärt menschliches Handeln und Denken einem Naturgesetz gleich. Der „homo oeconomicus" bewege sich demnach immer nur in eine Richtung: nach oben. Sein Ziel ist, mehr zu bekommen; mehr Geld, mehr Profit, mehr Lohn. Er folgt nur einem Interesse, dem eigenen und verhalte sich daher rational. Da dies die Mentalität der meisten, wenn nicht aller Versicherten sei, käme es zu einem überproportionalen Anstieg des Krankenstandes und der Ausgaben der Krankenkasse.

Dass der „homo oeconomicus" ein theoretisches Kunstprodukt ist und sein striktes Menschenbild auf falschen Annahmen beruht, hat die experimentielle Wirtschaftswissenschaft bereits bewiesen.[20] Auch den Widerspruch, dass bei Zutreffen dieser Annahmen, der Krankenstand um einiges höher liegen müßte als die gegenwärtigen circa 4 %, übersehen die Vertreter dieser These. „Alle diese Überlegungen", meinen Braun, Kühn und Reiners dazu, „gehen u.a. davon aus, dass die Inanspruchnahme medizinischer Leistungen ein Genuß ist, von dem der Patient gar nicht genug bekommen kann. Diese Annahme lässt sich eigentlich schon mit dem Hinweis auf zeitraubende Wartezeiten beim Arzt, die zweifelhaften Freuden eines Zahnarztbesuches oder den reichlich herben Genuß einer Bypass-Operation verwerfen."[21]

4. Die Ziele

Neben plakativen Forderungen an den Gesetzgeber, wie bspw. aus Gründen der internationalen Wettbewerbsfähigkeit die Lohnfortzahlung im Krankheitsfall zu kürzen, hat die Krankenstandsdebatte eine kulturelle und betriebliche Dimension, die sich eher unterhalb der politischen Oberfläche befindet.

In kultureller Hinsicht aktualisiert die Debatte die tief sitzende Furcht des Managements, dass Krankheit und Arbeitsunfähigkeit weniger ein medizinisches Phänomen, sondern vielmehr Symbol für einen ständig fortschreitenden Wertewandel unter den Beschäftigten ist. Dieser Wandel von Erwartungen und Einstellungen ist im gesellschaftlichen Umfeld der Unternehmen schon seit den siebziger Jahren Thema und wird mal mit „Konsum-" oder „Freizeitgesellschaft", neuerdings mit dem Begriff „Erlebnisgesellschaft" umschrieben. Wie immer die Etikettierung lautet, befürchtet wird, dass dieser Wandel zu deutlichen Abschwächungstendenzen des traditionellen „bürgerlichen", auf Arbeit als Lebensziel ausgerichteten Wertesystems führt. Unter diesen Vorzeichen signalisiert Krankheit und Krankenstand das langsame Schwinden des typischen „deutschen" Arbeitsethos (Motto: „Man lebt um zu arbeiten!"). Damit kann sich das Management immer weniger auf einen tiefsitzenden, quasi automatisch wirksamen hohen Motivationsgrad der Beschäftigten verlassen, der noch in der Nachkriegszeit Garant eines harten und unermüdlichen Arbeitseinsatzes war. So gesehen haben Krankenstandsdebatten das Ziel, Arbeitspflicht und Leistungserbringung als Kardinaltugenden einer „Arbeitsgesellschaft" im gesellschaftlichen Wertekonsens immer wieder aufs Neue zu verankern. Dies erklärt auch die ständige Wiederholung der Debatte.

In der betrieblichen Dimension der Debatte soll bei den einzelnen Beschäftigten der Verzicht auf die Inanspruchnahme einer Arbeitsunfähigkeit bzw. die Leistungsbereitschaft bis zur

Grenze der Leistungsfähigkeit gefördert werden. Erhöht werden soll die Toleranzschwelle gegenüber Befindlichkeitsstörungen und Krankheitszuständen. Die Solidarität mit Leistungsgeminderten, deren Leiden häufig Folge jahrelang erduldeter arbeitsbedingter Ursachen ist, und Beschäftigtengruppen, die besonders hohe Krankenstände aufweisen, wird somit in Frage gestellt. Bei den Beschäftigten und den Interessenvertretungen soll die Diskussion Akzeptanz für betriebliche Kontroll- und Sanktionsmaßnahmen im Rahmen des Fehlzeitenmanagments schaffen: Akzeptanz für Rückkehrgespräche, Prämiensysteme, krankheitsbedingte Kündigungen und Ausgliederung von Leistungsgeminderten.

1   GFA Gesellschaft für Arbeitsmedizin mbh: Analyse betrieblicher Fehlzeiten aus arbeitsmedizinischer Sicht. Erkenntnisse aus der betriebsärztlichen Betreuung von ca. 100.000 Arbeitnehmern in Baden Württemberg, Tuttlingen, ohne Jahresangabe, Blatt 5

2   „Was sind eigentlich...Fehlzeiten", in: IGM-direkt, Informationsdienst der IG Metall Heft 21/96, Frankfurt am Main 1996

3   „Bundesinnenministerium: Krankenstand beim BGS war falsch berechnet", in: Frankfurter Rundschau, 18. September 1998

4   Scharf B.: Beratungsunterlage für die Sitzung des sozialpolitischen Ausschusses am 11. Januar 1983: Krankenstand und Lohnfortzahlung, DGB Bundesvorstand, Abt. Sozialpolitik, Jan. 1983, S. 10

5   „Wer es nicht tut, gilt als dumm", in: Der Spiegel (18/91), S. 40-65

6   Frankfurter Rundschau, 3.9.1993

7   „Die Kosten der Krankheit. Lohnfortzahlung im internationalen Vergleich", in: Die Woche, 19.4.1996

8   Zoike E.: „Krankenstand – Einflussfaktoren und Steuerungspotentiale", in: Arbeit und Sozialpolitik, Heft 11-12/1991, S.41-48

9   Priester, K.:"Wird der Sozialstaat mit den kranken Menschen umgebaut?", in: Frankfurter Rundschau, 3.9.1993

10 Kuhn J.: Krankenstand und Rückkehrgespräche, in: Busch R. (Hg.): Arbeitsmotivation und Gesundheit, Rückkehrgespräche in der betrieblichen Praxis, in: Forschung und Weiterbildung für die betriebliche Praxis, Bd. 15, Berlin 1997, S. 50

11 Schnabel C.: „Bestimmungsfaktoren des Krankenstandes", in: w-trends 4/1991, Informationsdienst des Instituts der deutschen Wirtschaft, Köln 1991, D-7

12 Zoike E., a.a.O. S.45

13 Braun B./Kühn H./Reiners H.: „Das Märchen von der Kostenexplosion durch die ,Blaumacher'", in: Frankfurter Rundschau, 15. Juni 1998

14 w-trends, Informationsblatt des Instituts der deutschen Arbeitgeberverbände 1/96, S. 7

15 Kuhn J.: Krankenstand und Rückkehrgespräche, a.a.O, S. 46

16 Oppholzer A.: „Karenztage – kein geeignetes Mittel zur Senkung des Krankenstandes", in: WSI Mitteilungen, Zeitschrift des Wirtschafts- und Sozialwissenschaftlichen Instituts des DGB, Heft 3/ 1994, S. 201

17 „Da muß etwas passieren. Wie krank sind Deutschlands Staatsdiener?", in: Der Spiegel (3/97), S. 24-28

18 vgl. hierzu: „Krank geredet", in: Mitteilungsblatt des deutschen Beamtenbundes Heft 3/1997

19 Die folgende Darstellung greift zurück auf einen Beitrag von Maria Oppen im Jahrbuch für kritische Medizin. Oppen M.: „Elemente und ideologische Funktion der Diskussion über den Krankenstand", in: Krankheit und Ursachen, Jahrbuch für kritische Medizin, Heft 10, Berlin 1994, S. 109 -120

20 vgl.: Wolfgang Uchatius: „Der Mensch, kein Egoist. Die Wirtschaftswissenschaft entdeckt die Realität – und kommt auf neue Ideen", in: Die Zeit vom 31.5.2000

21 Braun B./Kühn H./Reiners H., „Das Märchen von der Kostenexplosion durch die ,Blaumacher'", in: Frankfurter Rundschau, 15. Juni 1998

Kapitel 5

5. Eine neue Unternehmenskultur? –
Die Leitbilder des Fehlzeitenmanagements

Der „gute" Vorgesetzte

Das kommunikative Unternehmen

Ist Krankheit kommunizierbar?

Der motivierte Beschäftigte

Motivierung statt Motivation

Das gerechte Unternehmen

5. Eine neue Unternehmenskultur? – Die Leitbilder des Fehlzeitenmanagements

In Leitbildern werden die Richtlinien und das Selbstverständnis eines Unternehmens in komprimierter Weise formuliert. Leitbilder sollen Werte vermitteln, die die Tätigkeit eines Unternehmens im gesellschaftlichen Umfeld oder innerbetrieblich legitimieren. Manche Unternehmen möchten mit Leitbildern eine gemeinsame Vision des Unternehmens herstellen oder eine neue Unternehmenskultur begründen. Als umfassendes und strategisch ausgerichtetes Konzept zielt Fehlzeitenmanagement gleichzeitig auf die Beeinflussung der Unternehmenskultur und auf Psyche und Verhalten der einzelnen Beschäftigten. Als eine Art ideologischer Klammer unterliegen dem Fehlzeitenmanagement umfassendere Vorstellungen über individuelle Bedürfnisse, Verhaltensweisen der Beschäftigten und deren gezielte Beeinflussung. Zu erkennen ist dabei eine zunehmende Nutzung von Erkenntnissen der Organisations- sowie Verhaltenspsychologie und der Kommunikationswissenschaft. In Form von einfachen Annahmen über vermutete Wirkungszusammenhänge finden diese Eingang in die Begriffe und Argumente, die man als Leitbilder des Fehlzeitenmanagements bezeichnen kann. Die auffälligsten sind:

1. Der „gute" Vorgesetzte: Dieses Leitbild dient zur Aktivierung und Kontrolle der unteren und mittleren Vorgesetztenebene: Die Aufgabe, die „von oben" gesteckten Ziele der Fehlzeitenminderung umzusetzten, fällt in erster Linie ihnen zu. Sie werden in die Verantwortung genommen und haben die Aufgabe die Fehlzeitenminderung in den Abteilungen, Gruppen und Dienststellen umzusetzen. Als Führungsaufgabe ist ihnen zugedacht, Rückkehrgespräche zu führen, Kontakt zum Erkrankten während der Abwesenheit zu halten und sich verständnisvoll zu verhalten. Gleichzeitig wird ihr Führungsverhalten einer ständigen Kontrolle unterworfen. Die mittleren und unteren Vorgesetzten geraten dadurch nicht nur in das Visier des oberen Managements. Sie sind erheblichen Rollenkonflikten im Umgang mit erkrankten Beschäftigten ausgesetzt.

2. Das kommunikative Unternehmen: Diesem Leitbild liegt die These zugrunde, dass über Krankheit im Betrieb zu reden ein „Tabu" darstelle. Nicht nur Beschäftigte auch Vorgesetzte meiden demnach die Auseinandersetzung über Arbeitsunfähigkeit. Dies führe zu Kommunikationsblockaden im Betriebsalltag und in der Beziehung zwischen Beschäftigten und Management. Eine strukturierte und dauerhafte Kommunikation in Form des verbindlichen Gesprächs soll dieses Defizit beheben und Leitbildcharakter im Sinne einer neuen Unternehmenskultur bekommen. Die Diskussion dieses Leitbilds zeigt, dass im Fehlzeitenmanagement unter Kommunikation weniger ein dialogisches Verhältnis als vielmehr eine Technik verstanden wird.

3. Der motivierte Beschäftigte: Krankheit bzw. Arbeitsunfähigkeit wird in diesem Leitbild als Ausdruck fehlender Arbeitslust, Leistungsbereitschaft und eines falschen Entschei-

dungsverhaltens der Beschäftigten interpretiert. Diese Motivationsthese beruft sich auf Erkenntnisse aus dem Bereich der Organisationspsychologie. Fehlzeitenmanagement strebt eine Stärkung der Beschäftigtenmotivation an. Hieraus entwickelt sich eine Eigendynamik: Motivation schlägt um in Motivierung, also einer Technik, die Ausdruck des Misstrauens gegenüber den Beschäftigten ist.

4. Das gerechte Unternehmen: Im Unterschied zu früheren einzelfallbezogenen Maßnahmen gegenüber Erkrankten erfolgt nun eine Systematisierung durch verschiedene Formen der Standardisierung, die sich auf den gesamten Prozess der Fehlzeitensenkung auswirken. Das Prinzip Standardisierung tritt an Stelle früherer Willkür und soll Gerechtigkeit und faire Behandlung im Sinne einer modernen Unternehmenskultur herstellen. Eine Betrachtung des methodischen Vorgehens und eine Diskussion der dem Leitbild zugrunde liegenden Annahmen zeigt, dass Standardisierung nur ein scheinbares Mehr an Gerechtigkeit und fairer Behandlung erzeugt.

Der „gute" Vorgesetzte

„Ursache Chef. Der Führungsstil in deutschen Betrieben macht Mitarbeiter krank", schreibt die „Süddeutsche Zeitung" im Juni 1997.[1] Sie berichtet über eine Befragung in mehr als 250 deutschen und schweizer Unternehmen des Münchener „geva"-Instituts. Demnach halten in Betrieben mit hohen Krankenständen 80 % der Mitarbeiter ihre Chefs für unfähig, sie zu motivieren. Geklagt wird auch über mangelnde Aufstiegschancen, fehlende Unterstützung bei der Karriere und ungerechte Beurteilungen. Lediglich 13 % der Führungskräfte unterstützen ihre Mitarbeiter dabei, beruflich weiterzukommen. 59 % der Mitarbeiter klagen über mangelnde Aufstiegschancen, 53 % beschweren sich über eine ungerechte Leistungsbeurteilung durch den Chef. Die Ergebnisse beider Befragungen sprechen eine deutliche Sprache und belegen scheinbar eindeutig, wie gravierend sich das Führungsverhalten auf den Krankenstand auswirkt.

„Meister nehmen ihre Krankenstände mit", erklärt der Personalchef Dr. Koch von VW Kassel diese Beziehung von Fehlzeiten und Führungsverhalten. Spies/Beigel halten psychische Erkrankungen für eine direkte Folge falschen Vorgesetztenverhaltens. „Mindestens ebenso starke Beeinträchtigungen [wie körperliche Belastungen, H.B.] ergeben sich aus psychischen Belastungen, die jeden Arbeitnehmer betreffen, unabhängig von der Art seiner Tätigkeit. Dieser Aspekt betrifft das Führungsverhalten, dem ein Mitarbeiter durch seinen Vorgesetzten ausgesetzt ist. [...] Der viel beachtete Stress ist häufig eine Folge falschen Führungsverhaltens." „Fehlzeiten", so lautet ihre Erkenntnis, „sind auch ein Maßstab für die Qualität des Managements."[2] Neben den Beschäftigten geraten also auch ihre Vorgesetzten in das Visier der Personalleitungen. „AVP steht für eine Strategie, die erstmals Vorgesetzte zum Teil des Problems erklärt", schreibt das „mangermagazin" treffend. Nicht nur der AVP auch andere Konzepte verfolgen also einen doppelten Effekt. Neben den Beschäftigten zielen sie gleichzeitig auch auf die Vorgesetzten der unteren und mittleren Ebene. Weil hohe Krankenstände und Fehlzeiten als Folge ihres (falschen) Führungsverhaltens gedeutet werden, werden ihre Kompetenz und ihre soziale Qualifikation im Umgang mit den Beschäftigten einer stärkeren Kontrolle unterworfen. Der Fehlzeitenberater Pohen geht noch einen Schritt weiter und empfiehlt, ungeeignete Vorgesetze zu entlassen. „*Merken Sie sich:* Guter Führungsstil wirkt auf Fehlzeiten wie die regelmäßige Wartung auf den Zustand eines Autos! Was kränkt, macht krank! [...] Schrecken Sie nicht davor zurück, offenbar ungeeignete Vorgesetzte abzulösen!"[3]

Diese Äußerungen machen deutlich, wie weit Misstrauen und Unbehagen im (oberen) Management gegenüber den unteren und mittleren Vorgesetzten verbreitet ist. In merkwürdigem Kontrast hierzu stehen die in den Betrieben verwendeten Leitfäden des Fehlzeitenmanagements. Sie produzieren nicht nur das gewohnte, klassische Bild der betrieblichen Ordnung: Hier der Beschäftigte, der von Maßnahmen der Fehlzeitenminderung betroffen ist und im Rückkehrgespräch einer mehr oder minder geschickten Fragetechnik unterworfen ist, und einem Vorgesetzten auf der anderen Seite, der Fragen stellt und sich von dem Ziel leiten lässt, das Verhalten seines Gesprächspartners im Sinne des Unternehmens zu beeinflussen. Die Leitfäden präsentieren auch das Leitbild eines Vorgesetzten, der seiner Führungsaufgabe gegenüber dem Erkrankten gerecht wird, mit Verständnis und Anteilnahme reagiert, kurzum dem Idealbild eines „guten" Vorgesetzten entspricht.

Der Fehlzeitenberater P. Nieder spricht in diesem Zusammenhang von einer Personenaufgabe, die seiner Meinung nach ebenso wichtig wie die Sachaufgabe des Vorgesetzten sei. „Genauso wie jeder Vorgesetzte verantwortlich ist für die Produktivität seines Bereiches, genauso sollte auch jeder Vorgesetzte verantwortlich sein für die Zufriedenheit der ihm direkt unterstellten Mitarbeiter. Die meisten Vorgesetzten fühlen sich auch für den Bereich der Personenaufgabe verantwortlich. [...] Es ist eine selbstverständliche Aufgabe, dass ein Vorgesetzter mit einem Mitarbeiter, der aus der Abwesenheit wieder an seinem Arbeitsplatz erscheint, ein ‚Rückkehrgespräch' führt."[4]

Für diese Aufgabe geben die Konzepte und Leitfäden des Fehlzeitenmanagements den Vorgesetzten eine Fülle von Empfehlungen. Er soll nach „TOP FIT – JOB FIT", dem Konzept der AOK Rheinland, in guter Verfassung sein, wenn er dem Erkrankten gegenübertritt, für eine freundliche Atmosphäre sorgen, Augenkontakt herstellen und auf Körpersprache achten, aktiv zuhören, gezielte Fragen offen gestalten, sich Zeit nehmen, sich genau vorbereiten und das Ziel gegenüber dem Erkrankten festlegen.

Das Audi-Vertriebszentrum Südbayern vermittelt die Empfehlungen an seine Vorgesetzten in Form von Leitsätzen:

„1. Sprechen Sie die Probleme frühzeitig, klar, offen und taktvoll aus!
 2. Führen Sie die Kritikgespräche nicht in der Öffentlichkeit, kalkulieren Sie genügend Zeit für ein Kritikgespräch ein!
 3. Vermeiden Sie persönliche Angriffe!
 4. Lassen Sie Ihren Gesprächspartner ausreden!
 5. Vermeiden Sie Versprechungen oder Drohungen, die nicht haltbar sind!
 6. Bieten Sie Hilfe an!
 7. Verlieren Sie Ihr Ziel nicht aus den Augen!"[5]

Friczewski/Drupp beschreiben die Charaktereigenschaften der Vorgesetzten. Sie erwarten von ihnen, dass sie auch gegenüber ihren eigenen Vorgesetzten selbstbewusst auftreten. Sie sollen genügend Rückgrat haben zur Weiterleitung von Erkenntnissen aus den Rückkehrgesprächen, auch „wenn sie vielleicht ‚oben' nicht unbedingt gleich auf offene Ohren stoßen." Sie fordern gleichzeitig von ihnen „von Mitarbeitern auch Anerkennung und Kritik entgegenzunehmen und darüber hinaus Kritikverhalten sogar aktiv zu fördern." Und schließlich sollen sie auch hinnehmen, dass „im Rückkehrgespräch als eine Ursache für Fehlzeiten eventuell auch [...] eigenes Verhalten" angesprochen wird.[6]

So entsteht eine Liste der schönen Tugenden und Ansprüche. Eigenschaften wie soziale Kompetenz, Kommunikationsfähigkeit, Entscheidungsfreudigkeit, Mut/Entschlossenheit, Ausgeglichenheit, Freundlichkeit, Zeit/Geduld und sogar Selbstkritik werden von den Vorgesetzten erwartet. Bei dieser Anhäufung von Eigenschaften des „guten" Vorgesetzten fragt man sich, ob Vorgesetzte diesen Ansprüchen des Fehlzeitenmanagements überhaupt gerecht werden können. Oder laufen diese Eigenschaften, die in Leitfäden und Konzepten beschrieben werden, auf eine Idealisierung der Vorgesetzten hinaus?

Dass Vorgesetzte im Umgang mit erkrankten Beschäftigten in nicht nur menschlich schwierige und konfliktreiche Situationen geraten können, ist in den Konzepten kein Thema, aber in der Konstellation des Rückkehrgesprächs durchaus vorstellbar:

- Wie sollen bspw. Vorgesetzte, die einen kooperativen Umgang mit ihren Mitarbeitern pflegen, sich verhalten angesichts des Auftrags, diese nach Hobbies, Freizeit und Erkrankungsdiagnose „auszuhorchen"? Gewissenskonflikte sind hier vorprogrammiert. Ein solcher Vorgesetzter hat die Qual der Wahl zwischen strikter Befolgung oder Umgehung des Auftrags: Befolgt er ihn strikt, hat sein Verhalten u. U. negative Folgen für das Verhältnis zwischen ihm und dem Mitarbeiter. Will er aber das kooperative Verhältnis zu seinem Mitarbeiter bewahren, verstößt er gegen die an ihn gestellte Vorgabe.

- Vorgesetzte sind medizinische Laien und haben wenig Erfahrung im Umgang mit Krankheiten. Was geschieht, wenn Anzeichen und Signale einer (bevorstehenden) Krankheit in einem Gespräch von ihnen möglicherweise nicht erkannt werden und zu einer Verschleppung und damit Verschlimmerung einer Krankheit führt? Auch Hilflosigkeit kann Ergebnis eines Gesprächs sein, etwa wenn die Beschäftigten Fragen nach ihrer Krankheit ernst nehmen und ihre persönliche Leidensgeschichte schildern.

- Und was passiert, wenn sich im Rückkehrgespräch herausstellt, dass die Erkrankungsursachen tatsächlich am Arbeitsplatz liegen oder der Beschäftigte dem Arbeitsdruck einfach nicht mehr gewachsen ist? Reicht die Kompetenz des Vorgesetzten tatsächlich und in jedem Fall aus, eine Änderung herbeizuführen? Hat er die Macht, die Entscheidungsfreiheit, den Arbeitsdruck des Beschäftigten durch eine Versetzung auf einen weniger beanspruchenden Arbeitsplatz zu vermindern? Auch in einem solchen Fall ist das Dilemma der Vorgesetzten absehbar. Denn nicht einmal in großen Betrieben und prosperierenden Weltmarktkonzernen, geschweige denn in Klein- und Mittelbetrieben, verfügen Vorgesetzte über die erforderlichen Handlungsmöglichkeiten in einem solchen Fall. „Stellt sich bei den Gesprächen – sofern sie vertrauensvoll geführt werden – heraus", beschreibt eine Beschäftigte der Telekom AG dieses Dilemma der Vorgesetzten, einem Konzern mit 170000 Beschäftigten, „dass die/der Beschäftigte aus gesundheitlichen Gründen dem Arbeitsdruck nicht mehr gewachsen ist, taucht ein noch größeres Problem auf: Wohin mit ihnen? Bei Telekom gibt es fast keine Arbeitsplätze für Leistungsgeminderte mehr. Warum auch? Personalabbau heißt die Devise. Und auch deswegen ist zu befürchten, dass Beschäftigte, die Angst um ihren Arbeitsplatz haben, eben nicht offen und ehrlich die Hintergründe ihrer Krankheit darstellen werden und die Ressortleiter, die die Gespräche in gutem Willen führen, in vorprogrammierte Interessenkonflikte geraten."[7]

Solche Konflikte werden in den Leitfäden für die Vorgesetzten nicht diskutiert. Sie prägen das harmonische Bild des „guten" Vorgesetzten zum Vorteil der Beschäftigten. Ein Bild, das der Realität nicht entspricht und Klischeevorstellungen entspringt.

Auf diesen Aspekt weisen auch Hesse/Schrader hin, die sich in ihrem Buch „Die Neurosen der Chefs" schon vor einigen Jahren mit der gegenwärtigen Situation von Vorgesetzten auseinandersetzen. Ihrer Ansicht nach entspringt diese Idealisierung einer Vorstellung, die auf längst vergangene Zeiten des Wirtschaftswunders in den 50er und 60er Jahren zurückgeht, aber trotz zunehmender Krisentendenzen in der Wirtschaft als Klischee weiterlebt.[8]

Demnach erleben Vorgesetzte nicht selten gravierende Gefühle eigener Ohnmacht und Hilflosigkeit. Das beunruhigende Gefühl, nicht wirklich Herr der Lage zu sein, keinen Einfluss (mehr) auf Personen, Dinge und Entwicklungen zu haben, führe bei einer großen Zahl von Führungskräften – besonders im krisengeschüttelten und von Wegrationalisierung bedrohten mittleren Management – immer häufiger zu depressiven Verstimmungen.

Ähnlich verhält es sich ihrer Meinung nach mit dem Faktor Angst. Dass Beschäftigte Angst vor ihrem Chef haben, ist nicht selten und manchmal ein bewusst oder unbewusst in Kauf genommener Nebeneffekt manches betrieblichen Fehlzeitenkonzepts. Das umgekehrte Phänomen, dass Vorgesetzte Angst vor ihren Untergebenen empfinden, ist dagegen in der umfangreichen Literatur zum Thema Führung und Fehlzeiten tabu.

Auf einen anderen Gesichtspunkt weist Staute in seinem Buch „Ende der Unternehmenskultur" hin. Folgt man seinen Beobachtungen, die er als Innenansichten bundesdeutscher Firmen bezeichnet, herrscht in weiten Teilen der unteren und mittleren Vorgesetztenebene ein Zustand der Desorientierung und Verunsicherung. Den Hauptgrund für diesen Zustand sieht er in den sich ändernden Arbeits- und Organisationsstrukturen der Unternehmen und Verwaltungen. Demnach war früher die Organisationsform von Firmen festgelegt, und Organigramme machten die Linien der Über- und Unterordnung deutlich. „Und heute? Der Ruf der vielstufigen Hierarchie hat gelitten. Zwar gibt es in jeder Firma noch ein Oben und Unten. Aber die eingespielten Mechanismen der Führung von oben nach unten gehen über Bord. Das alte Bild der Spitzenleute zerfällt. Traditionelle Führung mit klaren Hierarchien und Anweisungsdenken verliert an Ansehen. Schließlich werden mit Team- und Projektstrukturen Organisationsprinzipien propagiert, die auf eine wachsende Verantwortung der Basis setzen."[9] Staute kommt zu dem Schluss, dass das idealisierte Bild vom unteren und mittleren Management sich in der Auflösung befindet. Weil feste Strukturen in den Firmen seltener werden, verlieren Führungskräfte den sicheren Boden unter den Füßen. Ein neuer, eindeutiger Führungsstil sei aber nicht erkennbar. So entstehe gleichsam ein Vakuum, das nicht nur den Nährboden für Identitätskrisen und Überforderung bilde, sondern die Vorgesetzten auch in Rollenkonflikte gegenüber ihren Beschäftigten bringe.

Diese Rollenkonflikte, so lässt sich an Stautes Beobachtung anschließen, treibt die Vorgesetzten bei der ihnen zugedachten Funktion, Fehlzeiten zu senken, in ein regelrechtes Führungsdilemma. Denn bei genauerem Hinsehen verbergen sich hinter dem Leitbild des „guten" Vorgesetzten verschiedene, ja widersprüchliche Rollen, die er gegenüber dem Erkrankten einzunehmen hat. Insgesamt können fünf Rollen unterschieden werden:[10]

1. Der Arzt: Von ihm wird erwartet, die Mitarbeiter im Gespräch danach zu selektieren und zu beurteilen, ob sie Simulanten sind oder nicht. Er soll feststellen können, „wer wirklich krank gewesen ist und wer lediglich simuliert und wegen motivationsbedingter Unlust gefehlt hat."[11] Damit wird die ärztliche Diagnose zum Thema der Rückkehrgespräche und der Vorgesetzte hat die Aufgabe, die Glaubwürdigkeit des Mitarbeiters zu überprüfen. Er befasst sich mit der Diagnose und überprüft sie auf ihre Stichhaltigkeit. Er beurteilt den Krankheitsbefund, wiegt ihn auf seine Berechtigung hin ab, tut also etwas, was mit den Aufgaben eines Arztes vergleichbar ist.

2. Der Detektiv: „Zusätzlich zu den abzugebenden Attesten", ist der Vorgesetzte aufgefordert, „die jeweiligen Begründungen für das Fernbleiben vom Arbeitsplatz zu untersuchen." Er soll den Mitarbeiter nach dem „Grund für die Fehlzeit" und nach dem „persön-

lichen Umfeld (Familie, Hobbys und Interessen)" befragen. Er soll die Privatsphäre des Beschäftigten daraufhin untersuchen, ob es noch andere Gründe für die Fehlzeiten geben kann. Wie ein Detektiv, soll sich der Vorgesetzte auf die Suche nach eventuellem Missbrauch bei krankheitsbedingten Fehlzeiten begeben.

3. Der Psychologe: Ausgehend von dieser „Bewertung der Person des Betroffenen und dessen Verhalten bzw. Einstellungen" ist der Vorgesetzte auch in der Rolle eines Psychologen gefordert. Er muss eine Prognose vornehmen, „ob er weitere Fehlzeiten in der laufenden Frist ausschließt oder nicht." Er soll beurteilen, „ob der Mitarbeiter seiner Arbeit vielleicht auf Dauer nicht mehr gewachsen" ist. Er steht dabei vor der Schwierigkeit aus zum Teil vagen, unbestimmten und vieldeutigen Äußerungen des zu bewertenden Beschäftigten und seinen eigenen individuellen Wahrnehmungen, die stets selektiv und subjektiv sind, zu gesicherter Verhaltensaussage zu gelangen. Sollte der Vorgesetzte feststellen, dass er sich in seinen Prognosen häufiger geirrt hat, wird ihm empfohlen, „entsprechende Führungstrainings zu besuchen, die ihm helfen könnten, seine Mitarbeiterbeurteilung und -einschätzung zu verbessern."

4. Der Pädagoge/Erzieher: Weiterhin ist der Vorgesetzte in der Rolle eines „Pädagogen/ Erziehers" gefordert, der dem „Schüler" klar macht, welche Folgen sein Verhalten für die Kollegen (Mehrbelastungen) und das Unternehmen (Kosten) hat. Er macht ihn auf die „Unkollegialität gegenüber den anderen Beschäftigten, die seine Arbeit miterledigen müssen, aufmerksam." Er führt ihm aber auch „fürsorglich" vor Augen, in welcher Situation er sich befindet und welche Konsequenzen es für ihn – durch den Hinweis auf mögliche, weitere Gesprächsstufen – hat, wenn er sein Fehlzeitenverhalten nicht ändert. Für Misserfolge in dieser Rolle muss der Vorgesetzte sich selbst verantwortlich machen, denn in den Fällen, in denen er mit Mitarbeitern weitere Gespräche führen muss, „hat er sich anscheinend während des Mitarbeitergesprächs nicht so verhalten, dass er das Personalgespräch vermeiden konnte."

5. Der Helfer/Kümmerer: Schließlich soll er den Mitarbeiter auch danach befragen, ob es betriebliche Gründe (Arbeitsumfeld) für seine Fehlzeit gibt. Er soll sich Vorschläge anhören, Lösungen gemeinsam mit dem Mitarbeiter finden und Änderungen (im Rahmen der Möglichkeiten) herbeiführen und entsprechende Maßnahmen umsetzen. Er soll dem Mitarbeiter helfen bzw. ihm Hilfe auch bei privaten Problemen anbieten. Er hat sich nach dem Wohlbefinden des Mitarbeiters zu erkundigen, ob die Krankheit auskuriert ist. Er soll glaubhaft „den Eindruck erwecken, dass sich das Unternehmen um den Beschäftigten kümmert."

Diesen polaren, sich widersprechenden Rollenanforderungen und Aufträgen gerecht zu werden, stellt eine wirkliche Herausforderung dar. Dabei handelt es sich um eine regelrechte double-bind Situation. Mit diesem aus der Psychologie und Kommunikationsforschung stammenden Begriff bezeichnet man eine Situation, in der jemand in einer für ihn wichtigen Beziehung von seinem Partner zwei einander widersprechende Botschaften bzw. Aufträge erhält und dadurch in eine „Zwickmühle" gerät. Bei Erfüllung des einen muss er zwangsläufig den anderen Auftrag missachten.

Gibt es Wege, die aus diesem Führungsdilemma herausführen? Studien aus dem Bereich der Organisationspsychologie zum Einfluss des Vorgesetzten auf die Mitarbeiter zeigen, dass sich das von den Mitarbeitern wahrgenommene Vorgesetztenverhalten aufgrund von Faktoren wie Alter, Dauer der Betriebszugehörigkeit, Familienstand und Arbeitszufriedenheit erheblich unterscheiden kann. Dies wird der Tatsache gerecht, dass ein und derselbe Vorgesetzte sich jedem seiner Mitarbeiter gegenüber anders verhalten kann. Die Studien zeigen auch, dass Fehlzeiten und Krankenstände vor allem von ein und derselben Dimension der Vorgesetzten-Mitarbeiter-Beziehung beeinflusst wird – der Bereitschaft des Vorgesetzten, den Mitarbeitern Mitbestimmungs- und Beteiligungsmöglichkeiten einzuräumen. „Ein Blick auf [...] diese Dimension", fasst der Organisationspsychologe Schmidt zusammen, „verdeutlicht, dass Vorgesetzte, die von ihren Mitarbeitern hier hoch eingestuft werden, Änderungsvorschlägen der Mitarbeiter gegenüber zugänglich sind, nur gemeinsam mit den Mitarbeitern deren Aufgaben und Arbeitsgebiete festlegen sowie wichtige Entscheidungen erst nach vorheriger Rücksprache mit ihnen treffen. Mitarbeiter von Vorgesetzten mit einer solchen Verhaltensorientierung weisen den Ergebnissen zufolge eine signifikant geringere Fehlzeiten- und Fluktuationsrate auf als Mitarbeiter, deren Vorstellungen und Anregungen beim Vorgesetzten keine Beachtung finden."[12]

Aussagen, wonach Meister ihre Krankenstände mitnehmen oder Stresserkrankungen dem Vorgesetztenverhalten angelastet werden, wirken vor diesem Hintergrund pauschal und unsachlich. Die Forschung zum Führungsverhalten zeigt, dass Vorgesetzte einen günstigen Einfluss auf den Krankenstand ausüben können, wenn sie den Beschäftigten Autonomie und Mitbestimmungsmöglichkeiten einräumen. Allerdings, muss einschränkend hinzugefügt werden, finden diese positiven Gestaltungsmöglichkeiten und Verhaltensweisen der Vorgesetzten im Rahmen der betrieblichen Möglichkeiten statt. Je größer die Spielräume sind, die „von oben" den Vorgesetzten bei der Einräumung von Autonomie und Mitbestimmung ihrer Mitarbeiter gewährt werden, desto aussichtsreicher ist die Chance, dass sich ein positiver Einfluss auf Krankenstand und Fehlzeiten geltend macht.

Nicht alle Vorgesetzten scheitern an diesen Schwierigkeiten. Einen persönlichen Ausweg aus diesem Dilemma schildert ein namenloser 50-jähriger Vorgesetzter, der bei Opel in Rüsselsheim seit 30 Jahren beschäftigt ist: „Für mich sind die Rückkehrgespräche unangenehm, die Fragen sind zu persönlich, ich versuche, den unsicheren Mitarbeitern zu helfen, ich lege ihnen die Antwort in den Mund oder gebe vor, dass man solche Fragen nicht zu beantworten bräuchte. AVP ist ein Kontrollsystem, Kontrollsysteme führen immer zu schlechten Ergebnissen."[13]

Das kommunikative Unternehmen

Das Gesprächsthema „Krankheit" hat nicht nur für die Beschäftigten eine besondere persönliche und private Seite, über die im Betrieb aus vielerlei Gründen geschwiegen wird. Nicht wehleidig erscheinen, nicht so da stehen, als sei man den Anforderungen und Belastungen der Arbeit nicht mehr gewachsen – das sind nur einige Gründe für das Schweigen der Beschäftigten. Auch für Management und Vorgesetzte ist das Thema Krankheit ein sehr sensibles Thema. Denn das Aufgreifen persönlicher Befindlichkeit und Krankheit birgt das Risiko, Konflikte mit den Beschäftigten einzugehen, die sich auf das Betriebsklima nachteilig auswirken. Noch zu Beginn der 90er Jahre stieß der „Spiegel" bei Recherchen zum Thema Krankheit bei Personalchefs namhafter Firmen auf Schweigen: Das Thema sei „zu sensibel", eigne sich nicht zur Erörterung „auf dem offenen Markt", und stelle innerbetrieblich ein „Tabu" dar.

Die Überwindung dieses Tabus in Form des Gesprächs zwischen Vorgesetztem und Beschäftigten wird in den Konzepten zur Fehlzeitensenkung einhellig begrüßt. Das Gespräch wird nicht nur als ein Mosaikstein in der betrieblichen Kommunikation verstanden. Nach Meinung des Opel-Betriebsrats K. Franz leitet der Anwesenheitsverbesserungsprozess einen Kommunikationsprozess ein. So entstehe ein Klima, in dem nicht übereinander, sondern miteinander geredet werde. Das Gespräch sei als ein Dialog zu verstehen. „Der Anwesenheitsverbesserungsprozess ist also das normalste der Welt: er bedeutet offen und ehrliche Fragen des Arbeitsplatzes oder ihrer persönlichen Situation zu bereden." Am Ende dieses Prozesses entstehe eine offene, demokratische Unternehmenskultur.[14]

Friczewski/Drupp, AOK Niedersachsen, setzen Kommunikation mit Vertrauen gleich. Sie sehen in einer „verstopften" Mitarbeiter-Vorgesetzten-Kommunikation ein entscheidendes Hindernis für eine gesundheits- und motivationsgerechte Arbeitsgestaltung. Ziel müsse die Herstellung „einer betrieblichen Vertrauenskultur sein, in der Mitarbeiter zunehmend bereit sind, Verantwortung zu übernehmen: für die Erfüllung ihrer Arbeitsziele genauso wie für ihr eigenes Wohlbefinden am Arbeitsplatz"[15]. Manche Fehlzeitenberater und Personalmanager setzen das Rückkehrgespräch mit Kommunikation an sich gleich. W. Strinz, Vorstand Personal und Fertigung der Adam Opel AG, bezeichnet AVP als ein Forum für Kommunikation. Spies/Beigel sehen in diesem Instrument eine „gute Gelegenheit für einen vorher häufig verschobenen Informationsaustausch"[16].

Diese Äußerungen verweisen auf ein zweites Leitbild des Fehlzeitenmanagements: das kommunikative Unternehmen. Kommunikation wird als Ausdruck einer demokratischen Betriebskultur verstanden, in der die Beteiligten offen und vertrauensvoll miteinander umgehen. Das Gespräch zwischen Erkrankten und Vorgesetzten gerät zum Dialog und Austausch von Informationen. Fehlzeitenmanagement begreift sich als eine Form zur Umsetzung dieses Leitbildes. Diese Gleichsetzung von Fehlzeitenmanagement und Kommunikation wirft die Frage auf, welcher Kommunikationsbegriff hier gemeint ist und welche Art von Kommunikation in diesem Gespräch tatsächlich stattfindet.

Der ursprüngliche Begriff „communicio" hat eine mehrfache Bedeutung und meint in Bezug auf andere Menschen 1. „gemeinschaftliche Sache machen" bzw. „in Gemeinschaft treten" und 2. „teilen, mitteilen, teilnehmen lassen, Anteil nehmen bzw. haben". Kommunikation im ursprünglichen Wortsinn bedeutet also, den Standpunkt des anderen zu verstehen, anzuerkennen, dass Bewertungen vor dem Hintergrund persönlicher Erfahrungen nur ein Teil der Wahrheit sind. Eine kommunikative Einstellung zu haben, läuft darauf hinaus, grundsätzliche Unterschiedlichkeiten zweier Menschen in Wahrnehmung und Bewertung anzuerkennen und zum Ausgangspunkt des Gesprächs zu machen. F. Nerdinger fasst die Kommunikationsform Gespräch als eine Begegnung zweier oder mehrerer Menschen auf, in der Informationen, Gedanken, Meinungen, Ansichten und Gefühle ausgetauscht werden. Das Gespräch erweitert das eigene Weltbild. Ähnlich sieht es Sprenger: „Der Gesprächsbeitrag des anderen ist aus dieser Einstellung heraus dann eine Chance, obwohl – oder gerade weil – er mit der eigenen Sichtweise vielleicht überhaupt nicht übereinstimmt. Ein Beitrag zur Vervollständigung des Gesamtbildes – eine Bereicherung." Der Dialog ist daher die eigentliche Ebene und angemessene Form wirklicher Kommunikation.[17]

Wenn Rückkehrgespräche als Kommunikation bezeichnet werden, gilt das daher nur sehr eingeschränkt. Ein Blick auf Ausgangslage und Gesprächsverlauf zeigt das:

Die Gespräche sind nicht freiwillig, sondern „von oben" verordnet. Der Vorgesetzte lädt ein, nicht der Rückkehrer. Der Vorgesetzte ist eigens für das Gespräch geschult und verfügt damit über einen Qualifikations- und Artikulationsvorsprung. Er bestimmt den Gesprächsablauf mit Hilfe eines strukturierten Leitfadens. Die vorgegebenen Fragen protokolliert er und bewertet anschließend das Gesagte. Die Dominanz des Vorgesetzten lässt ein offenes und zweiseitiges Gespräch im Sinne eines kommunikativen „miteinander" kaum zur Entfaltung kommen. Die hierarchischen Barrieren des Betriebsalltags, das Machtgefälle zwischen Vorgesetzten und Beschäftigten bleibt in dieser Situation unangetastet.

Diese Ausgangssituation setzt sich im Gesprächsverlauf fort. Die Art des Gesprächs lässt sich als nicht-direktiv bezeichnen. Das unterscheidet es von zwei anderen Gesprächsarten: Dem direktiven Gespräch und dem mitarbeiterbezogenen Gespräch. Diese Einteilung, die Neuberger (1973) und Breisig (1989) zur Unterscheidung verschiedener Arten des Mitarbeitergesprächs machen, verdeutlichen, dass das Rückkehrgespräch weder ein ausschließlich direktives, von „oben nach unten" geführtes Gespräch ist, in dem der Vorgesetzte Anweisungen erteilt und die Ansichten sowie Meinungen des Beschäftigten unerheblich sind. Es ist aber auch kein wirklich mitarbeiterbezogenes Gespräch, in dem der Beschäftigte als Gleichberechtigter seine An- und Absichten einbringen kann, was einem Dialog im Sinne der Definition von Kommunikation sehr nahe käme.[18]

Ein Kennzeichen des Rückkehrgesprächs als nicht-direktives Gespräch ist die äußere Erscheinung der Gesprächsführung. Der Vorgesetzte hat das Heft fest in der Hand, steuert und strukturiert die Unterredung, ist aber vorsichtiger in seinen Formulierungen (als im direktiven Gespräch). Unter der „Maske des verbindlichen Entgegenkommens", mit der Neuberger die Atmosphäre dieses Gesprächs kennzeichnet, glaubt man, den Beschäftigten veranlassen zu können, sein Fehlzeitenverhalten ändern oder aber ihn eher zur Preisgabe von Details seiner Erkrankung „motivieren" zu können. Das Gespräch verläuft zwar in relativ freundlicher Atmosphäre – jedenfalls solange der Beschäftigte „mitspielt" und sich nicht „uneinsichtig" zeigt. Die Rollenverteilung ähnelt aber der Ausgangssituation: Der Vorgesetzte setzt durch seine Fragen die Akzente, er will bestimmte Absichten und Ziele in möglichst wenig Widerstand provozierender Form durchsetzen. Er beendet das Gespräch, wenn er glaubt, diese erreicht zu haben. Die Hierarchie bleibt also auch während des Gesprächs erhalten. Sie ist durch die „Maske des Entgegenkommens" überdeckt und dadurch weniger sichtbar.

Mit der ursprünglichen Bedeutung von Kommunikation hat das Rückkehrgespräch wenig zu tun. Ein wirkliches „miteinander", geführt in Form eines Dialogs, findet hier nicht statt. Die hierarchischen Barrieren des betrieblichen Alltags setzen sich in der Gesprächssituation fort. Kommunikation reduziert sich auf ein Frage-Antwort-Spiel zur Erbringung von Informationen. Statt „echter (Zweiweg)-Kommunikation" (Sprenger) wird der Beschäftigte zum Objekt der geschulten Gesprächsführung seines Gegenübers degradiert. Es wird kein Versuch unternommen, die strukturell benachteiligenden Bedingungen – insbesondere die hierarchische Beziehung – zu relativieren. Ein tatsächlicher Dialog, der Gleichberechtigung der Beteiligten und ihrer Anliegen voraussetzt, kann daher nicht gelingen.

Über Krankheit und Befindlichkeit offen und frei zu reden, setzt ein Mindestmaß an Vertrauen und Diskretion voraus. Aus diesem Grund nutzen viele Menschen für ein solches Gespräch eher eine Privatsituation oder einen Arztbesuch. Das „Risiko", über Krankheit und Befindlichkeit (und damit über sich selbst!) zu reden, ist dabei abschätzbar. Denn beide Situationen bieten die Chance, dass diese „private Seite" der Krankheit vom Gesprächspartner respektiert wird. Gilt dies aber auch für das Rückkehrgespräch? Lässt sich in tatsächlich offener Art und Weise über Krankheit reden?

Die verschiedenen Konzepte des Fehlzeitenmanagements bejahen dies und führen dafür eine Reihe von Argumenten an, mit denen gleichzeitig begründet wird, warum es einer dauerhaften Kommunikationsstruktur in Form des Rückkehrgesprächs bedarf. Idealtypisch lassen sich folgende Argumente unterscheiden:

- Der Beschäftigte sei nach Rückkehr aus seiner Erkrankung hinsichtlich seiner Rolle und seiner Aufgaben am Arbeitsplatz verunsichert. Er brauche im Rahmen eines Gesprächs Hilfe und Unterstützung, um sich so schnell wie möglich wieder „einzuleben" und sich in seiner Arbeitsumgebung zurechtzufinden.
- Den Beschäftigten falle es schwer, nicht nur über ihre persönliche Befindlichkeit, sondern auch über ihre Krankheit zu reden. Für eine solche Offenheit bedürfe es auch einer besonderen Form, um sich mitteilen zu können. Diese Form stelle das persönliche Gespräch zwischen Vorgesetztem und Mitarbeiter dar.
- Gerade nach einer Abwesenheit infolge einer Erkrankung müsse ein Informationsaustausch zwischen Vorgesetzten und Beschäftigten stattfinden. Der Vorgesetzte erfahre etwas über die (gesundheitliche) Selbsteinschätzung des Gesprächspartners, Zukunftsabsichten oder auch über Schwachstellen am Arbeitsplatz. Umgekehrt erhalte der Beschäftigte mehr Informationen über seine Arbeitssituation.
- Das Gespräch diene dazu, eventuelle Arbeitseinschränkungen des gerade genesenden Beschäftigten zu erkennen. Das habe Vorteile für beide Seiten: Der Beschäftigte könne an einem, seinem Gesundheitszustand angemessenen Arbeitsplatz arbeiten, der Vorgesetzte könne diese Arbeitseinschränkung bei der Personaleinsatzplanung entsprechend berücksichtigen.
- Und schließlich habe das Gespräch eine Ventilfunktion: Mit dem Gespräch besitze der Beschäftigte eine Möglichkeit, persönliche und sachliche Unzufriedenheit zu formulieren. Er könne sich offen dem Vorgesetzten äußern und sei nicht mehr gezwungen, hinter dessen Rücken, seinem Unmut über Dritte Luft zu machen.

Die Mehrzahl dieser Argumente bemüht sich, die positiven Seiten der Erörterung des Themas Krankheit weniger im Betriebs-, als vielmehr im Beschäftigteninteresse darzustellen. Demnach kann der Beschäftigte nicht nur Offenheit und Fairness, sondern auch Einfühlungsvermögen in dieser Situation erwarten. Die Unternehmensberater Westermayer/Stein bezeichnen in diesem Zusammenhang das Rückkehrgespräch als einen Genuss. Sie fordern, „dass jeder Arbeitnehmer in den Genuss dieser Kommunikationsform kommt, unabhängig davon, ob seine Abwesenheit durch Krankheit, vermutete Vortäuschung von Krankheit, Urlaub, Fortbildung oder Kur bedingt gewesen ist"[19].

Die Argumente in den Konzepten und die positiven Beschreibungen der Fehlzeitenberater blenden aus, dass das Rückkehrgespräch der („von oben") vorgegebenen Zielsetzung der Fehlzeitenminderung unterliegt. Es ist Mittel zum Zweck, und ein wichtiger Zweck gestufter Rückkehrgespräche ist es, Beschäftigte zu einem veränderten Fehlzeitenverhalten zu veranlassen. Das schränkt das Maß an Offenheit im Umgang mit dem Thema Krankheit vor allem auf Seiten der Beschäftigten ein. Denn im Unterschied zu einem Gespräch mit Freunden, Ehepartnerin oder Arzt bestehen im Gespräch mit dem Vorgesetzten kaum Chancen auf Vertrauen, Diskretion und Schutz der privaten Seite Krankheit. Im Gegenteil: Die Vorgesetzten sind verpflichtet, das Gesagte zu protokollieren und aktenkundig zu machen. Damit werden Diagnosen bis hin zu Einzelheiten einer Krankheitsgeschichte einer betrieblichen Öffentlichkeit zugänglich gemacht. Sie können am Ende zur Begründung einer krankheitsbedingten Kündigung verwendet werden. Das „Risiko", über Krankheit und Befindlichkeit zu reden, ist aus Sicht des Beschäftigten also nicht kalkulierbar, denn Sanktionen und Konsequenzen sind unter diesen Vorzeichen nicht auszuschließen.

Der motivierte Beschäftigte

„Jeder Mitarbeiter", sagt Peter Nieder, „kann Tag für Tag aufs Neue entscheiden, ob er an seinem Arbeitsplatz erscheint oder nicht. Diese Entscheidung wird zu einem großen Teil durch die Beurteilung seiner Arbeitssituation bestimmt." Zur gleichen Erkenntnis kommt der Fehlzeitenberater Schmilinsky: „Rund 220 mal im Jahr wägt der Mitarbeiter (auf der Motivationswaage) das Für und Wider ab, ob er zur Arbeit geht oder zu Hause bleibt."[20]

Jeder Tag eine Entscheidung? Man sieht sie förmlich vor sich, die Beschäftigten, wie sie, vom Morgenradio geweckt, halb aufgerichtet in ihrem Bett sitzen und sich mit der Frage beschäftigen: „Gehe ich heute zur Arbeit oder nicht? Bietet mir meine Arbeit genügend Anreize, dass es sich lohnt heute hinzugehen?" Und je nachdem wie ihre Bewertung dieser Frage ausfällt, kleiden sie sich dann schleunigst an und verlassen ihre Wohnung in Richtung Arbeit oder aber bleiben im Bett liegen!

Das Bild des täglich über seine Anwesenheit entscheidenden Beschäftigten veranschaulicht eine zentrale These des Fehlzeitenmanagement. Sie besagt, dass Fehlzeiten und Krankenstände ein Problem der inneren Einstellung der Beschäftigten seien. Der Faktor Motivation oder Demotivation habe daher unmittelbare Auswirkungen auf die Höhe des Krankenstands. Unterschiede lassen sich bei den Vertretern dieser Motivationsthese erkennen, wenn es um die Höhe des Einflussfaktors Motivation auf den Krankenstand geht. Hier gibt es eine erhebliche Spannbreite der Schätzungen. Nieder beziffert den Anteil motivationsbedingter Erkrankungen auf 6 %, die Psychologen Pryzigodda und Arenz auf 20 % und Schmilinsky bringt es sogar auf 50 %. All diese Zahlen beruhen auf Schätzungen, wissenschaftlich nachprüfbare Zahlen existieren nicht.[21] Die Verbreitung der Motivationsthese beruht also eher auf ihrer Plausibilität als auf wissenschaftlicher Fundierung.

Das der These zugrunde liegende Bild entspricht einer Alltagswahrnehmung, die nicht zu bestreiten ist: (Einzelne) Menschen sind demotiviert und bleiben deshalb der Arbeit fern. In ihrer Verallgemeinerung im Sinne einer Motivationsthese stellt diese Alltagswahrnehmung eine Übertreibung mit geringem Erklärungsgehalt dar. Dass Menschen nicht frei sind in ihren Entscheidungen, dass Beschäftigte krank zur Arbeit gehen und ihre Tätigkeit nicht mit ihren Wünschen und Zielen übereinstimmt, wird ignoriert. Immerhin 40 % der Beschäftigten, so eine Befragung der Angestelltenkammer Bremen, geben an, sie seien im letzten Jahr, wenn sie sich richtig krank gefühlt haben, trotzdem zur Arbeit gegangen. Ein Fakt, der laut Motivationsthese gar nicht auftreten dürfte.[22]

Nicht erklärbar mit dieser Motivationsthese ist auch die Tatsache, dass der Krankenstand über viele Jahrzehnte hinweg relativ konstant zwischen 5–7 % bleibt. Denn unterstellt man allen Beschäftigten die gleiche (tägliche) Entscheidungsfreiheit, ist nicht zu erklären, warum nur eine relativ geringe und gleichzeitig so konstant bleibende Beschäftigtenanzahl von dieser Entscheidungsfreiheit Gebrauch macht.

Trotz fehlender wissenschaftlicher Fundierung rückt die Frage, wie innere Einstellung und Entscheidungsverhalten verändert werden können, in den Mittelpunkt des Fehlzeitenmanagements. Krankheit wird als eine Frage der persönlichen Entscheidung, die Abwesenheit am Arbeitsplatz als eine Frage der inneren Einstellung interpretiert. Und die Beantwortung der Frage führt zum Begriff der Motivation. Dieser Begriff bildet eine Schlüsselkategorie im Denken des Fehlzeitenmanagements. Die Arbeitsmotivation oder, noch direkter, die Beschäftigtenmotivation ist zentraler Ansatzpunkt, in der die Lösung betrieblicher Fehlzeitenprobleme gesehen wird. Angestrebt wird die Verinnerlichung erwünschter Normen und Verhaltensweisen im Umgang mit der eigenen Arbeitsunfähigkeit. Ziel ist eine möglichst weitgehende Identifikation mit dem Unternehmen. Leitbild ist der motivierte Beschäftigte, der sein Krankheitsverhalten zugunsten des Interesses, am Arbeitsplatz anwesend zu sein, steuert.

Das Motivationsgespräch

Information	• Unterrichtung über Veränderungen innerhalb der Abteilung, über Neuigkeiten im Werk • Mitteilung der weiteren Vorhaben der Abteilung • Darstellung der geleisteten Arbeit während der letzten Monate
Befragung	• Frage nach dem Grund für die Fehlzeit • Erkundigung nach dem weiteren Wohlbefinden • Gespräch über das persönliche Umfeld (Familie, Hobbys und Interessen) • Frage nach Wünschen für die weitere berufliche Entwicklung • Aufnahme von Vorschlägen zur Verbesserung des Arbeitsumfeldes
Ergebnis	• freundliche Atmosphäre zwischen Betroffenem und Vorgesetztem • dem Mitarbeiter ist klar, dass er wieder als „alter Kollege" empfangen und gern gesehen ist

Inhalte des Motivationsgesprächs
QUELLE: SPIES ST./BEIGEL H. 1996

Die betriebliche Diskussion über Fehlzeiten und Krankenstände bekommt dadurch eine psychologische Tendenz. R. Sprenger, ein entschiedener Kritiker betrieblicher Managementpraktiken, erklärt diese Tendenz mit einem generellen Trend, den er als Psychologisierung aller Lebenswelten bezeichnet. Dieser Trend mache auch vor der Arbeitswelt nicht halt. Er hält Motivation für einen Mythos und wirft den Motivationstheorien vor, sie seien pseudorational und abenteuerliche Bedürfnis-Befriedigungskonstruktionen.[23]
Sein Urteil über die Psychologie als Marschgepäck der Unternehmensleitungen und Vorgesetzten ist deutlich: „Sie (die Psychologie) behauptet ja eine Metaebene, auf der ein 'Eigentlich' hinter den beobachtbaren Phänomenen verborgen steuert. Dieses aufzuspüren ist dann die Kunst des Führens. Typisierungen, die von der Psychologie in allen Schattierungen angeboten und von den Führungskräften dankbar aufgegriffen werden, scheinen die komplexe und verwirrende Vielgestaltigkeit der Mitarbeitermentalitäten zu einem versteh- und vor allem handhabbaren Spektrum zu ordnen. Ist das Chaos der Individualitäten erst einmal zu Typen verdichtet und übersichtlich gemacht, dann kann man diese Typen auch in einer ganz bestimmten, eben typischen Weise ‚behandeln' (schon dieses Wort spricht Bände)."[24]

Motivierung statt Motivation

Was Sprenger als „behandeln" von Menschen bezeichnet, entwickelt im Fehlzeitenmanagement eine Eigendynamik, die auf die psychische Beherrschung von Menschen zielt. Motivation schlägt um in Motivierung, also einer bewusst eingesetzten Strategie zur Lenkung und Bevormundung von Beschäftigten. Eine Kombination von Bedrohen, Bestrafen, Bestechen, Belohnen und Belobigen – "die fünf großen B", wie Sprenger sagt – zeichnen diese Strategie aus.

Ausgangspunkt der Motivierungsanstrengungen des Fehlzeitenmanagements ist eine Problembeschreibung, dessen zentrale Frage lautet: Wie bekomme ich die ganze Arbeitskraft meiner Beschäftigten?

In dieser Frage fließt eine Grundüberzeugung, ein Menschenbild ein, das sich so umschreiben lässt: Aus sich heraus leisten die Beschäftigten nicht das, was sie sollen, wozu sie sich vertraglich verpflichtet haben und wofür sie bezahlt werden.

Die Schlussfolgerung, die das Fehlzeitenmanagement hieraus zieht, lautet dann: Das Arbeitsverhältnis ist ein gerechter Austausch von Lohn gegen Leistung. Wenn Menschen also weniger tun, als sie tun können, wenn sie aufgrund von Krankheit weniger arbeiten, als sie sich vertraglich verpflichtet haben, untergraben sie diesen Austausch. Sie verweigern ihrem Arbeitgeber einen Teil ihrer Arbeitskraft, die er bezahlt. Und weil die Beschäftigten nicht freiwillig das tun, was sie tun sollen, muss ihre Motivation geweckt, gestärkt oder angestachelt werden.

Für dieses Menschenbild liefert nicht nur Schmilinsky Hinweise, der Kranke abwechselnd als „perfekte Gauner", „Simulanten" oder „Scheinkranke" bezeichnet. Das Fehlzeitenkonzept der Arbeitsgruppe aus Personalleitern von Verkehrs- und Energiebetrieben des öffentlichen Dienstes, definiert Krankheit als eine Verletzung arbeitsvertraglicher Abmachungen, was auf den Vorwurf gegenüber den Beschäftigten hinausläuft, vertragswidrig und damit wortbrüchig zu handeln (vgl. Kap.1). Diese Beschreibungen und Vorwürfe fördern ein fragwürdiges, aber in den Konzepten des Fehlzeitenmanagements verbreitetes Menschenbild, das Krankheit als Leistungsverweigerung und damit als Betrug des Beschäftigten an „seinem" Arbeitgeber auffasst. Rückkehrgespräche sind Ausdruck dieses Menschenbilds und gleichzeitig der Versuch, Leistungsverweigerung und Betrug zu bekämpfen. In jedem Gespräch steckt der unausgesprochene, aber dennoch im Raum stehende Vorwurf des Simulantentums bzw. des „Blaumachens" gegenüber dem Rückkehrer. Weil alle Beschäftigten potentielle Betrüger sind, so die Annahme, ist das Gespräch, von wenigen Ausnahmen abgesehen, für alle verpflichtend. Dies macht deutlich, von welch pessimistischen Menschenbild Personalmanager und Fehlzeitenberater ausgehen – Misstrauen aus Prinzip! Die Dynamik der Situation und der Fragen tun dann ein übriges, dass der Beschäftigte in die Zwangssituation gerät, von sich aus Diagnose und Erkrankung preiszugeben. Denn nur so lässt sich der Betrugsvorwurf glaubhaft entkräften.

Mit Motivation hat das nichts zu tun. Vielmehr führt das Leitbild des motivierten Beschäftigten in eine betriebliche Verdachtskultur, die das Misstrauen gegenüber vermeintlich antriebslosen und sich zeitweise in die Krankheit flüchtenden Leistungsverweigerern pflegt. Rückkehrgespräche Motivationsgespräche zu nennen, wie es Betriebe und Fehlzeitenberater tun, ist eine schönfärberische Umschreibung für die Pflege dieses Misstrauens. Es geht um Motivierung, also zielgerichtetes Handeln des Vorgesetzten zur Verhaltensbeeinflussung des Beschäftigten. Ob dabei Lob, Tadel, Anerkennung und Kritik eingesetzt werden, mit welchen psychologischen oder rhetorischen Techniken gearbeitet wird, – immer geht es dabei um Fremdsteuerung der Beschäftigten. „Wie der Teufel das Weihwasser", so Sprenger, „meidet die Managementliteratur das konsequente Wort ‚Motivierung'. Ist doch das beinhaltete Absichtsvolle hier vergleichsweise unverdeckt und damit die Nähe zur Fremdsteuerung, zur Manipulation offensichtlich."[25]

Das Leitbild des motivierten Beschäftigten fördert eher Anpassungsbereitschaft statt Motivation. „Denn die grassierende Angst um den Job", erklären Hoerner/Vitinus, „wirkt nur sehr bedingt motivierend. Sie verstärkt eher die Tendenz nicht aufzufallen. Immer schön pünktlich sein, nicht öfter die Grippe nehmen als statistisch vorgesehen, nach der Schicht die Werkbank aufräumen – das ist in den 90er Jahren vom Management by Motivation übriggeblieben."[26]

„Warum", so ihre provozierende Frage, „sollte ein Mitarbeiter auch besonders motiviert zu Werke gehen, wenn ihm die Unternehmenslenker dauernd zeigen, dass das im Ernstfall nichts bringt? Bis zuletzt fröhlich pfeifend Schiffe basteln bei der Bremer Vulkan-Werft? Ein „Wir bauen-die-besten-Fernseher-der-Welt-Gefühl" bei Grundig? Wer des Lesens mächtig ist oder einen Fernseher besitzt, wird Motivationsveranstaltungen spätestens dann als blanken Zynismus enttarnen, wenn im Betrieb Rationalisierungsmaßnahmen ergriffen und Mitarbeiter entlassen werden."

Das gerechte Unternehmen

Die Standardisierung ist das wichtigste und auffallendste Prinzip des Fehlzeitenmanagements. Wie wichtig ein standardisiertes Vorgehen ist, wird in allen betrieblichen Konzepten, aber auch von den Fehlzeitenberatern betont. Unter dem Begriff wird nicht nur ein planvolles und koordiniertes Vorgehen verstanden. Standardisierung umfasst auch eine Vielzahl unterschiedlicher Elemente. Dazu gehören:

*   eindeutige Festlegung der Gesprächsstufen und des Zeitintervalls zwischen den einzelnen Stufen
*   systematisch aufgebaute Leitfäden mit vorgegebenen Fragen für die Vorgesetzten zur Gesprächsführung
*   einheitliche Formular- und Protokollsätze zur Dokumentation des Vorgehens
*   genaue Strukturierung der Rückkehrgespräche (zum Beispiel nach dem Dreischritt Information-Befragung-Ergebnis des AVP)
*   Festlegung von Grundsätzen (Wer spricht wann mit wem?) und möglicher (individueller) Ausnahmeregelungen

Die Standardisierung soll sicherstellen, dass unter den Beteiligten klare Verhältnisses herrschen. Sie schafft klare Regeln und eine einheitliche Basis für die eingesetzten Instrumente zur Senkung der Fehlzeiten. Die besondere Bedeutung, die ihr beigemessen wird, erklärt sich aus vielen negativen Erfahrungen, die das obere Management der Betriebe und Verwaltungen in der Vergangenheit bei ihren Bemühungen um Senkung der Fehlzeiten erlebt hat.

Vor 1995/96, dem Zeitpunkt als die ersten standardisierten Verfahren sich durchsetzten, war Fehlzeitenminderung ein sporadischer Vorgang, häufig ohne Verbindlichkeit und klaren Regelungen. Die Situation war in vielen Betrieben und Verwaltungen ähnlich der bei Opel, die Spies/Beigel ausführlich darstellen:

Gespräche wurden manchmal nur mit auffällig Erkrankten, aber nicht mit jedem Beschäftigten geführt. Wie und unter welchen Bedingungen die Gespräche mit zurückkehrenden Erkrankten geführt wurden, war nur allgemein vorgegeben und daher von den Vorgesetzten in hohem Maß auslegungsfähig. Hinzu kam, dass viele Meister und Vorgesetzte die Durchführung dieser Gespräche nicht als ihre, sondern vielmehr als Aufgabe der Personalleitung ansahen. Das führte dazu, dass Vorgesetzte die Gespräche in ihrem Verantwortungsbereich gar nicht führten, manche lediglich in einer formalen, alibiartigen Form. Und schließlich war festzustellen, dass das Gespräch mit dem Beschäftigten zu einem unsinnigen Zeitpunkt stattfand. Dann waren bereits Wochen und Monate nach Rückkehr aus der Erkrankung vergangen.

Diese Begleiterscheinungen waren für die Personalleitung und Management nicht länger zu tolerieren. Auch bei den Beschäftigten trat ein Verlust an Glaubwürdigkeit und Akzeptanz gegenüber den im Betrieb praktizierten Maßnahmen ein. Die unsystematische Vorgehensweise stand in der Kritik. Wer wann zu einem Gespräch über Fehlzeiten und Erkrankung vorgeladen wurde, war nicht in jedem Fall nachvollziehbar und schien eine Sache der persönlichen Ambitionen des jeweiligen Vorgesetzten zu sein. Dies führte dazu, dass die Aktivitäten der Fehlzeitenminderung als Willkürmaßnahmen empfunden wurden. Das Verhalten der Vorgesetzten trug zu diesem Gefühl bei: Manche begegneten den Beschäftigten freundlich und souverän, andere nutzen die Situation zur Demonstration ihres eigenen autoritären Führungsstils.

Mit anderen Worten: Die praktizierten Maßnahmen waren wenig wirksam. Sie führten zur Ungleichbehandlung der Beschäftigten und zogen allgemeinen Unmut nach sich, weil sie dem Gefühl, „von denen da oben" ungerecht behandelt zu werden, Vorschub leisteten.

Dieser Erfahrungshintergrund macht deutlich, warum das Fehlzeitenmanagement auf ein standardisiertes Vorgehen Wert legt. Einheitlichkeit, klare Regeln und feste Grundsätze treten an Stelle von Unverbindlichkeit und Willkür. Das Verfahren wird nicht nur transparenter, sondern auch systematischer.

Dieser Aspekt trifft vor allem die Vorgesetzten. Sie haben nun – auch das ist neu gegenüber der früheren Situation – die bereits angesprochenen einheitlichen Formular- und Protokollsätze, Formblätter, Checklisten, etc. auszufüllen. Bei AVP handelt es sich dabei um einen vierteiligen Formularsatz, der aus fünf einzelnen Blättern besteht. Damit ein derartiges System für die zur Protokollierung verpflichteten Vorgesetzten praktikabel ist, werden üblicherweise einheitliche Beurteilungsbogen gedruckt, die wie folgt aussehen:

- In den Kopf müssen die Personalien des Beschäftigten eingetragen werden, aber auch Aspekte wie Art der Tätigkeit, Gesprächsanlass, Dauer der Betriebszugehörigkeit, Geburtsdatum, Abteilung/Stammnummer oder AU-Dauer.
- Den inhaltlichen Schwerpunkt bilden dann Beurteilungskriterien mit den die einzelnen Bewertungsstufen symbolisierenden Kästchen. Hier leistet der Vorgesetzte eine Einschätzung von Verlauf und Ergebnis des Gesprächs.

Die Antworten des Beschäftigten werden durch Beurteilungskriterien erfasst. Abgesehen davon, dass sie die geplante Form des Gesprächs dokumentieren, zeigen sie Schweigen des Rückkehrers, Nichtbeantwortung einzelner Fragen, die Auslassung bestimmter Gesprächsthemen. Jedes dieser Kriterien wird dann durch Ankreuzen des Antwortkästchens oder Ausfüllen der Leerzeilen vom Vorgesetzten bewertet. Wie diese dabei vorgehen sollen, erklären teils Leitfäden für die Gesprächsdurchführung, teils das Gesprächsprotokoll selbst.

Im Kern handelt es sich also um eine Beurteilung zur Bewertung der Erkrankungssituation und des Beschäftigten. Ist er ein Simulant oder tatsächlich erkrankt? Ist der Erkrankungsgrund berechtigt, der Beschäftigte also glaubwürdig? Wie und mit welchen Maßnahmen lässt sich das Fehlzeitenverhalten ändern? Dieser Kern findet sich mehr oder minder ausgeprägt in allen Konzepten zur Fehlzeitenminderung. „Unter Personalbeurteilungen", definiert Thomas Breisig, „sind standardisierte, vorher festgelegte Verfahren zu verstehen zur zweckbezogenen Bewertung der Persönlichkeit und/oder der Leistung und/oder des Verhaltens durch den jeweils nächsthöheren Vorgesetzten."[27]

Die Standardisierung der Gesprächsprotokolle in Form von Beurteilungskriterien, exakter Erfassung von Stammdaten und Zusatzfragen verleiht dem Vorgang der Beurteilung von Menschen durch Menschen den Anschein von Seriösität und Objektivität. Ein aus dem Gespräch gewonnener diffuser, subjektiv gefärbter Eindruck wird versachlicht. Befindet man sich auf dieser Ebene der Sachlichkeit und Eindeutigkeit, hat man die Beurteilung von ihrer Vagheit befreit. Man verfügt über schriftlich fixierte, „harte" und auswertbare Fakten mit dem Anschein der Unbestechlichkeit, Unfehlbarkeit und Nichthinterfragbarkeit.

Einschätzung des Gesprächsverlaufs durch den Vorgesetzten	trifft genau zu	trifft eher zu	trifft kaum zu	trifft nicht zu
1. Zwischen dieser und der vorangegangenen Fehlzeit besteht kein direkter Zusammenhang.	☐	☐	☐	☐
2. Dem Mitarbeiter sind die Tätigkeiten, die an seinem Arbeitsplatz durchzuführen sind, bekannt.	☐	☐	☐	☐
3. Der Mitarbeiter kennt die Rolle, die seiner Tätigkeit im gesamten Arbeitsablauf beigemessen wird.	☐	☐	☐	☐
4. Aus Sicht des Mitarbeiters wird in absehbarer Zeit kein häufiges Fehlen mehr auftreten.	☐	☐	☐	☐
5. Das Gespräch verlief in freundlicher und offener Atmosphäre.	☐	☐	☐	☐
6. Zwischen Mitarbeiter und Vorgesetztem besteht auch weiterhin ein freundliches Verhältnis.	☐	☐	☐	☐
7. Dem Mitarbeiter ist klar geworden, Dass der Vorgesetzte die „gelbe Karte" zieht.	☐	☐	☐	☐
8. Dem Mitarbeiter ist bewusst, dass sein Fehlen den Kollegen und damit dem Arbeitsklima schadet.	☐	☐	☐	☐
9. Die weiteren Gesprächsstufen sowie deren Inhalte und Konsequenzen sind dem Mitarbeiter bekannt.	☐	☐	☐	☐

Die standardisierte Beurteilung
QUELLE: SPIESS ST./BEIGEL H., 1996

Dieser Anschein von Objektivität und Unfehlbarkeit wird als besonderer Vorteil bzw. Vorzug bei der Verwendung dieses Instruments ins Feld geführt. Willkür sowie der schon sprichwörtliche „Nasenfaktor" bei Beurteilungen der Vorgesetzten würde ausgeschaltet, lautet ein immer wieder vorgebrachtes Argument. Gleichzeitig verweist man auf die Klarheit des Verfahrens, wonach jeder wisse, woran er ist. Und schließlich zwinge das Verfahren die Vorgesetzten zu einem zuvorkommenden und freundlichen Umgang mit den Beschäftigten.

Damit die Beschäftigten sich an dieser Personalbeurteilung beteiligen, wird versucht, den Eindruck zu erwecken, dass das Instrument auch oder sogar in erster Linie in ihrem Interesse liege. Nur mit einer standardisierten Beurteilung gebe es Gerechtigkeit, lautet das wichtigste Argument, das zur Akzeptanz des Verfahrens gegenüber den Beschäftigten vorgebracht wird. Leitbild ist das gerechte Unternehmen.

Dieses Leitbild wird in einem doppelten Wortsinn verwandt. Im ersten Fall meint es die Gleichheit aller Beschäftigten, an der es unter Verweis auf die Vergangenheit häufig gemangelt habe. „Vor AVP seien nicht mit allen Rückkehrern Gespräche geführt worden, was für böses Blut sorgte – nun trifft es jeden – egal ob Chef oder Werker. Denn das oberste Gebot", erklären Spies/Beigel, „heißt: Vor AVP sind alle gleich." Die Personalbeurteilung ist unter diesen Umständen ein gerechtes Instrument, weil es diese Gleichheit herstellt. „Der gleiche Prozess, dem dabei alle unterliegen, sichert die Gerechtigkeit ("Jetzt kommen auch die Drei-Tage-Experten dran") sowohl innerhalb der eigenen Abteilung als auch zwischen den verschiedenen Bereichen des Betriebes."[28]

Im zweiten Wortsinn wird Gerechtigkeit als faire und vorurteilslose Behandlung der Beschäftigten verstanden. In diesem Sinn profitieren die Beschäftigten von der Personalbeurteilung, weil es sie vor Vorwürfen und Pauschalurteilen schützt. Gleichzeitig, so die weitere Argumentation, schaffe dieses Instrument Gerechtigkeit, weil es in der Lage sei, zu erkennen, wer verantwortungsbewusst seiner Arbeit nachgeht oder die krankheitsbedingte Abwesenheit lediglich ausnützen will. Im Vordergrund dieses Arguments steht weniger die gerechte Behandlung aller, sondern die Gerechtigkeit unter den Beschäftigten. „Gerade aber unter diesem geringen Prozentsatz an Mitarbeitern", den Spies/Beigel mit zwei Prozent angeben, „sind diejenigen, die bisher das krankheitsbedingte Fehlen ausgenutzt haben, was doppelt zu Lasten anderer geht. Zum einen wird den anwesenden Kollegen zusätzliche Mehrarbeit aufgebürdet [...]. Zum anderen werden auch wirklich kranke und verantwortungsbewusste Mitarbeiter diskreditiert, wenn in ihrem Bereich hohe Fehlzeiten anfallen; dann besteht die Tendenz zu pauschalen Vorverurteilungen. Das ist besonders dann der Fall, wenn nicht eindeutig dokumentiert ist, wie häufig aus welchen Gründen gefehlt wurde. Mit dem AVP ist es jedoch möglich, diesen verschwindend geringen Prozentsatz recht gut zu ermitteln, um bei Bedarf entsprechende massivere arbeitsrechtliche Schritte einleiten zu können."[29] Die den Beschäftigten versprochene Gerechtigkeit und Gleichbehandlung ist nach dieser Argumentation keine Bringschuld des Unternehmens, sondern an die Vorbedingung geknüpft, sich beurteilen zu lassen.

Hält die Personalbeurteilung, was sie verspricht? Wie objektiv und eindeutig lässt sich beurteilen, ob tatsächlich eine Erkrankung vorliegt? Lässt sich durch eine standardisierte Beurteilung im Rahmen des Rückkehrgesprächs Gerechtigkeit herstellen?

Natürlich ist Gerechtigkeit, sofern sie eintritt, aus Sicht der Beschäftigten positiv zu würdigen. Aber es fällt auf, dass nicht das für die Betroffenen Unangenehme offiziell thematisiert wird, sondern, dass das Verfahren als im Grunde den Interessen der Beschäftigten dienend „verkauft" wird. Personalbeurteilung wird von oben nach unten ausgeübt und ist damit ein

Machtinstrument, das der Offenlegung nicht erwünschten Verhaltens, der Disziplinierung und Subjektsteuerung dienen kann. Daran ändert auch die mitarbeiterfreundliche Aufmachung des Instruments nicht.

Der Personalbeurteilung des Fehlzeitenmanagements liegt der Gedanke zugrunde, dass die Arbeitsunfähigkeit oder Fehlzeit eines Beschäftigten objektiv einschätzbar ist. Überprüft wird, ob ein wirklicher oder ein vermeintlicher Verhinderungsgrund vorliegt. Allein diese Grundannahme wirft schon Fragen auf. Denn Krankheit/Gesundheit ist nicht nur eine Persönlichkeits- und Verhaltensäußerung. Sie ist auch Ausdruck einer Vielzahl biographischer, psychischer, sozialer und medizinischer Faktoren. Gerade diese Vielschichtigkeit von Gesundheit/Krankheit macht es so schwierig, objektiv zu beurteilen, ob ein Mensch krank oder gesund ist. Zwischen dem Pool Gesundheit und dem Pool Krankheit gibt es eine Spannbreite subjektiver Empfindungen und objektiver Gegebenheiten, die eine eindeutige Beurteilung wohl kaum ermöglichen. Man kann sich gesund fühlen und trotzdem krank sein! Man kann sich krank fühlen und trotzdem nach medizinischen Kriterien gesund sein! Vor der Schwierigkeit, diesen Sachverhalt objektiv zu beurteilen, stehen nicht nur Ärzte bei der Erstellung einer Diagnose aus den Angaben des Patienten (Anamnese). Um wieviel schwieriger muss es daher für Vorgesetzte sein, sich als medizinische Laien, ein objektives Urteil über die Berechtigung einer Arbeitsunfähigkeit zu bilden?

Auch unter methodischen Gesichtspunkten steht das Versprechen, dass die Beurteilung, die dem Rückkehrer durch das Gespräch widerfährt, zu mehr Gerechtigkeit und einer größeren Gleichbehandlung führe, auf wackligen Beinen. Denn so alt wie die Geschichte von standardisierten Beurteilungen, so alt ist auch die methodische Kritik an diesem Verfahren. Anlehnend an T. Breisig lassen sich für das Rückkehrgespräch folgende methodische Stolpersteine festhalten:[30]

- Viele Verfahren enthalten Kriterien, die sich einer Beobachtung schlicht entziehen. Dies gilt vor allem für persönlichkeitsbezogene Merkmale. Beurteilungen wie „dem Mitarbeiter ist bewusst...", oder „zwischen Mitarbeiter und Vorgesetzten wurden die Positionen geklärt..." (siehe Personalgesprächsprotokoll, Teil 2) oder „dem Mitarbeiter ist klar geworden" (siehe Mitarbeitergesprächsprotokoll, Teil 2) werfen die Frage auf, wie ein Vorgesetzter das exakt beurteilen soll? Er kann seinen Eindruck wiedergeben, die Eigenwahrnehmung des Beschäftigten mag eine ganz andere sein.
- Methodisch problematisch sind ferner vage, unbestimmte und vieldeutige Kriterien, die dem Beurteiler viele Möglichkeiten zur inhaltlichen Interpretation offenlassen (z. B. Einschätzungen von Arbeitsklima, Rolle des Beschäftigten im Arbeitsprozess).

Neben diesen Verfahrensmängeln, die gerne übersehen werden, werfen auch menschliche Unzulänglichkeiten in Gestalt von Beurteilungsfehlern während des Gesprächs Probleme auf, denen durch noch so gute Information und Schulung kaum beizukommen ist. Beispiele für Beurteilungsfehler sind:

- Beim Hallo-Effekt erliegt der Beurteiler der Tendenz, die einzelnen zu bewertenden Verhaltensweisen oder Eigenschaften nicht unabhängig voneinander zu betrachten. Ein diffuser Gesamteindruck oder ein einzelnes hervorstechendes Kriterium wird auf alle anderen Merkmale übertragen. Ein „fleißiger" Arbeiter wird auch automatisch als ehrlich beurteilt.
- Beim Milde- bzw. Strenge-Effekt führt das subjektive Maßstabs- und Bezugssystem des Beurteilers zu einer allgemeinen Tendenz, zu positiv bzw. zu negativ zu bewerten.
- Zu Logik-Fehlern kommt es, wenn der Beurteilende sich nicht auf Beobachtungen, son-

dern auf seine subjektive Logik, seine persönliche „Theorie" stützt: „Wer unordentlich ist, kann auch nichts leisten", „Wer einen Tag fehlt, ist ein Blaumacher".

- Kontrast- oder Ähnlichkeitsfehler resultieren aus der Tendenz des Beurteilers, dem Beurteilten solche Eigenschaften abzusprechen oder zuzuschreiben, die er für sich selbst beansprucht oder ablehnt. Hält sich bspw. der Vorgesetzte für überdurchschnittlich motiviert und bleibt nur dann der Arbeit fern, wenn es tatsächlich anders nicht mehr geht, gesteht er diese Eigenschaften nicht gerne jemand anderem zu, weil er aus dem Vergleich mit anderen gewichtige Teile seines Selbstbewusstseins schöpft.

Niemand kann ernsthaft etwas gegen ein entspanntes, zwischenmenschliches Klima in der problematischen Beziehung zwischen Vorgesetzten und Beschäftigten einzuwenden haben. Und der Wunsch nach Gerechtigkeit, nach fairer Behandlung, auch im Sinne von Gleichbehandlung aller ist verständlich. Die standardisierte Personalbeurteilung des Fehlzeitenmanagements kann aber diesen Wunsch nicht erfüllen. Sie setzt zwar an Stelle von unstrukturierter und willkürlicher Behandlung der Vorgesetzten ein neues Beurteilungssystem, dessen Seriosität und Methodik schafft aber nur scheinbar ein Mehr von Gerechtigkeit und Gleichbehandlung. Gerechtigkeit bleibt eine Illusion.

1 Hartmann N.: „Ursache Chef. Der Führungsstil in deutschen Betrieben macht Mitarbeiter krank", in: Süddeutsche Zeitung, 7./8. Juni 1997
2 vgl. hierzu: Fischer G., Risch S., Selzer P.: „Neue Kur. Jahrelang haben die Unternehmer über den hohen Krankenstand nur geklagt – jetzt werden sie aktiv", in: manager magazin 10/1995, S. 197-211 sowie Spies St, Beigel H.: Einer fehlt und jeder braucht ihn, S. 17
3 Pohen/Esser: Fehlzeiten senken. Mit System zum Erfolg, Heidelberg 1995, 2. Auflage, S. 135
4 Nieder P.: Absentismus – eine Herausforderung, Redemanuskript anlässlich einer Tagung des Bundesverbandes der Betriebskrankenkassen 1997, S. 9
5 VW Audi Vertriebszentrum Südbayern: Vermeiden von Fehlzeiten. Ein Leitfaden für Führungskräfte zur erfolgreichen Wahrnehmung der Führungsaufgabe, interne Veröffentlichung, ohne Jahresangabe, S.4
6 Friczewski F./Drupp M.: „Betriebliche Gesundheitsförderung: Fehlzeitenmanagement durch Rückkehrgespräche, AOK – Angebot für Firmenkunden", in: doc, internes Mitteilungsblatt der AOK, Heft 23-24/97, S.749-750
7 in: Transparent, Zeitschrift der deutschen Postgewerkschaft, Heft 10, Oktober 1997, S. 4
8 Hesse/Schrader: Die Neurosen der Chefs und wie Sie mit ihnen fertig werden, München 1998, S.169 ff.
9 Staute J.: Das Ende der Unternehmenskultur. Innenansichten bundesdeutscher Firmen, Frankfurt/Main 1997, S. 91
10 vgl. hierzu auch Borowiak F./Taubert R.: „Das Rückkehrgespräch... Ein Instrument gesundheitsgerechter Personalführung", in: Personalführung 11/97, S. 1086ff. Die im Folgenden dargestellten fünf Vorgesetzten-Rollen sind abgeleitet von den vier Rollen, die Borowiak F./Taubert R. unterscheiden, sowie aus Leitfäden verschiedener Unternehmen.
11 Dieses und die folgenden Zitate stammen aus Borowiak F./Taubert R., a.a.O.
12 Schmidt K.-H.: „Wahrgenommenes Voresetztenverhalten, Fehlzeiten und Fluktuation", in: Zeitschrift für Arbeits- und Organisationspsychologie, Heft 2/1996, S.60
13 „Was wir von Krankenrückkehrgesprächen halten – Kommentare von Opel-Arbeitern im Originalton", in: Arbeit & Ökologie Briefe, Heft 25/26, Dez. 1998
14 „Anwesenheitsverbesserungsprozess bei Opel: Beschäftigte motivieren statt disziplinieren", in: Arbeit & Ökologie Briefe, Heft 6/97, S. 9

15 vgl. Friczewski F./Drupp M., Friczewski F./Drupp M., a.a.O., S. 747

16 Spies St., Beigel H.: Einer fehlt und jeder braucht ihn. Wie Opel die Abwesenheit senkt. a.a.O. 2. Auflage 1997, S. 163).

17 Sprenger R.: Mythos Motivation. Wege aus einer Sackgasse, a.a.O. S. 194

18 vgl. hierzu: Neuberger 1973, S. 143 ff. in Breisig Th.: Betriebliche Sozialtechniken, a.a.O., S. 311

19 Westermayer G., Stein B.: Gesundheit, Vetrauen, Führung: Rückkehrgespräche als Instrument betrieblicher Gesundheitsförderung, in: Busch R. (Hrgs): Arbeitsmotivation und Gesundheit. Rückkehrgespräche in der betrieblichen Praxis, Forschung und Weiterbildung für die betriebliche Praxis, Berlin 1997, S. 75, 76

20 Nieder P., Jansen M.: „Reduzierung von Absentismus durch persönlichkeitsfördernde Arbeitsgestaltung", in: Marr R. (Hg.): Absentismus – der schleichende Verlust an Wettbewerbspotential, a.a.O., S. 59 sowie M.S.M. Michael Schmilinsky Management Genf – Schweiz, interne Veröffentlichung, a. a. O.

21 Przygodda M., Arentz K.-P.: Führungsverhalten – eine Einflussgröße für betriebliche Fehlzeiten?, in: Kastner M.(Hg.): Personalpflege. Der gesunde Mitarbeiter in einer gesunden Organisation, Berlin-München 1994, S. 175

22 Angestelltenkammer Bremen: Gesundheit und Lebensqualität, Ergebnisbericht zu einer Untersuchung des Zentrums für Sozialpolitik über Arbeit und Freizeit, Gesundheit und Krankheit im Land Bremen, Bremen 1993, S. 154

23 Sprenger R.: Mythos Motivation, a.a.O., S. 50

24 ebenda, S. 50

25 ebenda, S. 24

26 Hoerner R./Vitinius K.: Heiße Luft in neuen Schläuchen. Ein kritischer führer durch die Managementtheorien, Frankfurt am Main 1997, S. 25

27 Breisig Th.: Betriebliche Sozialtechniken. Handbuch für Betriebsrat und Personalwesen, Neuwied und Frankfurt am Main 1990, S. 343

28 Spies St., Beigel H.: Einer fehlt und jeder braucht ihn, a.a.O. S. 160/161

29 Spies St., Beigel H.: Einer fehlt und jeder braucht ihn, a.a.O. S. 165

30 vgl.: Breisig Th.: Betriebliche Sozialtechniken, a.a.O., S. 359 ff.

Kapitel 6

6. Hinweise und Argumentationshilfen für Betriebsräte und Beschäftigte

Von A–Z: Rechte der Beschäftigten im Erkrankungsfall

Von A–Z: Die Mitbestimmungsrechte des Betriebsrats

Krankenrückkehrgespräche

Vor dem Gespräch
Während des Gesprächs
Nach dem Gespräch

Aus der Defensive in die Offensive – Vorschläge für eine Handlungsstrategie des Betriebsrats

Präventionsansätze im Arbeits- und Gesundheitsschutz

Eckpunkte für eine Betriebsvereinbarung

6. Hinweise und Argumentationshilfen für Betriebsräte und Beschäftigte

Im Zusammenhang mit Krankenrückkehrgesprächen und anderen Maßnahmen des Fehlzeitenmanagements bestehen bei den Beschäftigten meist Unklarheiten über ihre rechtlichen Möglichkeiten. Die folgenden Ausführungen wenden sich daher entsprechend der Zielsetzung des vorliegenden Buches in erster Linie an die Beschäftigten und die betriebliche Interessenvertretung. Ihnen soll eine Orientierungshilfe unter Berücksichtigung der rechtlichen Seite gegeben werden.

Gerade weil mit Fehlzeitenmanagement eine Strategie der Individualisierung und Verunsicherung erkrankter Arbeitnehmer erreicht werden soll, müssen Beschäftigte und Interessenvertretung ihre Rechte kennen.

Im Folgenden werden rechtliche Möglichkeiten für Arbeitnehmer anhand eines Frage-Antwort-Katalogs erörtert. Aus Gründen der Lesbarkeit wird dabei auf eine umfangreiche juristische Darstellung und Zitierung höchstrichterlicher Urteile weitgehend verzichtet. Wegen der Komplexität der Thematik empfiehlt es sich, bei weitergehenden Fragen den Rat und die Hilfe z. B. der zuständigen Gewerkschaft oder eines Fachanwalts für Arbeitsrecht einzuholen.

Von A–Z: Rechte der Beschäftigten im Erkrankungsfall[1]

Zu den folgenden Stichwörtern werden Orientierungshilfen gegeben:
Abmahnung
Anwesenheitsprämie
Anzeige- und Nachweispflicht
Arbeitsaufnahme während Krankschreibung
Arbeitsfähigkeit
Ärztliche Schweigepflicht
Arztuntersuchung
Attest
Diagnose
Gesundheitszustand
Häusliche Anwesenheit
Krankenkontrolle
Krankenrückkehrgespräch
Kündigung
Teilarbeitsfähigkeit
Urlaub
Verweigerung von Krankengeld

Abmahnung

Kann mich der Arbeitgeber wegen Arbeitsunfähigkeitszeiten abmahnen?

Nein, da nur Vertragsverletzungen abmahnungsfähig sind. Krankheitsfehlzeiten stellen grundsätzlich keine Vertragsverletzungen dar, da man hierauf in der Regel keinen Einfluss hat (vgl. LAG Düsseldorf vom 06.03.86 in AiB 1991, 385).

Dennoch empfehlen Fehlzeitenberater den Betrieben, ihre Beschäftigten in geeigneter Form schriftlich auf den Umfang und die Dauer ihrer Fehlzeiten hinzuweisen. Solche Belege können ggf. bei einem späteren Kündigungsschutzprozess eine Rolle spielen.

Anwesenheitsprämie

Darf der Betrieb freiwillige Sonderzahlungen, z. B. meine Weihnachtsgratifikation, wegen krankheitsbedingter Fehlzeiten kürzen (Anwesenheitsprämie)?

Eine Zahlung von Weihnachtsgeld nach Gutdünken des Arbeitgebers ist nicht zulässig. Ohne sachlichen Grund darf ein Arbeitgeber einen Arbeitnehmer nicht vom Weihnachtsgeld ausnehmen, auch wenn diese Gratifikation freiwillig gezahlt wird, entschied das Arbeitsgericht Kiel (Az.: 5 CA485a/99). In der kürzlich veröffentlichten Entscheidung ging es um eine Mitarbeiterin, die nur die Hälfte des Bruttolohns als Weihnachtsgeld erhalten hatte. Der Betrieb begründete seine Entscheidung damit, dass nur derjenige eine volle Zahlung erhalte, der zuverlässig, pünktlich und immer einsatzbereit sei, besonders gute Leistungen zeige und keine außergewöhnlichen Fehlzeiten habe. Die Klägerin sei an 52 Tagen krank gewesen, habe ungenehmigte Raucherpausen eingelegt und gegen Anweisungen verstoßen. Das Gericht sah die Kürzung als Willkür an, die gegen das arbeitsrechtliche Gleichbehandlungsgebot verstoße.

Anzeige- und Nachweispflicht

Muss ich auch bei Kurzerkrankungen bis zu 3 Tagen Dauer meine Arbeitsunfähigkeit durch Attest nachweisen?

Nur, wenn der Arbeitgeber dies unter Angabe von Gründen verlangt. Verlangt er dies generell im Betrieb ab dem ersten Tag, geht dies nur mit Zustimmung des Betriebsrates bzw. Spruch der Einigungsstelle. Anmerkung: Einige Tarifverträge sehen hierzu günstigere Regelungen vor (z. B. § 11 Ziff. 3 MTV Bayerische Metallindustrie Arbeiter). Diese gehen dann nach dem allgemeinen Grundsatz vor. Die Anzeige der Arbeitsunfähigkeit muss jedoch ab dem ersten Tag unverzüglich erfolgen.

Arbeitsfähigkeit

Muss ich nach Rückkehr von einer Krankheit voll arbeiten, auch wenn ich noch nicht wieder ganz gesund bin?

Grundsätzlich ja, es sei denn, es handelt sich um eine Maßnahme zur Wiedereingliederung im Sinne des § 74 SGB V.

In der Rechtsprechung wurde z. B. entschieden, dass man jedenfalls nicht die Übernahme bestimmter Tätigkeiten, die zur vertraglich geschuldeten Leistung gehören, unter Hinweis auf die noch nicht wiederhergestellte Arbeitsfähigkeit ablehnen darf.

Besser ist es, über den Betriebsrat und die Schwerbehindertenvertretung eine Umsetzung oder eine andere Arbeitsplatzgestaltung zu erreichen. Dieser kann auch beurteilen, wo ein entsprechender Arbeitsplatz frei wird und Tipps zur Bewerbung geben. Schonarbeitsplätze muss der Arbeitgeber nur im Rahmen einer Wiedereingliederung im Sinne des § 74 SGB V zur Verfügung stellen.

Dies geht jedoch nur mit Zustimmung des Arbeitgebers nach längerer Krankheit und auf Veranlassung der Krankenkasse.

Arztuntersuchung

Muss ich mich auf Verlangen des Arbeitgebers während einer Arbeitsunfähigkeit von einem anderen Arzt untersuchen lassen?

Nur, wenn die Aufforderung vom Medizinischen Dienst der Krankenkassen (MDK) kommt. Diesem gegenüber muss der Arbeitgeber sein Verlangen begründen (vgl. § 275 Abs. 1 a Satz 3 SGB V).

Muss ich mich vom Betriebsarzt untersuchen lassen, wenn der Arbeitgeber das verlangt?

Nein. Niemand kann gezwungen werden, sich von einem bestimmten Arzt untersuchen zu lassen. Anders liegt der Fall nur, wenn es sich um durch Gesetz oder Verordnung (z. B. Unfallverhütungsvorschriften) vorgeschriebene Untersuchungen handelt, (z. B. bei Jugendlichen oder bei Arbeit im Lärmbereich).

Der Betriebsarzt darf dann aber dem Arbeitgeber nur mitteilen, ob gesundheitliche Bedenken gegen den weiteren Einsatz wie bisher bestehen, (also: geeignet, nicht geeignet, bedingt geeignet, wenn...). Im Weigerungsfall besteht ein Beschäftigungsverbot. Die Teilnahme an allgemeinen Vorsorgeuntersuchungen (gem. § 3 Abs.1 Nr.2 Arbeitssicherheitsgesetz) ist freiwillig.

Ebenfalls freiwillig ist die Teilnahme an ärztlichen Untersuchungen nach § 88 BetrVG, wo durch freiwillige Betriebsvereinbarungen zusätzliche Maßnahmen zur Verhütung von Gesundheitsschäden zwischen den Betriebsparteien verabredet werden können. Solche Untersuchungsanlässe können Einstellungsuntersuchungen, Eignungsuntersuchungen für einen Bildschirmarbeitsplatz (G 37) oder die Feststellung der Arbeitsunfähigkeit in Verbindung mit § 38 Abs. 2 UVV ("Allgemeine Vorschriften" (VBG 1) – Nachweis von Alkohol- oder Drogeneinfluss am Arbeitsplatz – sein).

Ärztliche Schweigepflicht

Muss ich meine behandelnden Ärzte von der Schweigepflicht entbinden, wenn mein Arbeitgeber das verlangt?

Nein, der Arbeitnehmer ist weder zur Auskunft über seinen Gesundheitszustand noch zur Entbindung des Arztes von der Schweigepflicht verpflichtet (Arbeitsgericht Bocholt. v. 29.04.93).

Attest

Muss mir mein Arbeitgeber eine andere Tätigkeit zuweisen, wenn ich ihm ein entsprechendes Attest vom Hausarzt vorlege?

In der Regel nein, es sei denn, der Arbeitnehmer ist schwerbehindert oder gleichgestellt. In diesem Fall muss der Arbeitgeber gemäß § 14 Abs. 3 SchwbG den Arbeitsplatz mit den erforderlichen Arbeitshilfen ausstatten. Die Hauptfürsorgestellen stellen für die Verbesserung der Arbeitsplatzsituation oder eine Umsetzung umfangreiche Mittel und Hilfen zur Verfügung. Bei nicht Schwerbehinderten besteht vielmehr die Gefahr, dass der Arbeitgeber kündigt, wenn z. B. nach dem Attest die bisherige Arbeit zu schwer ist. Häufig geht hier durch Vorlage solcher Atteste der Schuss nach hinten los!

Diagnose

Muss ich während oder nach einer Arbeitsunfähigkeit dem Arbeitgeber Auskunft über meine Krankheitsursache geben?

Nein, nur die Krankenkasse erhält vom Arzt die Diagnosen. Dem Arbeitgeber ist nur unverzüglich die Arbeitsunfähigkeit als solche und deren voraussichtliche Dauer mitzuteilen. Dauert sie länger als 3 Tage ist dem Arbeitgeber spätestens am 4. Krankheitstag eine Arbeitsunfähigkeitsbescheinigung („Gelber Schein") zuzuleiten. Von Zeit zu Zeit sollte der Arbeitgeber auch über die Fortdauer der Arbeitsunfähigkeit informiert werden, wenn nach Ablauf des Lohnfortzahlungszeitraumes Krankengeld gezahlt wird und die Krankschreibung bis auf weiteres erfolgt ist.

Muss ich im Rückkehrgespräch Fragen nach der Diagnose meiner Erkrankung beantworten?

Die Frage nach der Diagnose der vorausgegangenen Arbeitsunfähigkeit ist unzulässig und braucht daher nicht beantwortet zu werden.

Gesundheitszustand

Muss ich im Rückkehrgespräch persönliche Fragen, Fragen nach meinem Gesundheitszustand beantworten?

Fragen, die in die vom Grundgesetz geschützte Menschenwürde (Art. 1 GG) oder das Persönlichkeitsrecht (Art. 2 GG) des Kollegen eingreifen, sind nicht erlaubt. Die falsche Beantwortung solcher Fragen erfüllt nicht den Tatbestand der arglistigen Täuschung (und ist daher auch kein Kündigungsgrund!).

Unzulässig sind: alle Fragen, die auf den rein persönlichen Bereich des Kollegen abzielen. Hier sind insbesondere Fragen über private Gewohnheiten, Bindungen oder Pläne zu nennen.

Gewisse Fragen sind zwar in der Regel unzulässig, in einigen Einzelfällen jedoch erlaubt. Dabei handelt es sich insbesondere um Fragen nach:

Schwangerschaft: Die Frage nach einer Schwangerschaft ist wegen der Geschlechterdiskriminierung unzulässig (§ 611 BGB). Lediglich in Fällen, in denen die Schwangerschaft die Ausübung des Berufes direkt beeinflusst (Mannequin, Model), ist diese Frage zulässig (EuGH, NJW 91, 628).

Gesundheitszustand: Die Frage nach dem Gesundheitszustand und nach Krankheiten des Rückkehrers ist erlaubt, muss aber nicht beantwortet werden. Lediglich die Arbeitsfähigkeit ist anzuzeigen. Frühere ausgeheilte Erkrankungen und Kinderkrankheiten sind in der Regel für das Arbeitsverhältnis nicht relevant und Fragen danach somit unzulässig.

Häusliche Anwesenheit

Muss ich während einer Erkrankung zu Hause bleiben?

Nein, auch während einer Erkrankung bleibt jeder ein freier Mensch und muss sich nicht unbedingt zu Hause aufhalten. Wichtig ist nur, alles zu unterlassen, was den Heilungserfolg beeinträchtigt.

Krankenkontrolle

Darf der Betrieb Kontrollanrufe während meiner Erkrankung durchführen?

Dem Betrieb kann es nicht verwehrt werden, den Beschäftigten anzurufen, um sich z. B. nach seinem Befinden oder sich über evtl. liegengebliebene Arbeiten zu erkundigen. Aber nicht jeder Anruf muss entgegen genommen werden.

Darf der Betrieb während der Erkrankung mich zu Hause aufsuchen, also Krankenkontrollen durchführen?

Im Prinzip sind Hausbesuche als zulässig zu betrachten. Allerdings darf der Beschäftigte den Zutritt verweigern, ohne dass dies Folgen hätte.

Die Beweiskraft solcher Besuche ist sehr gering. Betriebe, die das praktizieren, setzen mehr auf die psychologische Wirkung des (angekündigten) Besuchs.

Krankenrückkehrgespräch

Muss ich an einem Krankenrückkehrgespräch teilnehmen?

Nur, wenn es dazu eine Betriebsvereinbarung oder Regelungsabrede mit dem Betriebsrat als Grundlage gibt, weil das Führen von Krankenrückkehrgesprächen nämlich mitbestimmungspflichtig ist. Arbeitnehmer haben das Recht, ein Betriebsratsmitglied hinzuzuziehen, auch wenn dies in der Betriebsvereinbarung nicht ausdrücklich vorgesehen ist (§§ 84, 85 BetrVG).

Kündigung

Kann der Arbeitgeber mir krankheitsbedingt kündigen?

Grundsätzlich ja, aber es müssen nach der Rechtsprechung folgende strenge Voraussetzungen vorliegen:

- erhebliche Fehlzeiten, in der Regel in den letzten 3 Jahren (deutlich) mehr als 6 Wochen Krankheitszeit pro Jahr.
- negative Zukunftsprognose; es muss damit zu rechnen sein, dass weitere Krankheitsfehlzeiten in derselben Höhe auftreten (z. B. nicht der Fall bei ausgeheilten Krankheiten, Knochenbrüchen). Fehlzeiten, die betriebliche Ursachen haben oder auf Arbeitsunfällen oder Berufskrankheiten beruhen, dürfen ebenfalls nicht berücksichtigt werden.
- erhebliche negative betriebliche Auswirkungen; überdurchschnittliche Lohnfortzahlungskosten – bezogen auf den jeweiligen Betriebsbereich – reichen nach der Rechtsprechung.
- umfassende Abwägung der Interessen von Arbeitnehmer und Arbeitgeber bezüglich der Beendigung des Arbeitsverhältnisses

oder

- es muss dem Arbeitnehmer aus gesundheitlichen Gründen auf Dauer unmöglich geworden sein, die vertraglich geschuldete Arbeitsleistung zu erbringen; meist der Fall bei Erwerbs- oder Berufsunfähigkeit.

Kann mir der Arbeitgeber bei Vorliegen eines Arbeitsunfalls krankheitsbedingt kündigen?

Ein Beschäftigter, der in Folge eines Arbeitsunfalls arbeitsunfähig ist und dessen Krankheit voraussichtlich über seine Kündigungsfrist hinaus andauern wird, kann bei Auftragsmangel weder aus dringenden betrieblichen noch aus personenbedingten Gründen entlassen werden. Dies entschied das Landesarbeitsgericht Berlin mit Urteil vom 14. Januar 2000 (AZ: 6 Sa 1547/99).

Können Arbeitnehmerinnen im Mutterschutz wegen Fehlzeiten gekündigt werden?

In aller Regel ist eine Kündigung von Arbeitnehmerinnen im Mutterschutz ausgeschlossen.

Rückmeldung während der Erkrankung

Muss ich mich während einer Erkrankung beim Betrieb telefonisch melden?

Nein, die Information des Betriebes über das Ende der Erkrankung laut AU-Bescheinigung genügt.

Teilarbeitsfähigkeit

Muss ich einer Aufforderung meines Arbeitgebers, während einer ärztlich bestätigten Arbeitsunfähigkeit die Arbeit wiederaufzunehmen, Folge leisten?

Nein, einer entsprechenden Aufforderung des Arbeitgebers muss nicht Folge geleistet werden. Die Nichtbefolgung einer solchen Aufforderung ist auch nicht als Verstoß gegen arbeitsvertragliche Pflichten zu werten, der weder eine Abmahnung noch eine Kündigung rechtfertigen kann. Arbeitsrechtlich bedeutet es keinen Unterschied, ob ein Beschäftigter durch die Krankheit ganz oder nur teilweise arbeitsunfähig wurde.

Urlaub

Was ist zu bedenken, wenn ich während des Urlaubs krank werde?

Der Beschäftigte ist verpflichtet, auch bei Erkrankungen während des Urlaubs dem Arbeitgeber die Erkrankung nachzuweisen. Eine eigenmächtige Urlaubsverlängerung um die Krankentage ist nicht zulässig.

Die durch ärztliches Zeugnis nachgewiesenen Tage der Arbeitsunfähigkeit werden nicht auf den Jahresurlaub angerechnet.

Verweigerung von Krankengeld

Darf mir die Krankenkasse die Zahlung von Krankengeld verweigern?

Immer häufiger erhalten Arbeitnehmer, die über längere Zeit wegen einer Krankheit oder eines Unfalls arbeitsunfähig sind, unangenehme Post von ihren Krankenkassen. Darin wird ihnen zum Beispiel mitgeteilt, dass man ein Restleistungsvermögen entdeckt habe, weshalb die Arbeitsunfähigkeit des Klienten beendet sei – und damit das Recht auf Krankengeld. Zwar könne nicht in dem alten Job gearbeitet werden, andere Tätigkeiten auf dem allgemeinen Arbeitsmarkt seien aber durchaus zumutbar. Aus Arbeitsunfähigen werden so über Nacht Teilarbeitsfähige, die an das Arbeitsamt abgeschoben werden sollen.

Eine Rechtsgrundlage für diese Aktionen der Krankenkassen gibt es nicht. Arbeitnehmer sollten unbedingt dagegen vor Gericht klagen. Im Sozialgesetzbuch V, das die gesetzliche Krankenversicherung regelt, ist eindeutig festgelegt, dass das Krankengeld nach dem „Alles-oder-nichts"-Prinzip gezahlt werden muss, und zwar bis zu 78 Wochen lang. Eine Teilarbeitsunfähigkeit gibt es nicht (siehe „Arbeitsrecht im Betrieb", Zeitschrift für Betriebsratsmitglieder, Heft 5/99).

Von A–Z: Die Mitbestimmungsrechte des Betriebsrats[2]

Betriebs- und Personalräte haben im Arbeits- und Gesundheitsschutz ein zwingendes Mitbestimmungsrecht, wenn die bestehenden Regelungen Spielräume für die betriebliche Umsetzung lassen. Diese Formulierung ist wichtig. Sie besagt, dass Mitbestimmung immer dann möglich ist, wenn diese Vorschriften ausfüllungsfähig sind, d.h. wenn mehrere Wege möglich sind, um sie zu realisieren. Immer wenn der Arbeitgeber über das „Wie" der Umsetzung einzelner Bestimmungen von Rechtsvorschriften in seinem Betrieb Entscheidungen treffen kann, ist eine Mitbestimmung möglich. Dies gilt auch für Maßnahmen, die der Arbeitgeber gegenüber erkrankten Beschäftigten trifft. Im Folgenden werden rechtliche Möglichkeiten des Betriebsrats anhand eines Frage-Antwort-Katalogs erörtert.

Abmahnung
Anwesenheitsprämie
Anzeige- und Nachweispflicht
Arbeitsmedizinische Untersuchung
Attest
Fehlzeitenstatistiken
Krankenrückkehrgespräch
Kündigung
Medizinischer Dienst der Krankenkassen
Personal- und Einstellungsuntersuchungen

HAT DER BETRIEBSRAT EIN MITBESTIMMUNGSRECHT

....bei Abmahnungen wegen Krankheitsfehlzeiten?
hier besteht kein Mitbestimmungsrecht; derartige Abmahnungen sind jedoch rechtswidrig. Krankheitsfehlzeiten stellen grundsätzlich keine Vertragsverletzungen dar, da man hierauf in der Regel keinen Einfluss hat (vgl. LAG Düsseldorf vom 06.03.86).

....bei der Kürzung von Anwesenheitsprämien oder übertariflichen Leistungen wegen Krankheitsfehlzeiten?
Mitbestimmungsrecht gemäß § 87 Abs. I Nr. 10 BetrVG gegeben (vgl. BAG v. 26.10.94 – 10 AZR 482/93 in BB 1995, 312).

....bei der Ausgestaltung von Anzeige und Nachweispflichten bei Arbeitsunfähigkeit
Verlangt die Geschäftsleitung von den Beschäftigten, dass sie generell vom ersten Tag einer Krankheit an eine ärztliche Krankschreibung vorzulegen haben, stellt dies mitbestimmungspflichtige Regelung im Sinne von § 87 Abs. 1 Nr. 1 des BetrVG dar.
Eine Arbeitgeber-Anweisung wie die hier genannte betrifft eine Frage der betrieblichen Ordnung. Demnach hat der Betriebsrat in dieser Sache grundsätzlich ein Mitbestimmungsrecht. § 5 Abs. 1 Satz 3 des Entgeltfortzahlungsgesetzes gestattet dem Arbeitgeber zwar, auch einen früheren Nachweis der Arbeitsunfähigkeit zu verlangen. Diese Vorschrift eröffnet aber einen Regelungsspielraum hinsichtlich der Frage, ob und in welchem Umfang der Arbeitgeber von diesem Recht Gebrauch macht. Bei dessen Ausfüllung ist der Betriebsrat zu beteiligen, soweit nicht eventuell anzuwendende Tarifverträge die Nachweispflicht abschließend regeln (BAG-Beschluss vom 25.1. 2000).

....bei Nachweis eines Arztbesuchs während der Arbeitszeit?
Fordert ein Arbeitgeber von den Beschäftigten, dass sie Arztbesuche während der Arbeitszeit mit Formularen nachweisen, hat der Betriebsrat ein Mitbestimmungsrecht.
Mitbestimmungsfrei sind nur arbeitsnotwendige Regelungen, die sich unmittelbar oder mittelbar auf die Arbeitsleistung selbst beziehen. Um eine solche geht es aber bei der Nachweisregelung nicht. Indem das Unternehmen ein Attest fordert, hat es eine verbindliche betriebliche Ordnung und damit einen Tatbestand geschaffen, der ein regelgerechtes Verhalten der Arbeitnehmer verlangt. Insofern ist ein Mitbestimmungsrecht des Betriebsrats gem. § 87 Abs. 1 Nr. 1 BetrVG gegeben, das auch nicht durch eine gesetzliche oder tarifliche Nachweisregelung ausgeschlossen ist (BAG vom 21. Januar 1997).

....beim Aushang von Fehlzeitenstatistiken?

Soweit diese namentlich erfolgen, würde dies auf jeden Fall das Verhalten von Arbeitnehmern beeinflussen und wäre somit nach § 87 Abs. 1 Nr. 1 BetrVG mitbestimmungspflichtig (vgl. Klebe in DKK, 5.Aufl., Rand-Nr. 55 zu § 87 BetrVG). Im Übrigen ist dies auch rechtswidrig, weil es nicht von der Einwilligung des Arbeitnehmers zur Verarbeitung und Nutzung seiner Daten gedeckt und gegen § 28 Abs. 4 BDSG verstoßen würde (vgl. Buschmann in DKK, Rand-Nr. 20 zu § 83 BetrVG). Auch stellt dies einen Verstoß gegen das Persönlichkeitsrecht des Arbeitnehmers dar.

Wenn z. B. Rückschlüsse auf betroffene Arbeitnehmer möglich sind, gilt das auch für den Aushang anonymisierter Fehlzeitenstatistiken.

....bei Krankenrückkehrgesprächen?

Hierzu hat das BAG mit Beschluss vom 08.11.94 (1 ABR 22/94 in DB 1995,1132) entschieden, dass die Führung formalisierter Krankengespräche zur Aufklärung eines überdurchschnittlichen Krankenstandes mit einer nach abstrakten Kriterien ermittelten Mehrzahl von Arbeitnehmern gem. § 87 Abs. 1 Ziff. 1 BetrVG mitbestimmungspflichtig sei. Es handele sich dabei nämlich um das Verhalten der Arbeitnehmer in Bezug auf die betriebliche Ordnung und nicht um das Verhalten bei der Arbeitsleistung selbst.

....,wenn der Betriebsarzt das Krankenrückkehrgespräch durchführt?

In jedem Fall. Die Aufgaben des Betriebsarztes sind in § 3 ASiG geregelt. Der Aufgabenkatalog enthält keine Vorschrift, wonach das Führen von Rückkehrgesprächen in den Zuständigkeitsbereich des Betriebsarztes fällt. Nach § 9 Abs. 3 Satz 2 ASiG hat der Betriebsrat mitzubestimmen, wenn Aufgaben des Betriebsarztes erweitert werden sollen.

....bei krankheitsbedingten Kündigungen?

Die Rechte des Betriebsrats bei einer krankheitsbedingten Kündigung sind im § 102 BetrVG geregelt.

....bei der Einschaltung des Medizinischen Dienstes der Krankenkassen (MDK)?

Hier handelt es sich nicht um eine persönliche Einzelmaßnahme, die auf das Arbeitsverhältnis Auswirkungen hätte. Somit ist kein Mitbestimmungsrecht gegeben. Ein solches setzt allerdings ein, falls der Arbeitgeber aus den Informationen der Krankenkasse (z.B. „keine Arbeitsunfähigkeit gegeben") personelle Konsequenzen, z. B. eine Kündigung, ziehen wollte.

....bei Personalfragebögen und Einstellungsuntersuchungen?

Grundsätzlich ergibt sich hier ein Mitbestimmungsrecht des Betriebsrates aus §§ 94 Abs. I und 95 BetrVG. Hierbei spielt es keine Rolle, ob die Daten für einen Personalfragebogen vom Arbeitgeber oder vom Betriebsarzt erhoben werden (vgl. Klebe in DKK, 5. Aufl., Rand-Nr. 11 zu § 94 und Rand-Nr. 10 zu § 95 BetrVG).

Soweit vom Arbeitnehmer in diesem Zusammenhang eine Entbindung von der ärztlichen Schweigepflicht gegenüber dem Arbeitgeber verlangt wird, wäre auch dies mitbestimmungspflichtig. Etwas anderes mag allenfalls für gesetzlich vorgeschriebene Einstellungsuntersuchungen gelten, da insoweit kein Regelungsspielraum besteht. Ob der Arbeitgeber überhaupt Einstellungsuntersuchungen vornehmen lässt, kann der Betriebsrat im Rahmen seines Mitbestimmungsrechts bei der Einstellung gem. § 99 Abs. 1 BetrVG prüfen. In diesem Zusammenhang sind ihm alle Unterlagen über sämtliche Bewerber vorzulegen, auch über die abgelehnten (vgl. Kittner in DKK, 5. Aufl., Rand-Nr. 129, 132 zu § 99 BetrVG).

Krankenrückkehrgespräche[3]

Immer mehr Betriebe machen Hausbesuche bei Erkrankten, binden Sondervergütungen an den Krankenstand und führen Krankenrückkehrgespräche der betrieblichen Vorgesetzten mit Beschäftigten nach ihrer krankheitsbedingten Abwesenheit durch. Letztere werden immer aufwendiger institutionalisiert und standardisiert.

Um den Betriebsrat davon zu überzeugen, Rückkehrgespräche im Betrieb einzuführen, werden unterschiedlichste Begründungen geliefert. Meist geht es dabei um die ‚Standortsicherung‘, beliebt ist auch der Verweis auf die ‚Fürsorgepflicht‘ des Unternehmens gegenüber Erkrankten und der Wunsch, sich um diese ‚kümmern‘ zu wollen. Welcher Betriebsrat kann solche Argumente nicht gutheißen?

Doch Vorsicht! Rückkehrgespräche bergen Risiken für die Beschäftigten: Sie können Grundlage für Abmahnungen, Versetzungen und Kündigungen sein, versuchen, ihm Details seiner Erkrankung zu entlocken und beinhalten eine (heimliche) Botschaft: „Vermeiden Sie es zukünftig, sich arbeitsunfähig zu melden (auch wenn Sie krank sind)!"

Die Einführung formalisierter Rückkehrgespräche geht **nur mit Zustimmung des Betriebsrats** – dies gilt auch für die Anbindung von Prämien und übertariflichen Leistungen (z. B. Weihnachtsgeld) an den Krankenstand! Dies hat das Bundesarbeitsgericht in seiner Entscheidung vom 8.11.1994 bekräftigt.

In Rückkehrgesprächen wird zum Teil auch nach Gesundheitsbelastungen am Arbeitsplatz gefragt. Das ist für viele Betriebsräte ein wichtiges Argument, der Einführung einer solchen Maßnahme zuzustimmen. Allerdings erfolgt diese Frage nach den Gesundheitsbelastungen am Arbeitsplatz erst nach der Erkrankung. **Mit einer präventiven Gesundheitsförderung hat das Rückkehrgespräch daher nichts zu tun.** Hierfür stehen z. B. das neue Arbeitsschutzgesetz sowie die Möglichkeit der Durchführung von Gesundheitszirkeln zur Verfügung, deren Umsetzung der Betriebsrat nach § 80 BetrVG mitgestaltet. Solche Maßnahmen haben den Vorteil, im Vorfeld von Erkrankungen zu wirken. Übersehen werden darf auch nicht, dass diese Gespräche darauf zielen, die Beschäftigten einzuschüchtern, ihnen individuelle Verhaltensfehler zu unterstellen und Druck zur Verhaltensänderung auszuüben.

Wenn Beschäftigte zu Rückkehrgesprächen geladen werden, sind daher alle Betriebsräte gefordert – auch in den Betrieben, in denen der Betriebsrat der Einführung einer solchen Maßnahme bereits zugestimmt hat! Sie haben die Aufgabe, die Beschäftigten bei diesen Gesprächen zu unterstützen und darauf zu achten, dass ihnen keinerlei Nachteile entstehen.

Hierfür sind die folgenden Hinweise gedacht. Weil in den Betrieben unterschiedliche Formen von Rückkehrgesprächen existieren, können die Hinweise nur allgemeiner Natur sein und müssen den konkreten Bedingungen „vor Ort" angepasst werden.

Vor dem Gespräch

Kehrt ein erkrankter Kollege an seinen Arbeitsplatz zurück, sollte der Betriebsrat von sich aus Kontakt zu dem Kollegen aufnehmen. Er erkundigt sich über die Terminierung des Rückkehrgesprächs und bietet ihm ein Vorgespräch zur Klärung offener Fragen und Bedenken an. Denn nur die wenigsten Beschäftigten werden einem Rückkehrgespräch ohne Angst entgegensehen. Eher werden die Beschäftigten vorher unsicher sein, was sie dort erwartet. Welche Folgen haben meine Äußerungen in diesem Gespräch für mich? Was erwartet mich, wenn ich nicht antworte? Will man mich in diesem Gespräch einschüchtern? Was sollte ich von mir (meiner Krankheit) in diesem Gespräch preisgeben? Muss ich etwas unterschreiben? Mit solchen oder ähnlichen Fragen werden sich wohl die meisten Beschäftigten auseinandersetzen, wenn sie ein Rückkehrgespräch erwartet.

Das Angebot für ein solches Gespräch ermöglicht dem Kollegen, diese Fragen und Bedenken offen anzusprechen und sich auf das Gespräch vorzubereiten. Gleichzeitig dient es dazu, dem Rückkehrer für das bevorstehende Gespräch die Unterstützung von Seiten des Betriebsrats zu geben und gemeinsam eine Vorgehensweise für das Gespräch abzusprechen.

Die Beratung des Kollegen in einem Vorgespräch gehört zu den grundlegenden Aufgaben des Betriebsrats (§ 39 BetrVG.). Nach Absprache mit dem Vorgesetzten kann der Kollege während der Arbeitszeit ohne Minderung seines Lohnes dieses Vorgespräch führen, für das er ggf. freizustellen ist (§ 39,3 BetrVG.).

Nun können Beschäftigter und Betriebsrat ihre Vorgehensweise für das Gespräch festlegen. Dazu gehört, sich darauf zu verständigen,

wie auf die im Rückkehrgespräch behandelten Fragen unter Berücksichtigung der arbeitsrechtlichen Folgen am besten zu reagieren ist,

welche Themen (z. B. geringe Personalbemessung, unzureichende Arbeitsbedingungen) gemeinsam in das Gespräch eingebracht werden sollten.

Eine wichtige Rolle in der **Gesprächsführung** des Vorgesetzten spielt die Kunst des Fragens. Für Rückkehrgespräche gilt der Satz: „Wer fragt, führt!". Einige Fragen, z. B. nach dem persönlichen Umfeld, der Art der Erkrankung, seiner Einstellung zu Fehlzeiten und zu seiner Arbeit zielen darauf, ein genaueres Persönlichkeitsprofil zu erlangen. Andere Fragen können bei ihrer Beantwortung arbeitsrechtliche Konsequenzen bzw. Nachteile für den Kollegen haben. Umso notwendiger ist deshalb, sich im Vorgespräch anhand des Leitfadens damit auseinanderzusetzen und eine Reaktion abzusprechen.

In einem zweiten Schritt können dann Punkte gesammelt werden, die Betriebsrat und Kollege in das Gespräch einbringen wollen. Anhand einer **Checkliste** werden alle Belastungen und gesundheitlichen Beschwerden des Arbeitsplatzes und des Umfelds erfasst.

Welche der belastenden Einflüsse dann tatsächlich im Rückkehrgespräch eingebracht werden, muss vorher entschieden werden und ist abhängig von der betrieblichen Situation. Nur gemeinsam können Betriebsrat und Beschäftigte abschätzen, ob durch die Darstellung gesundheitlicher Belastungen eine Verbesserung der Arbeitssituation oder Nachteile für den Kollegen (z. B. Versetzung) erreicht werden.

Checkliste zur Vorbereitung des Rückkehrgesprächs (Beispiel)

Eine Checkliste sollte möglichst alle schädlichen Einflüsse der Arbeitsbedingungen auf die Gesundheit beinhalten. Dazu gehören:

Arbeitsumgebung:
Lärm, ungünstige Beleuchtung, gefährliche Stoffe (Dämpfe, Gase, Staub usw.), Vibration, Zugluft, Hitze, Kälte, räumliche Enge

Körperliche Belastungen:

Ständiges Stehen oder Sitzen, Schweres Heben/Tragen, einseitige Beanspruchung von Armen/Beinen, Zwangshaltungen, schlechte ergonomische Gestaltung

Psychische Belastung: Stress (durch Akkord, Vorgesetzte), kurze Arbeitstakte, hohe Verantwortung, ständige Konzentration, Arbeitsklima (Ärger mit Vorgesetzten, KollegInnen)

Unfallgefahren: Arbeitshetze, unzureichende Einarbeitung, räumliche Enge, Maschinen, unzureichender Körperschutz

Arbeitsorganisation: Schichtarbeit, Überstunden, zu wenige Pausen, fehlende Zeitreserven bei der Arbeit, keine eigenständige Planung des Arbeitsablaufs, fehlende Entscheidungsmöglichkeiten

Ergänzend dazu können auch andere Unterlagen auf eine Verwendbarkeit für ein Rückkehrgespräch geprüft werden. Dazu gehören:

- das Ergebnis der Gefährdungsanalyse nach §§ 5 und 6 des Arbeitsschutzgesetzes: Hier kann überprüft werden, ob bereits Maßnahmen festgelegt bzw. wirksam umgesetzt worden sind.
- andere Unterlagen: Das können Ergebnisse einer Befragung, eines Gesundheitszirkels oder Untersuchungen der Berufsgenossenschaft, der Gewerbeaufsicht sein.

Für Betriebsrat und Beschäftigten besteht kein Anlass, aus dem bevorstehenden Gespräch ein Geheimnis zu machen. Mit Einverständnis des Kollegen kann daher die zugehörige Arbeitsgruppe oder der Arbeitsbereich hierüber informiert werden. Vielleicht ergeben sich so weitere nützliche Hinweise für das Gespräch. Gleichzeitig können die Kollegen ihre Unterstützung signalisieren. So lässt sich **der Vereinzelung im Rückkehrgespräch entgegentreten**.

Während des Gesprächs

Ein Rückkehrgespräch findet mit unterschiedlichen Beteiligten und Voraussetzungen statt. Hier der Meister oder Angehörige der Personalabteilung, der eigens für das Gespräch geschult ist und anhand eines Leitfadens das Gespräch lenkt. Auf der anderen Seite der Beschäftigte, der unsicher und evtl. leicht einzuschüchtern ist. Aufgabe der Betriebsrates ist es, dieses Ungleichgewicht durch seinen Einsatz für den Beschäftigten zu vermindern. Daher sollte er darauf achten, dass in dem Gespräch keine einschüchternde Atmosphäre entsteht. Dazu gehört, darauf zu achten, dass:

- der Beschäftigte seine Meinung frei äußern und ausreden kann
- das Gespräch zielorientiert und im Rahmen seines Auftrages bleibt
- die Ablehnung von Vorschlägen des Beschäftigten sofort begründet wird

Werden Fragen gestellt oder Punkte angesprochen, zu denen nach Absprache im Vorgespräch der Beschäftigte sich nicht äußern möchte (z. B. Krankheit und ihre Ursache), sollte dies vom Betriebsrat begründet werden.

Dann sollte das Gespräch auf die Punkte und Probleme gelenkt werden, die sich (im Vorgespräch) anhand der Checkliste, der Gefährdungsbeurteilung oder anderer Informationen ergeben haben. Einfließen können hier auch alle Hinweise, die sich aus dem Arbeitsbereich, des Beschäftigten ergeben haben. Wichtig ist darauf zu achten, dass diese Punkte protokolliert werden und, soweit möglich, konkrete Lösungen als Gesprächsergebnis festgehalten werden.

Ist das Gespräch beendet, sollte das **Protokoll vom Betriebsrat auf seine Richtigkeit überprüft** werden. Sind alle Punkte, die Betriebsrat und Beschäftigter vorgebracht haben, aufgelistet? Sind Absprachen verbindlich geregelt? Sind für den Beschäftigten nachteilige Formulierungen ausgeschlossen? Wird der Datenschutz der Protokolle beachtet?

Mit Einverständnis des Beschäftigten kann der Betriebsrat nun den entsprechenden Arbeitsbereich über Verlauf und Ergebnis des Rückkehrgesprächs informieren. Je mehr die anderen Beschäftigten über das Gespräch informiert sind, desto größer die Bereitschaft, offen und ehrlich über alle Fragen im Bereich Gesundheit/Krankheit zu reden.

Von Zeit zu Zeit sollten alle Betriebsräte die bereits stattgefunden Rückkehrgespräche gemeinsam auswerten. Denn möglicherweise ergibt eine **Analyse der Gespräche** Probleme, die nur gemeinsam von der Interessenvertretung und den Beschäftigten angegangen werden können. Zum Beispiel der ausgedünnte Personalbestand in den Abteilungen, hohe Leistungsvorgaben oder problematische Vorgesetzte. Dann muss gemeinsam ein Weg gesucht werden, wie diese Forderungen umgesetzt werden können.

Auszuwerten sind auch die Kosten, die Rückkehrgespräche verursachen. Dabei müssen die Zeiteinheiten der am Gespräch Beteiligten und die Vorbereitungszeiten von Vorgesetzten, Betriebsrat und Beschäftigten berücksichtigt werden. Diese Berechnungen sollten öffentlich gemacht werden, damit alle erkennen können, welche Kosten und welchen bürokratischen Aufwand solche Gespräche verursachen.

Aus der Defensive in die Offensive – Vorschläge für eine Handlungsstrategie des Betriebsrats[4]

Die Rechtsprechung zu diesem Problembereich ist eindeutig. Bereits in einer Entscheidung vom 8.11.1994 hat das Bundesarbeitsgericht folgenden Leitsatz aufgestellt:

„Die Führung formalisierter Krankengespräche zur Aufklärung eines überdurchschnittlichen Krankenstandes mit einer nach abstrakten Kriterien ermittelten Mehrzahl von Arbeitnehmern ist gemäß § 87 Abs. 1 Nr. 1 BetrVG mitbestimmungspflichtig. Es geht dabei um das Verhalten der Arbeitnehmer in Bezug auf die betriebliche Ordnung und nicht um das Verhalten bei der Arbeitsleistung selbst."

Wenn der Arbeitgeber Krankenrückkehrgespräche einführen will und mit dem Betriebsrat darüber eine Vereinbarung abschließen will oder wenn der Betriebsrat feststellt, dass der Arbeitgeber bereits Krankenrückkehrgespräche unter Missachtung der Mitbestimmungsrechte des Betriebsrates durchführt, befindet er sich in einer defensiven Position. Folgende rechtliche Handlungsmöglichkeit bleibt unter diesen Umständen:

Fall 1: Der Arbeitgeber legt einen Regelungsentwurf vor.
Wenn der Betriebsrat die Einführung von Krankenrückkehrgesprächen ablehnt, ohne einen Gegenvorschlag zu machen, oder zögert er mit eigenen Vorschlägen zur Gestaltung der Gespräche eine Einigung hinaus, kann der Arbeitgeber ein Verfahren vor der Einigungsstelle einleiten. Das Ergebnis wird immer ein Kompromiss zwischen der ablehnenden Haltung oder dem Gestaltungsvorschlag des Betriebsrates und dem Arbeitgebervorschlag sein. Also

immer eine Vereinbarung über wie auch immer gestaltete Krankenrückkehrgespräche.

Fall 2: Der Arbeitgeber führt unter Missachtung der Mitbestimmungsrechte bereits Krankenrückkehrgespräche durch.

Wenn der Betriebsrat die Durchführung von Krankenrückkehrgesprächen ablehnt, muss er den Arbeitgeber unter Hinweis auf seine Mitbestimmungsrechte nach § 87 (1) 1 und § 87 (1) 7 BetrVG auffordern, diese sofort einzustellen. Wenn der Arbeitgeber darauf nicht reagiert, hat der Betriebsrat die Möglichkeit über ein Beschlussverfahren am Arbeitsgericht (§ 23 (3) BetrVG), dem Arbeitgeber die Durchführung untersagen zu lassen. Will der Arbeitgeber weiterhin Krankenrückkehrgespräche durchführen, so wird er die Gelegenheit wahrnehmen, dem Betriebsrat zur Wahrung der Mitbestimmungsrechte einen Regelungsentwurf vorzulegen.

In beiden Fällen gelingt es dem Betriebsrat die Risiken und Gefahren, die mit Krankenrückkehrgesprächen verbunden sein können, möglicherweise zu vermindern, die Gespräche aber selbst können so nicht verhindert werden. Haben sich die Verhandlungen zwischen Betriebsrat und Arbeitgeber von vornherein oder später auf die bloße Erörterung von Krankenrückkehrgesprächen beschränkt, besteht die Gefahr, dass bei Einsatz der Einigungsstelle auch nur diese verengte und damit falsche Sichtweise behandelt wird.

Vorschlag zur Vorgehensweise des BR bei Krankenrückkehrgesprächen

Fall 1
Der Arbeitgeber möchte KRG einführen und legt dem BR einen Betriebsvereinbarungsentwurf (BV) vor.

Der BR lehnt Krankenrückkehrgespräche (KRG) ab

BR legt keinen alternativen Entwurf vor	BR legt alternativen Entwurf vor	
Ende	keine Einigung	Einigung
AG leitet Einstellungsverfahren ein	BR leitet Einstellungsverfahren ein	
Einigungsstelle fällt Spruch (§ 76 BetrVG)	Einigungsstelle fällt Spruch (§ 76 BetrVG)	
~~Betriebsvereinbarung Krankenrückkehrgespräche~~	Betriebsvereinbarung Belastungs- und Gefährungsprävention	

Fall 2
Der Arbeitgeber führt KRG unter Umgehung der Mitbestimmungsrechte des BR durch.

Der BR fordert unter Hinweis auf seine Mitbestimmungsrechte nach § 87(1) 1+7 BetrVG den AG auf, KRG sofort einzustellen

AG stellt KRG ein, legt BV Entwurf vor	AG stellt KRG nicht ein	AG stellt KRG ein
		Ende

BR stellt Beschlussantrag nach § 23(3) BetrVG am Arbeitsgericht

AG stellt KRG ein, legt BV Entwurf vor	AG stellt KRG nicht ein	AG stellt KRG ein
		Ende

BR stellt Antrag auf Ordnungsgeld für jede Zuwiderhandlung nach § 23(3) BetrVG am Arbeitsgericht

AG stellt KRG ein, legt BV Entwurf vor		AG stellt KRG ein
		Ende

QUELLE: JÜRGEN BIERMANN, 2000

Um aus der defensiven in eine offensive Position zu kommen, muss der Betriebsrat die Initiative übernehmen. Die Chance liegt in der Präventionsbegründung von Krankenrückkehrgesprächen. Wenn der Arbeitgeber betriebliche Gesundheitsprävention als Hebel zur Senkung des Krankenstandes versteht, sollte der Betriebsrat dieses Anliegen aufgreifen und die Prävention in den Mittelpunkt seines Vorgehens stellen. Hierzu existieren inzwischen neue Handlungsansätze im Arbeits- und Gesundheitsschutz.

Die Begründung, mit Krankenrückkehrgesprächen betriebliche Gesundheitsprävention betreiben zu wollen, greift zu kurz, vor allem dann wenn die gesetzlichen Anforderungen an Prävention gar nicht oder unzureichend erfüllt werden.

Der Wandel in Produktion und Wirtschaft hat auch einen Wandel im Spektrum der Gefährdungen und Belastungen am Arbeitsplatz mit sich gebracht. Sinkende Unfallzahlen bei stetig steigenden Berufskrankheitenanzeigen, der Wandel weg von den körperlichen Belastungen hin zu mehr psychisch-mentalen Belastungen und die Zunahme arbeitsbedingter Erkrankungen sind nur einige Beispiele.

Die Anforderungen an den Arbeits- und Gesundheitsschutz haben sich ebenso gewandelt:

- umfassende Belastungs- und Gefährdungsanalyse nach § 5 Arbeitsschutzgesetz (ArbSchG)
- betriebliche Gesundheitsförderung nach § 20 SGB V
- die Erweiterung der Aufgabe der Berufsgenossenschaften um die Verhütung arbeitsbedingter Gesundheitsgefahren nach § 1 SGB VII
- die erweiterte Beteiligung der Beschäftigten am Arbeits- und Gesundheitsschutz in diversen Paragraphen des Arbeitschutzgesetzes

Präventionsansätze im Arbeits- und Gesundheitsschutz

Den Begriff Prävention ernst zu nehmen, bedeutet, nach dem umfassendsten Präventionseffekt zu fragen.

Den primären und optimalen Effekt erreicht man bei der Planung von Arbeitsplätzen und Arbeitsabläufen, weil dabei gesundheitsschädliche Einwirkungen oder Gefährdungen ausgeschlossen werden können. Einen sekundären Effekt erreicht man bei der Überprüfung von bestehenden Arbeitsplätzen, weil dabei bestehende gesundheitsschädigende Einwirkungen und Gefährdungen festgestellt und beseitigt werden können, selbst wenn die Beschäftigten bisher keine gesundheitlich negativen Erfahrungen an ihren Arbeitsplätzen gemacht haben. Sich auf die Erfahrungen von Beschäftigten mit Befindlichkeitsstörungen, akuten oder chronischen Erkrankungen zu stützen, bedeutet tertiäre Effekte zum Ausgangspunkt einer dann viel zu kurz greifenden Prävention zu machen.

Diese Diskussion der Effekte macht deutlich, dass Krankenrückkehrgespräche sich nur auf den Bereich der mit Arbeitsunfähigkeit verbundenen Erkrankungen beziehen. Der arbeitsbedingte Gesundheitsverschleiß ist bereits akzeptiert, von einer wirklichen Prävention kann somit nicht die Rede sein.

Die Gegenvorlage eines Betriebsvereinbarungsentwurfes, der primäre und sekundäre Prävention aufgrund gesetzlicher Vorschriften (§ 90 BetrVG und § 5 ArbSchG) zum Ansatz hat, bringt den Betriebsrat nicht nur in die Position, diese Vereinbarung über ein Einigungsstellenverfahren durchzusetzen, sondern liefert auch das Argument, dass Krankenrückkehrgespräche überflüssig sind, wenn der gesetzliche Präventionsauftrag im Betrieb optimal genutzt wird. Ziel dieser Vorgehensweise ist es nicht nur, Krankenrückkehrgespräche zu ver-

Analyseverfahren und Präventionsränge

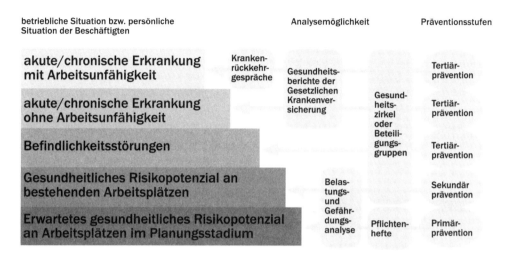

betriebliche Situation bzw. persönliche Situation der Beschäftigten		Analysemöglichkeit		Präventionsstufen
akute/chronische Erkrankung mit Arbeitsunfähigkeit	Krankenrückkehrgespräche	Gesundheitsberichte der Gesetzlichen Krankenversicherung		Tertiärprävention
akute/chronische Erkrankung ohne Arbeitsunfähigkeit			Gesundheitszirkel oder Beteiligungsgruppen	Tertiärprävention
Befindlichkeitsstörungen				Tertiärprävention
Gesundheitliches Risikopotenzial an bestehenden Arbeitsplätzen		Belastungsund Gefährdungsanalyse		Sekundärprävention
Erwartetes gesundheitliches Risikopotenzial an Arbeitsplätzen im Planungsstadium			Pflichtenhefte	Primärprävention

QUELLE: JÜRGEN BIERMANN, 2000

hindern, sondern betriebliche Gesundheitsprävention über eine Betriebsvereinbarung so zu regeln, dass unter Einbindung des Betriebsrates und unter Beteiligung der Beschäftigten der betriebliche Arbeits- und Gesundheitsschutz endlich gleichrangig zu anderen Unternehmenszielen wird.

Die Eckpunkte für eine derartige Betriebsvereinbarung, wie sie im Anhang stehen, sind nur ein Teil dessen, was man für ein wirkungsvolles Arbeitsschutzmanagement vereinbaren kann.

Fall 3: Im Betrieb gibt es bereits durch Betriebsvereinbarung oder Einigungsstellenspruch festgelegte Krankenrückkehrgespräche.

In diesem Fall müssen Betriebsräte gegebenenfalls von dem **erzwingbaren Initiativrecht** Gebrauch machen, das sie im Rahmen des § 87 BetrVG und somit auch bei Krankenrückkehrgesprächen haben. Es werden sich sicherlich bei dieser Vorgehensweise Probleme in der Praxis ergeben. Dennoch sollte hier angesetzt werden und vom Arbeitgeber Änderungen, Ergänzungen oder die Streichung bestimmter Regelungen gefordert werden. Zu ändern ist insbesondere der Gesprächszweck. Fragen zum Krankheitsbild und zum Krankheitsverlauf haben in Rückkehrgesprächen nichts zu suchen! In der Begründung, mit der die Erforderlichkeit der Mitbestimmung des Betriebsrats bei der Führung von Krankengesprächen näher dargelegt wird, führt das Gericht wörtlich aus:

„Das die Beteiligung des Betriebsrats erfordernde Schutzbedürfnis ergibt sich in besonderer Weise aus dem Gesprächsgegenstand. Die Frage nach Krankheiten und ihren Ursachen berührt die Privatsphäre. Mit der Entbindung des Arztes von der Schweigepflicht lässt der Arbeitnehmer einen erheblichen Eingriff in den durch sein Persönlichkeitsrecht geschützten Bereich zu. Auch wenn diese Erklärung freigestellt wird, entsteht doch ein faktischer Zwang,

151

dem sich ein Arbeitnehmer häufig nicht entziehen kann. Das zeigt schon der Umstand, dass im Streitfall 90 % der Befragten ihren Arzt von der Schweigepflicht befreien. Das Bedürfnis nach einer mitbestimmten Regelung, in der die Voraussetzungen und Verfahrensregeln solcher Gespräche festgelegt werden, ist offensichtlich."

Ziel sollte sein, die Ursachen der betrieblichen Gesundheitsgefährdung und der Gesundheitsschädigung in Erfahrung zu bringen sowie auf deren Beseitigung hinzuwirken.

Bei bestehenden Betriebsvereinbarungen müssen auch die Kündigungsfristen geprüft werden. Bestehen keine Kündigungsfristen, ist eine Kündigung mit einer Frist von drei Monaten möglich (§ 77 Abs. 5 BetrVG). Auch Betriebsvereinbarungen, die auf einem Spruch der Einigungsstelle beruhen, sind kündbar. Bei den dann aufzunehmenden Verhandlungen ist ein stärkerer Stellenwert des Arbeits- und Gesundheitsschutzes anzustreben.

Krankenrückkehrgespräche (KRG)
... ein geeignetes Instrument der Gesundheitsförderung?

Zu drei möglichen betrieblichen Situationen hier modellhafte
Handlungsvorschläge für die betriebliche Interessenvertretung

Situation 1 Im Betrieb werden bekannterweise keine KRG geführt	Situation 2 KRG werden geführt, ohne dass eine Betriebsvereinbarung besteht	Situation 3 KRG werden aufgrund einer Betriebsvereinbarung geführt
• Präventionsansatz des ArbSchG einfordern • Möglichkeiten betrieblicher Gesundheitsförderung nutzen • Im BR eigene Ziele zur betr. Gesundheitspolitik klären • keine „schlafenden Hunde" für die KRG wecken!	• Wenn systematisches Vorgehen erkennbar ist, Mitbestimmungsrechte nach § 87(1)7 BetrVG wahrnehmen • Das Unternehmen auffordern, KRG sofort zu unterlassen • Bei Nichtbeachtung der Unterlassungsaufforderung Beschlussverfahren nach § 23 BetrVG beim Arb.Gericht beantragen	• Betriebsvereinbarung kündigen
	• Unternehmen auffordern, eine Betriebsvereinbarung *Belastung und Gefährdungsprävention* abzuschließen • Fristen setzen • Belegschaft aufklären	

QUELLE: JÜRGEN BIERMANN, 2000

152

Eckpunkte für eine Betriebsvereinbarung

Zwischen der Geschäftsführung der ...
und dem Betriebsrat der ...

wird folgende Betriebsvereinbarung zum Schutz der Arbeitnehmer vor Unfall- und Gesundheitsschäden durch die Arbeit abgeschlossen.

0 Geltungsbereich

Diese Betriebsvereinbarung gilt für alle ArbeitnehmerInnen des Unternehmens, soweit sie unmittelbar betroffen sind. Ansonsten bezieht sich diese Betriebsvereinbarung auf die Kooperation zwischen Geschäftsleitung, den inner-betrieblichen Stellen des Arbeits- und Gesundheitsschutzes und dem Betriebsrat.
Ergeben sich durch Änderungen im Arbeitsschutzrecht höhere Arbeitsschutzstandarts, so ist diese Vereinbarung diesen entsprechend anzupassen.

1 Präventionsgrundsatz

Alle Aktivitäten zum Schutz der Beschäftigten vor Unfällen und Gesundheitsschädigungen sowie der Schutz der Umwelt sind fundamentale Ziele und Grundsätze unseres Hauses.
Die Arbeit zur Sicherung der Beschäftigten in unserem Unternehmen gegen Unfälle und Gesundheitsschäden (Arbeitsschutz) hat humane, rechtliche und wirtschaftliche Aspekte, und ihre Durchführung ist sowohl eine soziale als auch eine technisch/wirtschaftliche Aufgabe.
Beide Aufgaben sind gleichermaßen verpflichtend, und die Erfüllung der Ziele ist mit der Planmäßigkeit und Konsequenz zu verfolgen, wie es bei der Erreichung anderer Unternehmensziele, z. B. der Qualitätsverbesserung, der Fall sein muss.
Prävention vor Unfallgefahren, Berufskrankheiten und arbeitsbedingten Gesundheitsgefahren muss möglichst dort ansetzen, wo Gefährdungen und Belastungen bereits erkannt und beseitigt werden können, bevor gesundheitlich beeinträchtigende Folgen entstanden sind.
Dazu soll diese Betriebsvereinbarung beitragen, indem sie auf der Grundlage des Arbeitsschutzgesetzes Vorgehensweisen und Methoden beschreibt, deren Anwendung neben verbesserter Wirtschaftlichkeit durch Senkung von Krankheitskosten auch einen verbesserten

Gesundheitsstatus und höhere Arbeitsmotivation und damit verbundener höherer Maßnahmenakzeptanz der Beschäftigten durch ihre eigenverantwortliche Beteiligung im Sinne der WHO Ottawa-Charta zur Gesundheitsförderung sicherstellt.

2 Planungsverfahren im Arbeitsschutz

2.1 BETEILIGUNG AN PLANUNGSABLÄUFEN

Vor Beginn von Neu- oder Änderungsplanungen sind dem Betriebsrat die Planungsunterlagen, Pflichtenhefte und Terminpläne zuzuleiten. An allen Gesprächen zur technischen und arbeitsorganisatorischen Planung nehmen vom Betriebsrat beauftragte Betriebsratsmitglieder teil. Mindestens ... Tage vor den Terminen von Planungsgesprächen ist der Betriebsrat vom Arbeitgeber über den Termin und den Besprechungsgegenstand zu unterrichten.

Um einen reibungsfreien Planungsablauf zu gewährleisten, sollen zwischen den einzelnen Planungsphasen die jeweiligen Anforderungen an die nächste Planungsphase zwischen Arbeitgeber und Betriebsrat ausgetauscht werden. Grundlage der Anforderungen sind neben den gesetzlichen und berufsgenossenschaftlichen Vorschriften, arbeitswissenschaftliche Erkenntnisse und der jeweilige Stand von Sicherheitstechnik und Arbeitsmedizin.

Nach von Arbeitgeber und Betriebsrat bestimmten Zeitabschnitten der Planung sind die betroffenen Arbeitnehmer vom Arbeitgeber über den Stand der Planung zu informieren und anzuhören. Information und Anhörung geschieht in Gesprächen, an denen der Betriebsrat zu beteiligen ist. Gestaltungsvorschläge von Arbeitnehmern gehen in die darauffolgenden Planungsgespräche mit ein.

Vor der Inbetriebnahme oder der Nutzung von neuen oder geänderten Arbeitsstätten, Arbeitsplätzen, Anlagen, Maschinen, Geräten, Arbeitsstoffen usw. wird in einer gemeinsamen Abnahme mit allen an der Planung Beteiligten das Planungsergebnis auf seinen Arbeits- und Gesundheitsschutzstandard hin überprüft. Erst nach Klärung aller Mängel und Einwände ist eine Inbetriebnahme bzw. Verwendung möglich.

2.2 PFLICHTENHEFTE UND TERMINVERFOLGUNG

Bei Beginn von Planungen sind Pflichtenhefte anzulegen, die die Arbeitsschutzstandarts in Bezug auf die jeweilige Planungsaufgabe beschreiben. Die Pflichtenhefte sollen bei Planungsentscheidungen die Ausfüllung der Schutzanforderungen sicherstellen und dienen der Kontrolle zwischen den Planungsphasen, sie sind im Planungsverlauf ggf. fortzuschreiben. Bei der Erstellung bzw. der Fortentwicklung ist der Betriebsrat zu beteiligen. Für den gesamten Planungsverlauf sind Terminpläne für Planungsphasen, Planungsbesprechungen und Aufgabenabwicklung zu erstellen, sie sind dem Betriebsrat vor Planungsbeginn und nach jeder Änderung zuzuleiten.

2.3 BERÜCKSICHTIGUNG ARBEITSWISSENSCHAFTLICHER ERKENNTNISSE

Die Bedingungen an Arbeitsplätzen und der Arbeitumwelt sind nach den gesicherten arbeitswissenschaftlichen Erkenntnissen und dem Stand der Technik menschengerecht zu gestalten. Zu den Arbeitsbedingungen gehören die Arbeitsstätten, Arbeitsplätze, Arbeitsumwelt, Arbeitsstoffe, Arbeitsverfahren, Arbeitsmethoden, Arbeitsabläufe, Arbeitszeit, Arbeitsinhalte und das Führungsverhalten.

2.4 STAND DER TECHNIK

Mit dem Begriff „neuester Stand der Technik" ist der technische Stand von Maßnahmen zum

Belastungs- und Gefährdungsabbau gemeint, mit dem die größtmöglichste Nähe zu dem zwischen der Geschäftsführung und Betriebsrat vereinbarten Schutzziel erreicht wird. In den Fällen, in denen mit bisher praxisbewährten Maßnahmen das Schutzziel nicht ausreichend erreicht wird, muss unter Hinzuziehung von Fachleuten eine der betrieblichen Situation angepasste Maßnahme entwickelt werden.

3 Analyseverfahren im Arbeitsschutz
Prävention vor Unfall- und Gesundheitsgefahren bedeutet in erster Linie Gefährdungs- und Belastungssituationen an den Arbeitsplätzen und der Arbeitsumgebung festzustellen, um bei Betrachtung von Mehrfachbelastungen und dem Umfang von Exponiertengruppen durch Setzung von Prioritäten bei der Gestaltung und Umsetzung von Schutzmaßnahmen möglichst schnell und optimal Arbeitnehmer und Umwelt zu schützen.
Ereignisunabhängige Untersuchungen (z. B. Betriebsbegehungen, Belastungs- und Gefährdungsanalysen) haben neben ereignisabhängigen Untersuchungen (z. B. Unfalluntersuchungen und Gesundheitsbericht) die größere Bedeutung. Gefährdungs- und Belastungsanalysen im Planungsstadium sollen den Planungsfortschritt erleichtern, Schutzziele optimieren und Investitionsmittel einsparen helfen.

3.1 BELASTUNGS- UND GEFÄHRDUNGSANALYSEN
Neben den Präventionsmöglichkeiten bereits im Planungsstadium von Arbeitsplätzen, Arbeitsabläufen usw., ist die Belastungs- und Gefährdungsanalyse bestehender Arbeitsplätze, Arbeitsabläufe usw. ein weiterer Präventionsansatz, dessen Durchführung in Ausfüllung des Arbeitsschutzgesetzes beschrieben wird.
Die im Folgenden aufgeführten Einzelaspekte werden einvernehmlich zwischen Unternehmensleitung und Betriebsrat geregelt. Bei Nichteinigung entscheidet eine Einigungsstelle gem. § 76 BetrVG.
Die bei der Analyse zu betrachtenden Belastungen und Gefährdungen sind für die Bereiche
- Unfallgefahren
- Arbeitsumgebungsbelastungen
- Physische Belastungen
- Psychisch/mentale Belastungen
in der Anlage ... dieser Betriebsvereinbarung beschrieben.
Die Analysen werden pro Arbeitsplatz bzw. Arbeitsbereich durchgeführt. Der Umfang der zu untersuchenden Arbeitsplätze und -bereiche sind in der Anlage ... dieser Betriebsvereinbarung aufgelistet.
Analyseverfahren:
Für die Analyse werden folgende Verfahren verwendet:
- z. B. Isabel, BoBuG oder eigenentwickeltes Verfahren
- Fragebogen xyz
- Gesundheitszirkel
Analysedurchführung:
Mit der Durchführung der Analysen werden betraut,
- die Sicherheitsfachkräfte (Einsatzzeit!)
alternativ   • das XY Institut
alternativ   • Herr/Frau Müller, Meier usw.
Um die Teilnahme der vom Betriebsrat beauftragten Betriebsratsmitglieder an den Analy-

sen oder Fragebogenerhebungen sicherzustellen, ist der Betriebsrat rechtzeitig zu informieren.

Zeitrahmen:

Die Belastungs- und Gefährdungsanalysen sind bis zum ....dokumentationsreif zu erstellen. Die Dokumentation ist zum .... zu erstellen.

Die Belastungs- und Gefährdungsanalysen sind in jährlichen Abständen zu wiederholen. Dasselbe gilt insbesondere bei Veränderungen an einzelnen Arbeitsplätzen oder in Arbeitsbereichen.

Beurteilung:

Die Beurteilung von Gefährdungsrisiken und der Belastungsschwere werden gemeinsam von Arbeitgeber und Betriebsrat vorgenommen. Grundlage für die Beurteilung sind die

- Analysebögen
- Ergebnisse von Fragebogenerhebungen
- Protokolle der Gesundheitszirkel
- Messergebnisse
- Gesundheitsberichte der GKVen
- weitere betr. AuGS Daten, z. B. Begehungsprotokolle

Können sich Arbeitgeber und Betriebsrat bei der Beurteilung, der Festlegung von Schutzzielen oder bei der Gestaltung von Schutzmaßnahmen nicht einigen, so entscheidet eine Einigungsstelle gem. §76 BetrVG.

Maßnahmenplan:

Es ist für jeden Betriebsbereich (Abteilungen, Kostenstellen o.ä.) ein Maßnahmenplan aufzustellen, der die zu treffenden technischen, arbeitsorganisatorischen und weiteren Maßnahmen nach

- Priorität (kurz-, mittel-, langfristige Folgemaßnahmen)
- Wirksamkeitsprognose
- Verantwortlichkeit
- Zeitziel

beschreibt. Dieser Plan ist den Beschäftigten des jeweiligen Betriebsbereiches bekannt zu machen.

Durchführungs- und Wirksamkeitskontrolle:

Die Planungs- und Erstellungstermine der Einzelmaßnahmen werden in den Sitzungen des Arbeitsschutzausschusses laufend überwacht. Nach Durchführung der Maßnahme wird insbesondere unter Beteiligung der betroffenen Beschäftigten eine Wirksamkeitskontrolle durchgeführt. Stellt sich dabei heraus, dass das Schutzziel oder die prognostizierte Wirksamkeit nicht erreicht wird, sind weitere Maßnahmen zu planen und durchzuführen.

Dokumentationen:

Die Dokumentationen von

- Analysen
- Beurteilungen
- Schutzzielen
- Schutzmaßnahmen und Umsetzungsverantwortlichen
- Prioritäten und Zeitzielen
- Durchführungs- und Wirksamkeitskontrollen

sind dem Betriebsrat zur Verfügung zu stellen. Die Beschäftigten haben, soweit es ihren Arbeitsplatz oder -bereich betrifft, ein Einsichtsrecht. Nach Abschluss der Belastungs- und

Gefährdungsanalysen sind die Beschäftigten so früh über die für ihre Arbeitsplätze oder -bereiche ermittelten Ergebnisse zu unterrichten, dass sie Einfluss auf die Festlegung von Schutzmaßnahmen in Form von Vorschlägen nehmen können.

3.2 GESUNDHEITSBERICHT

Zur Ergänzung und als Einstieg in die Belastungs- und Gefährdungsanalysen sind von den gesetzlichen Krankenversicherungen betriebliche Gesundheitsberichte anzufordern, dazu ist mit ihnen zusammenzuarbeiten. Datenaustausch, Beratung und Einbindung der Betriebsberater der Krankenkassen sind Formen dieser Zusammenarbeit. Dabei hat der Betriebsrat seine Verpflichtungen nach § 89 (1,2,4) Betr.VG. gegenüber den gesetzlichen Krankenversicherungen wahrzunehmen.

Arbeitgeber und Betriebsrat nehmen Kontakt mit den gesetzlichen Krankenversicherungen auf, bei denen im Betrieb Beschäftigte Versicherte sind, um die Erstellung einer jährlichen Gesundheitsberichterstattung einzuleiten.

Der Betriebsrat kann Gesundheitsberichte beantragen aufgrund von

*   hohen oder sich erhöhenden Erkrankungsquoten der Betriebsangehörigen oder hohen oder sich erhöhenden betrieblichen Fehlzeitenquoten wegen Arbeitsunfähigkeit
*   begründeter Vermutung, dass Belastungs- oder Gefährdungsschwerpunkte an Arbeitsplätzen, in der Arbeitsumwelt oder der Arbeitsorganisation zu arbeitsbedingten Erkrankungen führen
*   Daten aus der betrieblichen Arbeits- und Gesundheitsschutzorganisation oder aus Belegschaftsbefragungen

4 Mitwirkung der Arbeitnehmer

„Mitwirkung der Arbeitnehmer" bedeutet, auf der Grundlage ihrer Kenntnisse von Belastungs- und Gefährdungssituationen bei der Arbeit, ihre Einbeziehung bei der Gestaltung von Arbeitsplätzen, Arbeitsumgebung und Arbeitsabläufen. Dabei geht es darum sicherheitsgerechtes und gesundheitsbewusstes Verhalten zu erzeugen und die Erfahrungen und Ideen der Arbeitnehmer zum Abbau von Belastungen und Gefährdungen zu nutzen.

4.1 GESUNDHEITSZIRKEL

Gesundheitszirkel setzen sich aus Arbeitnehmern eines Arbeitsbereiches zusammen. Die in die Gesundheitszirkel entsandten Mitglieder werden von den Arbeitnehmern ihres Bereiches vorgeschlagen. Die Teilnahme ist freiwillig und darf nicht zu beruflichen Nachteilen führen. Die Zirkelsitzungen finden während der Arbeitszeit statt, sie werden von gruppenneutralen Moderatoren geleitet. Die Moderatoren können inner- wie außerbetrieblich bestellt werden. Vorgesetzte, Betriebsratsmitglieder, Sicherheitsfachkräfte und Betriebsärzte können nicht zu Moderatoren bestellt werden, sie nehmen nur auf Anforderung des Zirkels beratend an den Sitzungen teil. Die Moderatoren werden einvernehmlich von Arbeitgeber und Betriebsrat bestellt.

Die im Gesundheitszirkel stattfindenden Diskussionen gehen nur als im Zirkel abgestimmte Ergebnisse in die Belastungs- und Gefährdungsanalyse ein. Die Mitglieder unterrichten die Arbeitnehmer in ihrem Arbeitsbereich, dazu ist ihnen ausreichend Zeit zu gewähren. Vorschläge aus Gesundheitszirkeln müssen in das betriebliche Vorschlagswesen eingehen und dort entsprechend berücksichtigt werden.

4.2 BILDUNG VON GESUNDHEITSZIRKELN

In den Abteilungen werden Gesundheitszirkel gebildet, die sich mit der Situation in ihrem Arbeitsbereich befassen, indem sie Klärung über die Belastungs- und Gefährdungssituation herbeiführen, Zusammenhänge zu arbeitsbedingten Gesundheitsstörungen herstellen und Maßnahmen zur Prävention diskutieren und vorschlagen. Gesundheitszirkel werden im Rahmen der Belastungs- und Gefährdungsanalysen als eine Möglichkeit der Datenerhebung durchgeführt.

Der Betriebsrat kann die Einrichtung von Gesundheitszirkeln beantragen aufgrund von Daten des jährlichen Gesundheitsberichtes, Ergebnissen aus Belegschaftsbefragungen, Anregungen von Arbeitnehmergruppen, der Jugend- und Auszubildendenvertretung oder der Schwerbehindertenvertretung.

Bei der Ausgestaltung der Gesundheitszirkel (Form, Freistellung, Personalauswahl, Verfahren) hat der Betriebsrat ein Mitbestimmungsrecht. Werden in Gesundheitszirkeln Maßnahmen entwickelt, die sich auf arbeitswissenschaftliche Erkenntnisse stützen oder den neuesten Stand der Technik berücksichtigen, so hat der Betriebsrat ein Mitbestimmungsrecht.

1 Die folgende Darstellung ist eine erweiterte Fassung von: Fehlzeitendebatte und Krankenkontrolle. Eine Argumentationshilfe zum Thema „Krankenrückkehrgespräche von der IG Metall"

2 Die folgende Darstellung ist eine erweiterte Fassung von: Fehlzeitendebatte und Krankenkontrolle, Eine Argumentationshilfe zum Thema „Krankenrückkehrgespräche von der IG Metall"

3 Die folgende Darstellung ist ein Auszug aus: Bueren H., Wompel M.: Krankenrückkehrgespräche vor, während und nach. Hinweise und Argumentationshilfen für Betriebsräte und KollegInnen, Herausgeber: Landesarbeitsgemeinschaft Arbeit und Leben NRW e.V; Mintropstr. 20, 40215 Düsseldorf, Verlag: Forschungsinstitut für Arbeiterbildung, Recklinghausen

4 Der folgende Text ist ein Auszug aus Biermann J. (IG Metall Bildungszentrum Sprockhövel): Gesundheitspolitische Begründung und personalpolitische Effekte von Krankenrückkehrgesprächen, Sprockhövel, August 2000

Bücher für eine gerechte Arbeitswelt

Lorenz u. a.: Kündigungen erfolgreich verhindern – Das AntiKündigungsbuch
Viele praxiserprobte Tipps + erfolgreiche Tricks. Für BR/PR/Mav'en und Beschäftigte, die sich nicht nur auf das Recht verlassen wollen. Der etwas andere Ratgeber, mit den Gesetzen zum KSch. 3. überarb. Auflage. 240 S., Hardcover. Kellner-Verlag.
Nur € 9,95
ISBN 3-927155-03-9

Lanzendörfer/Schouten: Richtig eingruppiert? – BAT: Wie geht das?
Anleitung zum schnellen Selberprüfen. Mit Hinweisen für Personal-, Betriebsräte, MAV´en. Geeignet für Angestellte im öffentlichen Dienst und in Institutionen, die den BAT anwenden. Vollständig überarb. 2. Aufl. 160 Seiten, Hardcover. Kellner-Verlag.
Nur € 9,95
ISBN 3-927155-05-5

Dahlem/Lorenz/Rasch: Öffentlichkeitsarbeit. Handbuch für Konzeption, Text, Gestaltung.
Praxisbezogene Erläuterungen für betriebliche Interessenvertreter und Öffentchkeitsarbeiter/innen in Vereinen und Institutionen, die selber und besser informieren wollen. 6 S. Hardcover. Kellner-Verlag.
Nur € 9,95
ISBN 3-927155-00-4

Betriebsräte-Handbuch 2001, 2002 etc.
Der seit 1993 bewährte Fachkalender. Mit Arbeitskalendarium (pro Woche 2 S.), Gesetzen, Tipps zum Arbeits- und Tarifrecht und vielen Checklisten & Rubriken. Für jedes BR-Mitglied ein Exemplar.
Erscheint jährlich. 8 Seiten Kellner-Verlag.
Nur € 12,80
ISBN 3-927155-73-X

Kellner/Schouten: Handbuch für Betriebsratsvorsitzende
Aufgaben & Rechte von A - Z. Vielfältige Arbeitshilfen & Tipps für die tägliche Arbeit und persönliche Rechtsstellung. Unentbehrlich, darauf sollte kein/e Vorsitzende/r verzichten. 418 Seiten, Hardcover. Kellner-Verlag.
Nur € 29,80
ISBN 3-927155-27-6

Kellner/Rücker/Schouten: Büro-Ordner für Betriebsräte
Nützliche Formulare, kopierfertige Schreiben, viele Arbeitshilfen und ein Büro-System, das die Arbeit enorm erleichtert. Für alle Betriebsgrößen geeignet. 3., erweiterte und verbesserte Auflage.

120 Blätter A4 im Ordner. Kellner-Verlag
Nur € 49,80.

Ordner und CD-ROM: **€ 74,80**. (Nur CD-ROM € **49,-**. Wer den Ordner schon hat.)

NEU UND EINMALIG: KELLNERS ABO-SERVICE

Egal welches Buch Sie benötigen. Der **Aktualisierungs-Service** ermöglicht Ihnen den Bezug der jeweils **neusten Auflage eines Titels:** Damit sind Sie immer auf dem neusten Stand und müssen sich nicht die Auflagentermine merken! Sie bekommen **gleich nach Erscheinen** die Neuauflage zugeschickt von den Büchern, die Sie uns dafür benennen.

Thiel/Dressel: Betriebsvereinbarungen: Nachschlagewerk für Betriebsräte
Viele Themen mit kopierfertigen Muster-Betriebsvereinbarungen und Kurz-Erläuterungen, rechtlich abgesichert. Zusammengestellt von Kollegen mit langjährigen Erfahrungen. Für BR ab 5 Mitgl. 312 Seiten im A4-Ordner. Kellner-Verlag.
Nur € 49,80

Ordner und CD-ROM: **€ 74,80**

(Nur CD-ROM oder Disketten-Version € **49,-**. Wer den Ordner schon hat.)

Warga: Büro-Ordner für Personalräte.
Geeignet für Personalräte ab 3 Mitgliedern bei Bund, Länder und Gemeinden. Viele direkt nutzbare, *kopierfertige* Schreiben, Formulare, Checklisten und ein erprobtes Büro-System. 112 Blätter im A4-Ordner. Kellner-Verlag.
Nur € 29,80
ISBN 3-927-155-07-1

KOSTENLOS IM ABO

Ordern Sie das jährlich erscheinende **Fachbuch-Magazin:**
FON 0421- 77 8 66

SachBuchService Kellner
St.-Pauli-Deich 3
28199 Bremen
FAX 0421 70 40 58
FON 0421 77 8 66
www.kellner-verlag.de
kellner-verlag@t-online.de

Arbeit und Leben
DGB/VHS

Gesundheit!

Arbeit und Leben zählt mit über 1.300 Veranstaltungen und circa 27.000 Teilnehmerinnen und Teilnehmern jährlich zu den größten Einrichtungen der politischen Bildung in Nordrhein-Westfalen.

Unser Name symbolisiert unseren ganzheitlichen Bildungsansatz, der auch unsere Angebote zur Gesundheitsförderung bestimmt. Arbeit ist ein wesentlicher Teil des Lebens, der entsprechend lebenswert und gesundheitsförderlich gestaltet werden sollte.

Durch unsere Nähe zur Arbeitswelt sind wir mit den Entwicklungen und Veränderungen dieses Bereichs vertraut und Ansprechpartner für Gewerkschaften und Unternehmen bei der Lösung betrieblicher Probleme in den Feldern Arbeits- und Gesundheitsschutz und Gesundheitsförderung. Wir stellen uns diesen Herausforderungen mit zahlreichen Qualifikationsangeboten und Projekten.

Wir bieten:

- **Information**
- **Beratung**
- **Schulung.**

Nähere Informationen zu unseren Angeboten erhalten Sie bei:

Arbeit und Leben DGB/VHS NW e.V.
Landesarbeitsgemeinschaft
Mintropstraße 20
40215 Düsseldorf
Tel.: 0211/93800-0
Fax: 0211-/9380027
E-Mail: aul@arbeit-und-leben-nrw.de
Internet: www.arbeit-und-leben-nrw.de